U0113706

This work was supported by the Seed Program for Korean Studies through the Ministry of Education of the Republic of Korea and the Korean Studies Promotion Service of the Academy of Korean Studies (AKS-2020-INC-2250002).

本书获 2020 年韩国教育部、韩国学研究院（韩国学振兴事业团）的"海外韩国学萌芽"基金项目的资助 (AKS-2020-INC-2250002)。

漫漫朝天路

明末朝鲜使臣海路使行研究
（莱州卷）

王 珂 著

中国社会科学出版社

图书在版编目（CIP）数据

漫漫朝天路：明末朝鲜使臣海路使行研究．莱州卷／王珂著．—北京：
中国社会科学出版社，2023.8
ISBN 978 - 7 - 5227 - 2135 - 4

Ⅰ.①漫… Ⅱ.①王… Ⅲ.①中朝关系—国际关系史—研究—明代
Ⅳ.①D829.312

中国国家版本馆 CIP 数据核字（2023）第 118073 号

出 版 人 赵剑英
责任编辑 刘 芳
责任校对 闫 萃
责任印制 李寡寡

出 版 中国社会科学出版社
社 址 北京鼓楼西大街甲 158 号
邮 编 100720
网 址 http://www.csspw.cn
发 行 部 010 - 84083685
门 市 部 010 - 84029450
经 销 新华书店及其他书店

印 刷 北京君升印刷有限公司
装 订 廊坊市广阳区广增装订厂
版 次 2023 年 8 月第 1 版
印 次 2023 年 8 月第 1 次印刷

开 本 710×1000 1/16
印 张 22.5
字 数 356 千字
定 价 118.00 元

凡购买中国社会科学出版社图书,如有质量问题请与本社营销中心联系调换
电话:010 - 84083683

目　　录

前　言

　　据《管子》《博物志》等史书记载，早在春秋时期，中国与朝鲜半岛之间就有着较为频繁的贸易和人员往来。汉武帝在朝鲜半岛北部设立"汉四郡"后，以汉字和儒学为中心的中华文明正式东传。魏晋南北朝时期，除经贸交流外，中原王朝与朝鲜半岛国家间的官方交流，即互派使臣的规模不断扩大，次数亦日益增多。《三国志·东夷传》《魏书·高丽传》《魏书·百帝传》《梁书·东夷列传》等记载，朝鲜半岛的百济等国家主要通过途经山东半岛的海路，与中原王朝进行官方交流。至唐代，随着登州代替莱州成为山东半岛新的对外贸易和交流港口，唐朝与新罗之间的交流也更加活跃。唐朝在登州设立了专门接待新罗使臣的官方驿馆——"新罗馆"。《文献通考》《宋史高丽传》等史料显示，北宋中后期，虽然为防止高丽与辽勾结，北宋终止了登州、莱州的对外海上贸易，但是仍在登州设立了专门接待高丽使臣的"高丽馆"，以维持宋朝与高丽的官方往来。明代大部分时期及清代，中原王朝与朝鲜半岛国家使行往来的路径由之前的海路变为途经辽东半岛的陆路。明初（洪武、建文年间，1369—1402）和明末（天启、崇祯年间，1621—1636），高丽、朝鲜两朝则利用黄海或渤海海路使行明朝。明天启元年（1621），后金攻占沈阳与辽阳，明朝与朝鲜之间的陆路使行之路被阻。不得已之下，朝鲜利用"朝鲜—登州—北京"的海路路线往返明朝。明崇祯十年（1637）伴随着《丁丑盟约》的签订，朝鲜由"奉明"转为"奉清"，朝鲜再次开始利用辽东陆路向清都城盛京（沈阳）派遣使臣。

　　元明清时，使行中国的高丽与朝鲜使臣采用多种文体，如实地记录了使行过程中的所见所感。元至元十年（1273）高丽使臣团书状官李承休（1224—1300）经辽东陆路前往元大都（今北京），并留下使行文献《宾王录》。《宾王录》被认为是迄今为止所发现的第一部使行文献。清光绪二十年（1894），随朝鲜进贺兼谢恩使行团到访清朝京师的朝鲜文臣金东浩（1860—1921）留下《燕行录》，被认为是最后一部使行文献。1273—1921 年，高丽和朝鲜使臣使行中国所遗留的使行文献，到目前为止被发现的就已有 500 余种。这些使行文献包含着多种类型的诗作和文章，不仅是文学研究的对象，而且也是佐证中国与朝鲜半岛间，甚至是东亚地区曾发生的重要事件的可信史料。使行文献如实记载了当时东亚地区的政治、经济、外交以及文化、思想等方面的交流。对此，相关学者在外交学、政治学、经济学、哲学思想等诸多领域展开了活跃的研究。最近，相关学者还从包括风俗、旅行、服饰、绘画、人文地理等文化学的角度出发，重新审视使行文献，发掘其独特的人文内蕴。

基于最近的研究成果，笔者认识到朝鲜使臣使途经地和停留活动场所并不是单纯的交通路线或没有情感的空间场所，而是明—朝两国文人进行外交、文化等交流的文化遗址，是有必要进行整理和发掘的。通过在当今相同空间内重构、还原明末朝鲜使臣的中国文化空间，从历时性的人文地理学视角出发，分析使行文献中的各类文本，把握明末朝鲜使臣外交活动、明朝和朝鲜文人唱和交流的实态以及使行沿途的民俗风情、普通民众的生活百态，从而打破将使行文献看成单纯史料研究文本的研究局限。

本书选取明末使行文献作为研究对象的原因有四。其一，现有研究主要以记述辽东陆路使行的《热河日记》《老稼斋燕行日记》《湛轩燕记》为侧重点，关于海路使行的相关研究相对不足。其二，明末朝鲜使臣利用的海路路线，亦是唐宋时期朝鲜半岛国家（新罗、百济、高丽）与中原王朝之间的使行路线。明末海路使行研究，可为日后探明朝鲜半岛诸国使行中国的路线提供较为可信的资料。其三，明末海路使行文献在文体方面，除了有朝天诗（即纪行诗，为明初海路使行文献的主要形式）外，还有纪行文以及详细记录使行途经地相关情况的类方志文章，如实地记录了当时使行活动的历史场域、使臣与途经地文人及当地百姓交流的情况、沿途各地的民间风俗和自然风光等珍贵内容。其四，现存山东、河北、天津方志中有一定数量的明末方志，可与明末使行文献互证且可信度较高。本书以现存的近 30 种明末使行文献为研究对象，从人文地理学角度出发，综合文献考证、实地考察、现场采访等多种研究方法，分析使行文献中记载的朝天诗等文本，把握朝鲜使臣与中国文人、当地居民的文化、人文交流互动等内容，以期从整体上还原明末朝鲜使臣的中华文化空间。

明末朝鲜使臣从朝鲜半岛西岸出发，经辽东半岛西南、渤海、庙岛群岛，在山东登州（今烟台蓬莱）登陆后，又经登州府、莱州府、青州府、济南府、河间府、天津卫或保定府后，到达明朝京师——北京。本书是中国社会科学出版社 2021 年出版的《漫漫朝天路——明末朝鲜使臣海路使行研究（登州篇）》的续篇。此后，本书作者将按照使行路线的顺序，陆续完成后续研究。

综合本书研究来看，虽然朝鲜使臣记录的途经地名大部分是采用当时各地方志中记载的通用地名，但是使用通假标记的情况亦不在少数。这或许与途经地的方言、随行译官在交流或转述过程的失误、朝鲜语的语言特点（一个韩字对应多个汉字）文化差异等原因有关。此外，使行文献亦记载了方志中未提及的地名。这些地名尽管未出现在中国古代方志中，然而使行文献是根据使臣亲身经历所作，故如村名、标示名胜古迹的牌坊、界碑等地理标识，具有一定的可信性，这对缺乏史料记载的途经地沿革、行政区划变动等具有重要的续补意义。当然，还有另一种相反的情况，即在使行文献中仅记载使行当日的整体路程，省略了具体的经由地名。这可能与朝鲜使臣或中国陪同护送官员对沿途地名不熟悉或使行日程较为紧迫有关。令笔者较为困惑的是，朝鲜使臣与中国古代方志记载完全相反或方志中并未出现使行文献记载的地名等情况亦有不少。为何使行文献与中国古代方志会出现这种差异？这样的差异产生的原因是什么？中国方志还是使行文献更接近史实？笔者将在后续研究中逐步解决这些存疑待考的问题。

得益于中韩有关高校机构以及中韩各方面专家、学者的大力支持，本书才能顺利完成，在此表示衷心的感谢。韩国教育部下属的韩国学中央研究院韩国学振兴事业团认可本书的研究意义，为每年实地考察、国际学术研讨会、中韩大学生历史现场交流学习研讨会、发表论文、出版著作等提供经费支持。在笔者供职的潍坊学院各级领导的关心和支持下，以弘扬山东优秀传统文化、促进中韩（朝）文化交流为目标的潍坊学院朝鲜半岛语言文化研究所得以成立。莱州市政府地方史志办公室杨曰明主任、前莱州市政府地方史志办公室主任并参与编写 1996 年版《莱州市志》的杨宏俊老先生、莱州市民政局地名办公室戴锡金主任、昌邑市政府地方史志办公室张述志研究员、潍坊市寒亭区文物保护管理所崔永胜所长、潍坊地方史志研究专家孙福建与孙建松等友人在百忙之中抽出宝贵时间接受本书研究团队的采访，甚至还亲自陪同本书研究团队前往相关地点考察，详细介绍相关名胜古迹的历史。烟台大学朝鲜语系丁凤熙教授、烟台大学朝鲜语系禹英兰教授、青岛农业大学中文系付洁老师、潍坊学院古代文学教研室赵红卫副教授、潍坊学院汉语国际教育教研室陈金芳主任、韩国建国大学历史系韩承贤教授、韩国学中央研究院的郑恩主教授、韩国檀国大学东洋学研究所责任研究员张裕升教授等专家、学者给本书研究团队提供了宝贵的文献资料与研究建议。在此还要由衷地感谢中国社会科学出版社的刘芳编辑，正是由于她的认真负责，使本书减少一些不必要的错误，并得以尽快出版。此外，对在实地采访的过程中，抽出自己宝贵时间接受采访并热情带领笔者一行前往相关遗存或遗址处的当地居民表示深深的感谢。

因笔者水平有限、经验不足，书中必定会有不少舛错之处，恳请专家、学者斧正。

王珂

2021. 6. 18 于潍坊

绪　　论

　　与明代大部分时间选择途经辽东的陆路路线不同，明初（洪武、建文年间，1369—1402）和明末（天启、崇祯年间，1621—1636），朝鲜使臣曾短暂地使用海路使行中国。虽然明初朝鲜使臣通过海路前往南京数十次，但仅有郑梦周、郑道传、权近等少数使臣留下了使行记录。这些使行记录并不是记录使行沿途见闻或史实的纪行类文本，而是使臣感物寄兴的朝天诗。明末朝鲜使臣亦通过海路往返朝鲜与明朝。截至目前的研究，共有 20 余位明末朝鲜使臣留下了超过 40 种使行文献。明末使行文献中，除包含纪行诗外，还有采用日记体形式，记录使行沿途所经历的具体事件或见闻的纪行文，以及详细记录使行途经地相关情况的类方志体文章。此外，有的明末使行文献还收录了使行过程中使臣撰写的公文或书信。故明末使行文献更为详细地记述了朝鲜使臣开展使行活动的历史场域、同中国文人友好交流互动的情况、当时途经地的社会状况、风俗和风景名胜等多方面的内容。

　　明末海路使行路线具体指两条海路，即登州路线与觉华岛路线。天启元年（1621）至崇祯二年（1629），朝鲜使臣乘船从朝鲜半岛平安道西海岸出发，经朝鲜半岛西北、辽东半岛南部的诸海岛，在到达辽东半岛旅顺口后，折向东南，横渡渤海，经庙岛群岛，在登州港登陆，此即明末海路使行之登州路线。崇祯元年四月，颇受崇祯皇帝信任的袁崇焕被任命为兵部尚书兼右副都御史，督师蓟辽，兼督登、莱、天津军务。[1] 崇

---

　　① 参见《明史》卷259《列传第一百四十七·袁崇焕》，清乾隆四年武英殿校刻本，第28 页 a。

祯二年，袁崇焕担心椵岛东江镇都督毛文龙"居外，久必作乱"①，罗
列毛文龙十二条斩罪，将其处决。② 同时，袁崇焕又担忧朝鲜与倭寇勾
结并擅自通过登州海路进行贸易，因此奏请将登州路线改为（宁远卫）
觉华岛路线。③ 相较于登州路线，觉华岛路线"水路之远，倍于登州，
而且水浅舟大，常多致败"④，伴随袁崇焕的失势，朝鲜"屡请复
故"⑤。由于觉华岛路线凶险异常，崇祯三年八月，陈慰、奏请兼进贺
使郑斗源（书状官李志贱）与冬至兼圣节使高用厚（书状官罗善素）
在未经明朝同意的情况下，擅自利用登州海路，到达登州。郑斗源和高
用厚请求时任登莱巡抚的孙元化上疏朝廷允许将使行路线再次变更为登
州路线。⑥ 接受朝鲜使臣请求的孙元化派遣护送官员陪同使臣前往北
京，并上疏崇祯皇帝。崇祯皇帝以"水路既有成命，改途嫌于自便"⑦
的理由，驳回了孙元化和朝鲜使臣的请求。此后至崇祯九年（1636）
六月，即冬至、圣节兼千秋进贺使金堉（书状官李晚荣）使行明朝，
朝鲜使臣只能通过凶险的觉华岛路线使行明朝。

　　本书仅选择朝鲜明末海路使行中的登州路线作为研究对象，原因有
二。其一，觉华岛路线并无太多可从人文地理学角度考察的内容。朝鲜
使臣利用觉华岛路线是直接从朝鲜半岛经海路到达北京附近的宁远卫觉
华岛，未有较长的陆路行程。其二，登州路线途经以孔孟为代表的中华
文化精神的重要传承地——山东，明末使行文献可供解读的内容较为丰

　　① 《朝鲜王朝实录·仁祖实录》卷20，仁祖七年四月二十七日。本书中《朝鲜王朝实录》的相关记载参照韩国国史委员会构建的"《朝鲜王朝实录》DB"（http：//sillok. history. go. kr）。

　　② 参见《朝鲜王朝实录·仁祖实录》卷20，仁祖七年六月三十日；《明史》卷259《列传第一百四十七·袁崇焕》，清乾隆四年武英殿校刻本，第35页。

　　③ 参见《朝鲜王朝实录·仁祖实录》卷20，仁祖七年闰四月二十一日；《朝鲜王朝实录·仁祖实录》卷22，仁祖八年元月二十七日；《明史》卷320《外国传一》，清乾隆四年武英殿校刻本，第30页b。崇祯二年二月，明朝向当时停留在北京的冬至兼圣节使宋克仁下达了使行路线变更诏令。

　　④ 《朝鲜王朝实录·仁祖实录》卷22，仁祖八年一月二十七日。

　　⑤ 《明史》卷320《外国传一》，清乾隆四年武英殿校刻本，第30页b。

　　⑥ 参见［朝鲜］韩致奫《海东绎史》卷36《交聘志·朝贡四》，朝鲜古书刊行会明治四十四年刊本；《明史》卷320《外国传一》，清乾隆四年武英殿校刻本，第30页b。

　　⑦ 《明史》卷320《外国传一》，清乾隆四年武英殿校刻本，第30页b。对重改航道，朝鲜似未放弃，《海东绎史》中亦有"至崇祯五年壬申，奏请再从登州路"的记载。

富。朝鲜使臣亦为朝鲜士大夫阶层的优秀代表，自幼对儒家文化耳濡目染。中国儒家经典、地理志书、正史典籍的东传，让通过科举考试进入仕途的朝鲜使臣对中国历史人物、典故、名胜古迹等中华文化的优秀内核心生向往，使行沿途留下了数量众多的诗文和记述内容。基于此，本书选取明末海路使行文献中，记载进出登州港的有关文献为研究范围。但与本书的前篇《漫漫朝天路——明末朝鲜使臣海路使行研究（登州卷）》相比，本书的研究范围排除了个别使行文献。崇祯二年，进贺、谢恩兼辨诬①使李忔②在来程中使用觉华岛路线，在乘船归国途中，遭遇台风，前往登州以避风暴。在登州休整后，其一行自登州出发，经渤海返回朝鲜。因李忔《雪汀先生朝天日记》仅较为简单地记录了船只到达和驶离登州的情况，并无本书研究范围——山东莱州府区间的相关记载，故将其排除在研究文本外。崇祯二年九月赍咨使崔有海原本计划前往觉华岛，与袁崇焕共商双方出兵征讨后金之事。在来程途中，崔有海一行遭遇台风，不得已之下，前往登州避风。在到达登州后，又因袁崇焕失势，崔有海的使行任务落空。在登州等待一段时间后，崔有海自登州乘船归国，故本书亦将崔有海之《东槎录》排除在研究文本外。

值得注意的是，相比较前篇《漫漫朝天路——明末朝鲜使臣海路使行研究（登州卷）》，本书将崔应虚的《朝天日记》纳入研究文本范围，这应是该《朝天日记》首次被介绍到中国。此前学界普遍认为天启元年谢恩、冬至兼圣节使臣团书状官安璥的《驾海朝天录》为明末海路使行文献之嚆矢。但伴随与安璥同行的使臣团正使崔应虚③《朝天日记》的发现，或许现在应将《驾海朝天录》与《朝天日记》一并看成最初的明末海路使行文献。2018 年，韩国文化遗产厅下属的国立文化遗产研究所对韩国忠清南道、忠清北道、全罗南道、全罗北道、庆尚南

---

① "辨诬使"通"辩诬使"，据《朝鲜王朝实录》数据库的检索结果，朝鲜官方记载皆为"辩诬使"，为还原史实，本书亦使用"辨诬"及"辨诬使"二词。

② 因积劳成疾，使行过程中病逝于北京。李忔《雪汀先生朝天日记》中自北京返程部分为其随行官员续写。

③ 崔应虚（1572—1636），字拱辰，庆州（今韩国庆尚北道庆州市）人，1603 年及第，历任礼曹左郎、兵曹左郎、京畿道使、司宪府掌令、承政院承知、水原副使等职。本书中朝鲜使臣及相关朝鲜人物信息参见韩国学中央研究院自建的"韩国历代人物综合信息系统（한국역대인물종합정보시스템）"数据库。数据库网址：http://people.aks.ac.kr/index.aks。

道、庆尚北道等地存世的"朝鲜时期（文人）个人日记"进行调查。在此次调查中，共发现相关文献172件。同年，国立文化遗产研究所出版了影印版《朝鲜时期个人日记》第四卷，崔应虚《朝天日记》便因收录于此卷中，而被世人所知。《朝天日记》的重见天日对于明末海路使行研究有着极为重要的意义。

天启元年（朝鲜光海君十三年，1621），为感谢明朝派遣登极诏使，告知朝鲜明光宗即皇帝位一事，朝鲜派遣谢恩使臣团出使明朝。据崔应虚《朝天日记》记载，① 天启元年闰二月二十二日，谢恩使臣团正使李庆涵②、副使崔应虚、书状官安璥一行在朝鲜慕华馆举行"拜表"仪式后，自朝鲜都城汉阳（亦称汉城，今韩国首尔）出发。四月十二日，在朝鲜平安道博川（今朝鲜平安北道博川郡），李庆涵以"年老不可由水路而行"③ 为由，未能以正使身份使行明朝。此后，崔应虚"以副使，擢刑曹判书为上使"④，即以正使身份出使明朝。此外，《朝鲜王朝实录》中亦有"谢恩使崔应虚状启曰"⑤ 的记载。这说明因原定正使李庆涵因各种原因，⑥ 未能乘船使行明朝，而原副使崔应虚作为正使出使明朝。

崔应虚的《朝天日记》采用日记体，记录了天启元年九个月的使行活动。崔应虚一行，在天启元年闰二月二十二日，离开朝鲜都城汉阳。五月二十日，崔应虚一行在安州（今朝鲜平安南道安州市）乘船，与明朝登极诏使刘鸿训等人一同出发。六月十九日，崔应虚一行到达登州。十月九日，在完成使行任务后，崔应虚一行乘船从登州乘船归国，

① 参见［朝鲜］崔应虚《朝天日记》，韩国忠清南道青阳郡慕德祠藏本。

② 李庆涵（1553—1627），字养源，号晚沙，韩山（今韩国忠清南道舒川郡）人。1585年，式年（三年一次）文科及第。1593年，历任正言、持平、世子侍讲院弼善。1594年，任掌令（隶属司宪府，正四品）一职。1603年起，历任星州牧使、光州牧使、户曹参判、庆尚道观察使。因反对文臣李恒福废母之事，被贬归乡。1623年，任汉城府右尹。

③ ［朝鲜］崔应虚：《朝天日记》，韩国忠清南道青阳郡慕德祠藏本，第6页b。

④ ［朝鲜］崔应虚：《朝天日记》，韩国忠清南道青阳郡慕德祠藏本，第47页b。

⑤ 《朝鲜王朝实录·光海君日记》卷166，光海君十三年六月二十五日。

⑥ 因明末海路是在明初海路间断两百余年后重新使用，航海安全难以保障。且因渤海，特别是辽东半岛至庙岛群岛间，海洋深度较大，多台风，气候条件恶劣，海路使行吉凶难测，故彼时朝鲜文臣"皆规避，多行赂得免"。李庆涵具体因何未能成行，因缺乏相关史料记载，无法进行较为可信的考证。

十一月五日，达到朝鲜平安道铁山（今朝鲜平安北道铁山郡），二十一日到达始发地。《朝天日记》记载了使行期间的每日天气、途经地、留宿场所、具体的使行活动等内容。与《驾海朝天录》相似，《朝天日记》虽然亦是纪行文，但记述较为简略，且并未收录崔应虚所作的纪行诗。韩国忠清南道青阳郡木面松岩里慕德祠①收藏有手抄本的《朝天日记》，为存世孤本。《朝天日记》共96页，每页10列，每列20个字。第1页至第85页为使行记录，剩余部分为六世孙所写的崔应虚家状②等文献。

本书以18位朝鲜使臣的28种使行文献（包括《航海朝天图》等使行绘图）为直接研究对象，制作了表0−1《明末海路（登州路线）使行文献及版本目录》。本书拟从人文地理学的视角出发，综合文献考证与田野调查，采访当地居民或地方史志研究专家，确定明末朝鲜使臣的使行途经地名，考证相关地名的沿革，结合使行文献（纪行文、纪行诗）对沿途名胜、朝鲜使臣同中国文人或当地居民的交流与互动等的记述分析，重构朝鲜使臣视域中的中国文化空间。

为达成上述研究目的，本书综合采用如下研究方法。第一，以表0−1中的文献为范围，明确使行文献中有关明末莱州府境域的内容，并提取相关地名或地理标识名称。通过此步骤虽然可以初步确定朝鲜使臣在莱州府境内的大致路线，但因主客观原因，会出现不同的使行文献对同一途经地名不同记载的情况，抑或是某段路程中，使臣短暂停留在不同地点等情况。第二，将使行文献中记述的途经地名比对各地的古、现代方志以及韩国古代史料（如《通文馆志》等）中的相关记载，考证各途经地的沿革。虽然通过此步骤可以更为准确地还原使行路线，但是无法确定使行文献中提及的地名或地理标识名称的情况亦不在少数。

---

①　慕德祠是1914年为纪念朝鲜时期的学者、义兵将领崔益铉（1833—1907）的抗日斗争及抗争精神而设立的祠堂。祠堂内有影堂、古宅、中华堂、藏书阁、春秋阁、文物展示馆等建筑。崔益铉，字赞谦，号勉庵，抱川（今韩国京畿道抱川市）人。九岁起先后师从金琦铉、李恒老等朝鲜末期知名学者，学习性理学。1855年，科举及第。历任承文院副正字、司宪府持平、司谏院正言、新昌县监、成均馆直讲、司宪府掌令、敦宁府道政、承政院同副承旨、户曹参判、户曹判书、京畿道观察使等职。1906年，面对日本的入侵，崔益铉以七十四岁的高龄组织义兵英勇反抗。

②　古时指记述有关个人履历、三代、乡贯、年貌等的表状。

第三，通过实地考察，详细了解途经地的地理现状，考察朝鲜使臣提及的历史古迹和自然风景，采访当地的文史研究人员及居民，并据此确定文献中存疑的内容，补充文献中缺失的内容，还原并重构朝鲜使臣的使行路线。并以此为依据，制作表 8－1《明末朝鲜使臣海路使行莱州府境内途经地名变化》。第四，按照使行文献记载的经由地顺序，从人文地理学的角度出发，依次分析朝鲜使臣留下的相关记述（诗文、纪行文本、绘画等），把握明末朝鲜使臣与中国文人的诗歌唱和等文化交流情况，探究朝鲜使臣的内心世界以及对中国社会或中国文化的认知。

明末海路（登州路线）使行文献及版本目录

表0—1

序号	使行文献名称	版本	使行文献作者	官职	使行原因	来程途经莱州府时间	归程途经莱州府时间
1	《朝天日记》	韩国忠清南道青阳郡蔡德祠藏本	崔应虚（1572—1636），字拱辰	正使	谢恩冬至圣节	明天启元年（朝鲜光海十三年，1621）七月五日至八日	明天启元年（朝鲜光海十三年，1621）十月一日至三日
2	《驾海朝天录》	美国哈佛大学燕京图书馆藏本	安璥（1564—?），字伯温，号竹田	书状官			
3	《海槎朝天日录》	《漲滩集》，韩国首尔大学奎章阁藏本	吴允谦（1559—1636），字汝益，号楸滩、土塘	正使	登极	明天启二年（朝鲜光海二年，1622）六月九日至十三日	明天启二年（朝鲜光海十四年，1622）九月二十一日至二十四日
4	《朝天诗》	《漲滩集》，韩国首尔大学奎章阁藏本					
5	《石楼先祖朝天录》	韩国成均馆大学尊经阁藏本	李庆全（1567—1644），字仲集，号石楼	正使			
6	《朝天录》	《石楼先生遗稿》，韩国首尔大学奎章阁藏本					
7	《朝天诗》						
8	《白沙公航海路程日记》	《燕行录全集》（林基中编）15册	尹暄（1573—1627），字次野，号白沙	副使	奏闻（请封）辨诬	明天启三年（朝鲜仁祖元年，1623）六月二十七日至七月二日	明天启四年（朝鲜仁祖二年，1624）三月十六日至十八日
9	《癸亥朝天录》	《敬亭集》卷1—3，韩国首尔大学奎章阁藏本	李民宬（1570—1629），字宽甫，号敬亭	书状官			
10	《燕槎唱酬集》	《敬亭集》卷6—8，韩国首尔大学奎章阁藏本					

续表

序号	使行文献名称	版本	使行文献作者	官职	使行原因	来程途经莱州府时间	归程途经莱州府时间
11	《燕行录—云朝天录》	《燕行录全集》12册（林基中编刊行本）	赵濈（1568—1631），字德和，号花浦	正使	冬至圣节谢恩	明天启三年（朝鲜仁祖元年，1623）十一月二十一日至十七日	明天启四年（朝鲜仁祖二年，1624）三月十四日至十七日
12	《燕行酬唱录》	《（韩字）朝天日乘及酬唱录》（汉文）燕行录 2002年刊行本					
13	《海路使行北京纪行及酬唱录》	《海路使行北京纪行及酬唱录》2002年刊行本					
14	《朝天录—云航海日记》	[韩]曹圭益：《朝天录—云航海日记》，载《韩国文学与艺术》2008年第2辑，韩国崇实大学韩国文学与艺术研究所，第251—344页	李德泂（1566—1645），字远伯，号竹泉	正使	谢恩奏请	明天启四年（朝鲜仁祖二年，1624）九月十四日至十九日	明天启五年（朝鲜仁祖三年，1625）三月九日至十二日
15	《朝天诗》	韩国学中央研究院藏书阁藏本	吴翿（1592—1634），字潚汩，号天坡	副使			
16	《花浦先生朝天航海录》	韩国国立中央图书馆藏本	洪翼汉（1586—1637），曾名洪霫，字伯升，号花浦，云翁	书状官			
17	《燕行图幅》	韩国国立中央博物馆藏本	未详	—		—	—
18	《航海朝天图》	韩国国立中央博物馆藏本	未详	—		—	—
19	《朝天图》	韩国国立中央博物馆藏本	未详	—		—	—

续表

序号	使行文献名称	版本	使行文献作者	官职	使行原因	来程途经莱州府时间	归程途经莱州府时间
20	《天槎大观》	韩国国立中央图书馆藏本	金德承（1598—1658），字可久，号巢睫	书状官	冬至圣节	明天启四年（朝鲜仁祖二年，1624）十月十四日至十九日	明天启五年（朝鲜仁祖三年，1625）三月九日至十二日
21	《槎行录》	韩国学中央研究院藏书阁藏本	全湜（1563—1642），字净远，号沙西	正使	冬至圣节	明天启五年（朝鲜仁祖三年，1625）十二月三日至十七日	明天启六年（朝鲜仁祖四年，1626）三月二十一日至二十三日
22	《朝天诗（酬唱集）》			正使			
23	《朝天录》	韩国国立中央图书馆藏本	金尚宪（1570—1652），字叔度，号清阴、石室山人、西涧老人		圣节陈奏	明天启六年（朝鲜仁祖四年，1626）九月三日至九月中旬	明天启七年（朝鲜仁祖五年，1627）四月中下旬
24	《朝天录》	韩国学中央研究院藏书阁藏本	金地粹（1585—1639），字去非，号苔川、苔湖，天台山人	书状官			
25	《路程记》	韩国首尔大学奎章阁藏本	南以雄（1575—1648），字启万，号市北	正使	冬至		
26	《朝天时闻见事件启》	韩国国立中央图书馆藏本	申悦道（1589—1659），字晋甫，号懒斋	书状官	冬至圣节辨诬	明崇祯元年（朝鲜仁祖六年，1628）十月七日至十二日	明崇祯二年（朝鲜仁祖七年，1629）四月三十日至闰四月二日

续表

序号	使行文献名称	版本	使行文献作者	官职	使行原因	来程途经莱州府时间	归程途经莱州府时间
27	《朝天记地图》	韩国成均馆大学尊经阁藏本	郑斗源（1581—？），字丁叔，号壶亭	正使	陈慰奏请进贺	明崇祯二年（朝鲜仁祖七年，1629）十月中下旬前后	明崇祯三年（朝鲜仁祖八年，1630）五月中下旬前后
28	《朝天录》	韩国首尔大学奎章阁藏本	高用厚（1577—？），字善行，号晴沙	正使	冬至	明崇祯三年（朝鲜仁祖八年，1630）十月中下旬前后	明崇祯四年（朝鲜仁祖九年，1631）五月中下旬前后

第一章　掖县东界至朱桥驿

朝鲜使臣从登州府城（蓬莱县）出发，向西一百五十里（1里等于0.5千米，下同），① 依次横穿登州府的黄县、招远县②北部，经登州府招远县与莱州府掖县交界处的新城（亦名备倭城、新城堡、王徐寨，今莱州市金城镇新城村）后，进入莱州府掖县境内。

(六月) 初九日，晴。自<u>黄山</u>，酉时，到<u>朱桥</u>六十里。<u>黄山</u>以后，村舍尤似稠密，园林果木比<u>黄县</u>以前尤佳，官道尚沿海汀矣。③

——吴允谦《海槎朝天日录》

(十月) 十一日，晴。午后……二十里到<u>新城</u>中火……晚至<u>邾桥驿</u>俞姓人家宿。……今日行六十里。

——赵澜《燕行录—云朝天录》

(九月) 十四日，乙丑。一行蓐食，（从<u>黄山驿</u>）驰往<u>朱桥铺</u>

① "（登州府）西一百五十里至于莱州之掖县界。"（嘉靖《山东通志》卷4《疆域》，明刻本，第11页a）

② 明代的招远县，即今天的招远市。招远古莱子国，禹贡青州之域。春秋时，齐侯迁莱子于倪地始属齐，秦因之，汉为曲成县，属东莱郡，东汉因之。晋改东莱郡为国地。元魏以其地置西曲城，分青州置光州部，始析东莱之牟平、黄、掖、观阳四县地置东牟郡与长广郡，俱属光州。后齐省入掖县，隋因之，属青州部。唐为掖之罗峰镇，属河南道莱州。宋因之，金始置招远县。明属山东布政使司莱州府，洪武九年升登州为府，割莱之招远莱阳属焉，清因之。1913年，废府置道，招远属山东省胶东道，1925年，改属东海道，1928年，废道，直隶山东省。1950年1月1日，招远、招北县合并，称招远县，属北海区。1950年5月，属山东省莱阳专区。1958年11月，属烟台专区。1983年11月，改为烟台市辖县。1992年，撤县设市，归山东省直辖，由烟台市代管。相关内容参见山东省招远县志编纂委员会编《招远县志》，华龄出版社1991年版，第56—57页；顺治《招远县志》卷1《沿革》，道光二十六年刻本，第9—10页。

③ 为更为直观地呈现使臣记录的途经地名，本书在单独引用的原文中，用单下划线标示沿途相关地名。

止宿。是日行六十里。

——李德洞《朝天录—云航海录》

（十月）十二日，晴。早发，往朱桥驿止宿，去黄山六十里。

——全湜《槎行录》

黄山驿，属黄县。自黄山西至朱桥驿，六十里程也。

——郑斗源《朝天记地图》

　　由上述引文可知，自黄县黄山馆驿至掖县朱桥驿的距离为六十里。具体而言，朝鲜使臣自蓬莱县启程后，行六十里到黄县，宿黄县城。次日，行六十里，宿黄县黄山馆驿。其后，自黄山馆驿，经登州府招远县北部，行六十里，过招、掖交界的新城，到掖县朱桥驿。据乾隆《掖县志》记载："备倭城，朱桥北二十里，俗呼新城，与招远接界。"① 即黄县黄山馆驿至掖县西界，朝鲜使臣所行里程为四十里，而掖县东界至朱桥驿段，所行里程为二十里。依吴允谦的记述，朝鲜使臣从黄县的黄山馆驿出发，行六十里到达掖县朱桥驿。自黄山馆驿之后，道路两旁的村舍渐渐密集，招掖两县对园林果木的管理也要比蓬莱和黄县好。使臣所途经的驿道依旧为沿海的地势平坦之地。蓬莱县境内多山地，驿道崎岖难行，② 而黄县"依山傍海，系斥卤砂砾"③。换言之，朝鲜使臣途经登州府所辖的蓬莱县、黄县驿道两旁皆因地形或盐田、沙地不适宜种植农作物，人烟稀少，村舍稀疏，且沿途并无可观之景，故使行文献中有关此段路程的记载较少。

　　据相关方志记载，④ 莱州府东北至登州府二百四十里，东南至海二百五十里，西至青州府三百六十里，北至海崖九百里，自府治至（山

---

① 乾隆《掖县志》卷2《海防》，清乾隆二十三年刊本，第82页b。

② "蓬境多山，旧有官道，大都崎岖难行。"（民国《蓬莱县志》，台湾青年进修出版社1961年版，第135页）

③ 康熙《黄县志》卷1《疆里》，清康熙十二年刻本，第13页b。

④ 参见《齐乘》，中华书局2012年版，第208—211页；《大明一统志》卷25《莱州府》，明天顺五年内府刻本；《寰宇通志》卷67《登州府·莱州府》，明景泰年间内府刊初印本；《肇域志》，上海古籍出版社2004年版，第539—548页；《读史方舆纪要》卷36《山东（七）》，中华书局2005年版，第1661—1662页；嘉靖《山东通志》卷3《建置·沿革（下）》明刻本；万历《莱州府志》卷1《沿革》，明万历三十二年刻本；山东省莱州市志编纂委员会编《莱州市志》，齐鲁书社1996年版，第41—42页。

东）布政使司六百四十里，至京师一千四百里，至南京一千五百里。
《禹贡》："青州之域，所谓'莱夷作牧'。"春秋为莱子国，战国属齐，
秦属齐郡，两汉时称东莱郡。晋为东莱国。宋复称东莱郡，后魏因之，
并置光州领东莱郡。隋初撤东莱郡，改光州为莱州，后复设东莱郡。唐
为莱州，天宝初改东莱郡，干元初复为莱州。宋属京东东路，金在莱州
置定海军，元初属益都路，后属般阳路。洪武元年，升莱州为府，隶山
东行省，领登州、宁海二州及掖、莱阳、胶水、栖霞、黄、福山八县。
洪武六年，割登州及所属栖霞、黄、福山三县，直隶山东行省。洪武九
年，升登州为府，割莱阳、招远、宁海州、文登归登州府；割青州之昌
邑、潍州、胶州、即墨、高密归莱州。洪武十九年，升胶水为平度州，
领昌邑、潍二县。此后，莱州一直领平度州、胶州二州及掖、潍、昌
邑、高密、即墨五县，府治在掖县。清沿明制。1913 年，裁撤莱州府，
留掖县。1914 年，掖县属胶东道（治所在烟台）。1925 年，改属莱胶
道（治所在胶县）。1928 年，废莱胶道，直属山东省。1940 年，属西
海地区行政专员公署。1950 年，属莱阳专区。1958 年，改属烟台市。
1988 年，撤销掖县，建立莱州市，为山东省辖县级市，有烟台市代管。

　　自掖县东界至朱桥驿的二十里区间的地名，使行文献记载如下：新
河、马堂店、朱果寺、寒同山（神山）、广河、朱桥、掖县界（石碑）、
王乙山等。

第一节　新河、马堂店、朱果寺

　　莱州，在《禹贡》"青州域"，而危之分野，古莱夷地。春秋为
莱子国，汉置东莱郡，唐为莱州，大明洪武升为府。土疏水阔，山
高海深，性刚俗嚣，好经称名。自黄县西二百四十里也，两封间水
曰：界河。……其西有新河，河之西有朱果寺，寺在马堂店纷华中。
万岁河在府东北，上有万岁桥，两岸皆沙，秦皇、汉武祷于此。[1]

　　　　　　　　　　　　　　　　　　　——金德承《天槎大观》

---

　　[1]　为更清晰地呈现朝鲜使臣使行途经地名，本书作者在引用使行文献原文时，使用单下
划线对可指代地理名称的词汇进行标示。

据金德承的记述，自黄县西，即黄山馆驿至莱州，前后里程合计两百四十里。如前所述，登州府蓬莱县至黄县六十里，黄县城至黄县黄山馆驿六十里，黄山馆驿至莱州府朱桥驿六十里。由此可推测，"（莱州）自黄县西二百四十里"应为误记，实为一百八十里。"两封间水"，即指位于黄招二县接壤的"界河"，这与明泰昌《登州府志》的"界河，在（黄）县西六十里，乃招、黄地界也"① 的记述一致，今为龙口市与招远市交界处的界河。据相关方志记载，② 西汉初期，因该河下游位于曲城县和㯂县的交界处，故名界河。明代至民国，称东良河、界河。该河发源于今招远市的尖山南麓，流经招城、张星、辛庄等地注入渤海。主流全长 44.5 千米。河床宽约 100 米，径流面积为 572.5 平方千米。属季节性河流，每年七八月为丰水期，四五月为枯水期。

依金德承所记，在界河以西有名为"新河"的河流。此"新河"应为今莱州市马塘村西侧的朱桥河（支流）。"新河"曾名辛庄河。③ 推断的依据主要有二。其一，据《大明一统志》记载："胶水，源发铁橛山，北过密州五弩山，卤水入焉，又北过高密县注潴泽，与张奴水合，由泽北入新河，经平度州昌邑县界入海。"④ 新河为昌邑县与平度州之间的界河属莱州府，且位于界河以西。结合"万岁河在府东北"的记载，可知此部分应是金德承按照途经地的顺序进行的记录。明代㯂县万岁河为今莱州王河，相关内容将在后文详述。故金德承所说的"新河"应不是平度和昌邑的界河——新河。

其二，依金德承的记述，新河迤西有位于繁华闹市中的马堂店之朱果寺。关于㯂县急递铺，乾隆《㯂县志》记载："（㯂县）东北路通登州府铺八：淇水，县东北十二里；苏郭，县东北二十里；平里店，县东

---

① 泰昌《登州府志》卷 6《地理志二·山川》，明泰昌元年刻本，第 16 页 b。
② 参见嘉靖《山东通志》卷 6《山川（下）》，明刻本，第 18 页 b；泰昌《登州府志》卷 6《地理志二·山川》，明泰昌元年刻本，第 16 页 b；嘉庆《大清一统志》卷 173《登州府》，四部丛刊续编本，第 14 页 a；民国《山东通志》卷 33《山川》，民国七年铅印本，第 18 页 a；招远县地名委员会办公室编《山东省招远县地名志》，内部资料，1987 年，第 337 页。
③ 参见万历《莱州府志》卷 3《徭役》，明万历三十二年刻本，第 75 页 a；民国《山东通志》卷 115《兵防志第八》，民国七年铅印本，第 40 页 b；莱州市水利志编写组编《莱州市水利志》，内部资料，1990 年，第 72—74 页。
④ 《大明一统志》卷 25《莱州府》，明天顺五年内府刻本。

北三十里；贾邓，县东北四十里；琅琊，县东北五十里；朱桥，县东北六十里；朱郭，县东北七十里；金坑，县北三山六十里。"① 可知朝鲜使臣一行经掖县东界到达朱桥驿所经过的掖县急递铺自东北向西南依次为金坑铺、朱郭铺、朱桥铺。乾隆《掖县志》虽记载了金坑铺的方位，但并没有明确金坑铺距掖县治所的具体里数。按正常的行文范式，此处记载应为"金坑，县东北八十里"。新城位于掖县东北八十里，即掖县与招远县交界处。三山岛，在莱州府城"北六十里，为海之南岸。《史记·封禅书》云：'八祀三山为阴主'，即此"②。据万历《莱州府志》卷首《掖县境图》所示，③ 三山，即三山岛（今莱州市三山岛街道三山岛村）位于莱州府城正北方向，而金坑铺位于莱州府城西北方向，与王徐寨（即新城，今莱州市新城镇新城村）分处两地，与朱郭铺（明代称诸郭铺④，后文详述）相距较近。

图 1−1 今处于丰水期，但水量较少的界河⑤

① 乾隆《掖县志》卷 2《驿递》，清乾隆二十三年刊本，第 85 页 b—86 页 a。
② 万历《莱州府志》卷 2《山川》，明万历三十二年刻本。万历《莱州府志》、乾隆《莱州府志》各版《掖县志》对于三山岛的位置皆记载为"府（县）城北六十里"，仅在嘉靖《山东通志》中记载为"三山岛，在府城北五十里，为海之南岸"［嘉靖《山东通志》卷 6《山川（下）》，明刻本］。因莱州和掖县方志编纂人员大多为当地人，可信性较高，故本书采用《莱州府志》和《掖县志》的记载。
③ 参见万历《莱州府志》卷首《掖县境图》，明万历三十二年刻本。
④ 明代称谓为"诸郭铺"，清代为"朱郭铺"，为行文一致，除特殊论述外，本书使用"朱郭铺"指代掖县七十里的急递铺。
⑤ 后文图片如无特殊说明，皆为本书研究团队拍摄。

　　据《莱州市志》记载,[①] 莱州曾是中国古代黄金主要产地之一。宋元丰元年（1078）,全国收获黄金 10710 两,其中莱州 4872 两,居全国之冠。明代天启年间,焦家、新城、红布、龙埠等村居民,多以"打请"（开坑采金）和"拉溜"（淘砂金）为业。1975 年,在焦家、新城一带发现"打碴老栏"（矿坑）30 余处。栏内留有的铁镢、坑木、编篓、陶罐、碗筷等,经考证均系明代采金遗物。莱州市地方史志办公室杨曰明主任告诉笔者,"金坑"一词,在莱州境内常常指代的是金矿。在杨主任的引荐下,我们有幸采访到前地方史志办公室主任杨宏俊老先生（男,78 岁）。杨老先生曾作为主编,参与了 1996 年版《莱州市志》的编纂工作,对莱州市地方史志有着较为全面了解。杨老先生告诉笔者,20 世纪 90 年代他下乡考察时,在今金城镇马塘村,了解到马塘村曾名"金坑"。马塘村的位置符合位于王徐寨与朱桥驿之间,与朱郭铺相距较近的条件,应为明代掖县急递铺之一"金坑铺"所在地。民国《四续掖县志》记载:"朱桥河以掖县赴招远之县道为界……以县道为界,北至李店乡马塘店子村,绕东村沿至村北,仍归县道。查马塘店子村被县道穿村而过,故分东、西二村均属掖境,东村外县道东属招远。"[②] 在民国时期,今马塘之村名依旧为马塘店子。换言之,金德承所说的"马堂店"应为"马塘"（金坑铺）的通假记述,而"朱果寺"的"朱果"应为"诸郭"或"朱郭"的通假记述。这样的推断得到了杨曰明主任和杨宏俊老先生的肯定。

　　关于马塘村,莱州市民政局地名委员会办公室主任戴锡金介绍如下：马塘村位于莱州市金城镇政府驻地东南 3.2 千米。明洪武年间,朱、冷二姓由四川成都府大槐树下铁碓臼张家迁此立村取名,朱冷庄。后因村附近有一水塘,明末曾在此设驿站,故改名马塘甸子（村）。1958 年,简称马塘（村）。1984 年,设马塘村民委员会,辖马塘（村）、盖甸（村）两个自然村,村委员会驻马塘。最早记载金坑铺的方志应是万历《莱州府志》,莱州府在今马塘村设"金坑"急递铺之事,最晚应在明代中期。此外,戴主任关于马塘村的介绍从侧面说明,

---

① 参见山东省莱州市志编纂委员会编《莱州市志》,齐鲁书社 1996 年版,第 195 页。
② 民国《四续掖县志》卷 1《疆域》,民国二十四年铅印本,第 6 页 a。

明代在今马塘村所在地附近，采金业应十分的发达，故以金坑命名。依前推论，乾隆《掖县志》中关于"金坑铺"的记载应为"金坑，县东北七十五里"。

金德承的记载说明马堂店，即今马塘村在明末就早已因金矿的开采和毗邻登莱孔道的交通便利而十分繁华。且其发展的历史要长于朱郭铺。此外，戴锡金主任介绍，明清时期的朱郭铺，即今莱州市朱桥镇的朱郭李家村，明初李姓从四川迁此立村。朱郭寺始建于何时，现已无从考证。金德承所言的朱果寺，应为朱郭寺的通假记述。杨曰明主任、杨宏俊老先生及戴锡金主任对这样的推断也持肯定的意见。比对古今地图，① 金德承所说的"新河"应是流经今莱州市朱桥镇朱郭李家村和马塘村之间的朱桥河支流，今称朱桥河（金城镇马塘村段），曾名辛庄河，该河在今莱州市朱桥镇小官庄村注入朱桥河。

图1-2　本书作者（左一）与杨宏俊老先生（右一）、戴锡金主任（左二）、杨曰明主任（左三）在莱州市民政局地名办公室内合影留念

---

① 古代地图，参见乾隆《掖县志》卷首《图》，清乾隆二十三年刊本，第2页b—3页a；光绪《三续掖县志》卷首《图》，光绪十九年刻本，第5页b—6页a；现代地图，参见莱州市水利志编写组编《莱州市水利志》，内部资料，1990年，第64页。

图1-3　今马塘村西侧的朱桥河（金城镇马塘村段）河长公示牌

图1-4　莱州市朱桥河马塘村段

据相关方志记载，① 位于莱州府东北七十里的急递铺——金坑铺，即今马塘村。清乾隆二十三年（1758），属莱州府掖县进士乡，民国二十年（1931），属掖县第五区李店乡。1943—1948 年，属后坡区。1956年，属朱桥区。1958—1968 年，属掖县腾家公社。1984 年至今，属莱州市金城镇。综前所述，具体的地名变化为（明初）朱冷庄→（明万历年间）金坑铺、马塘甸子、马堂店→（清）金坑铺、马塘店子→（民国时期）马塘店子→（今）马塘村。

图 1-5　今位于莱州市朱桥镇马塘东北侧的村碑

如前所述，金德承所言的朱果寺，即朱郭寺，而朱郭铺亦因寺而得名。朱郭铺位于莱州府东北七十里，亦称为诸郭铺。② 据相关方志记载，③ 朱

① 参见乾隆《掖县志》卷 1《乡社》，清乾隆二十三年刊本，第 45 页 b—46 页 a；民国《四续掖县志》卷 1《疆域》，民国二十四年铅印本，第 6 页 a；山东省莱州市史志编纂委员会编《莱州市志》，齐鲁书社 1996 年版，第 58—68 页；莱州市人民政府地名办公室《山东省莱州市地名志》，内部资料，1996 年，第 108 页。

② "掖县总铺在南门外街西。东北路通登州铺八：曰淇水、曰苏郭、曰平里、曰贾邓、曰琅琊、曰朱桥、曰诸郭、曰金坑。"（万历《莱州府志》卷 5《驿传》，明万历三十二年刻本，第 32 页 b）

③ 参见乾隆《掖县志》卷 1《乡社》，清乾隆二十三年刊本，第 45 页 b—46 页 a；山东省莱州市史志编纂委员会编《莱州市志》，齐鲁书社 1996 年版，第 58—68 页；莱州市人民政府地名办公室编《山东省莱州市地名志》，内部资料，1996 年，第 110—111 页。

郭铺，清乾隆二十三年，属莱州府进士乡。清宣统二年（1910），属朱
桥区朱郭社。1931 年，属掖县第五区。1943—1948 年，属午城区。
1956 年，属朱桥区。1958 年，属朱桥乡。1968 年，属朱桥公社。1992
年至今，属莱州市朱桥镇。简言之，具体的地名变化为（明万历年间）
诸郭铺→（清乾隆年间）朱郭铺、诸郭铺→（清宣统年间）朱郭铺→
（民国时期）朱郭→（今）朱郭李家村。

图 1-6　今莱州市朱桥镇朱郭李家村村碑

说明：即金德承所记述的朱果寺所在地——朱郭铺。

　　（九月）十四日……午到<u>新城堡</u>，不为中火。霎然秣马，驰往
<u>朱轿铺</u>，则日已高舂（傍），不得已止宿，是日行六十里。<u>新城</u>十
余里许，有绀宇净土，花龛点在烟树间，穹石刻字磨灭，不可读，
仅记其唐乾符年所立也。居僧未满二十人，一老衲丫手惊问曰：
"奚自？"老爷俱道其所以，则即设茶迎慰。因进香，厨所供品极
精洁，以紫金丹两笏、霜花纸十幅回谢。

　　　　　　　　　　　　　　——洪翼汉《花浦先生朝天航海录》

　　绀宇，即绀园，佛寺之别称。穹石，巨大的岩石。天启四年九月十

四日，谢恩兼奏请使臣团正使李德泂，副使吴翿，书状官洪翼汉自登州府黄县之黄山馆驿出发，沿海边驿道西行四十里到达招掖两县交界的新城，再向西南行二十里到达莱州府掖县之朱桥驿。① 在此过程中，李德泂等朝鲜使臣在经新城十余里的地方，发现一处佛寺。在入寺路旁的树林中，有供奉神佛的石室或小阁子。佛寺前立有巨石，其上的石刻字迹因年代久远，仅有唐乾符年（874—879）所立等几字可辨。寺内主持对于李德泂等朝使臣的到来十分诧异，在得知原委后，盛情地款待了异域之客。对于主持的好意，朝鲜使臣十分感动，以朝鲜特产紫金丹和霜花纸作为答谢之礼。如前所述，因自新城西行二十里即到朱桥驿，故李德泂一行所经过的佛寺应十分接近朱桥驿。

　　位于莱州市金城镇新城村（明代新城）与莱州市朱桥镇朱桥村（明代朱桥驿，后文详述）之间，且与洪翼汉记载相近的寺庙有三。一为北觉寺，城北七十里，多古碑。② 北觉寺原址位于今莱州市金城镇北觉于家村。二为广福院，俗名朱郭寺，在城东北六十五里。寺内古柏、碑碣甚多，清末绅董募捐重修。③ 朱郭寺原址位于莱州市金城镇朱郭李家村。三为寺庄之"大寺"。据戴锡金主任介绍，今莱州市朱桥镇寺庄村是王姓于明洪武二年由四川迁此立村，因当时村中有一座大寺而得村名寺庄村。另据招远市辛庄镇官道村村民苏振刚（男，65 岁）讲述，从登州府通往莱州府的老官道（驿道）从招远市辛庄镇官道村村北经过，从其记事时起一直未曾改道，即今村旁的 G206 国道。该老官道在经过今莱州市金城镇新城村城后，会经过朱郭铺、寺庄村，到达朱桥驿。虽然北觉寺位于莱州府城北七十里，且曾古碑众多，但距驿道尚有一定距离。寺庄之大寺虽处于驿道的途经之处，但现存的各官修和私修的志书对此皆无记载，可以推断寺庄村内未名寺庙规模应不是很大。"大寺"一说应为以讹传讹。简言之，李德泂一行所经过的佛寺应为朱

　　① "本县（招远县）迤北五十里，朱桥东二十里，黄山西四十里，有新城公廨一所，往来过客，间或乘兴暂憩" ［（明）李骥千撰：《裁革朱桥中火碑》，顺治《招远县志》卷 11 《艺文（中）》，清顺治十七年刻本，第 19 页 b］。这与郑斗源在《朝天记地图》中所记载的，即"黄山驿……行四十里，有新城，新筑设屯故名"一致。
　　② 乾隆《掖县志》卷 5 《寺观》，清乾隆二十三年刊本，第 41 页 a。
　　③ 民国《四续掖县志》卷 5 《寺观》，民国二十四年铅印本，第 53 页 a。

郭寺，而此朱郭寺亦是金德承所说的朱果寺。

　　如前所述，明清时期的朱郭铺因村内的朱郭寺而得名，虽未能确定朱郭寺的具体修建年代，但据戴锡金主任的介绍，可以确定朱郭寺存在的历史要比朱郭铺和朱郭李家村的历史更久。这与据洪翼汉"唐乾符年"的记载相佐证。朱郭寺所在的朱郭铺位于莱州府城东北七十里，距新城十里，这也与洪翼汉的"新城十余里许"的记载相近。朱郭寺李家村村民李希军（男，60岁）告诉笔者，旧时官道（驿道）位于村子的东侧；以村西侧的小路为界，朱郭李家村分为大村和小村；在大村的西北方向曾有一座寺庙（距东侧旧时驿道，即今G206国道的直线距离约为0.5千米），寺庙的规模较大，在寺庙的原址上建有一座新宅子，此宅主人的爷爷曾是寺庙中最后一位和尚。遗憾的是前往探查时，虽在村民的引导下找到了朱郭寺原址所在地，但是由于宅子的主人外出未能进行更详细的采访。综合来看，天启四年谢恩兼奏请朝鲜使臣团一行所经过的"绀宇净土"抑或"佛寺"应是位于朱郭铺（今朱郭李家村）西北的朱郭寺；朱郭李家村内的大村应为明清时期朱郭铺所在地，随着经济的发展在官方急递铺的西侧渐渐出现小聚落，最终发展成为大村和小村。

图1-7　位于今莱州市朱桥镇朱郭李家村西北的朱郭寺原址

图 1－8　朱郭寺原址附近的建筑残存

第二节　寒同山（神山）

莱州为府，东据罗山，西阻潍水，南距神山，北枕渤海。

——李民宬《癸亥朝天录》

（莱）州隶山东省，罗山亘其东，潍水阻其西，神山据其南，渤海枕其北。

——申悦道《朝天时闻见事件启》

莱州府……形胜：罗山亘其东，潍水阻其西，神山距其南，渤海枕其北，风土甲于青齐。

——郑斗源《朝天记地图》

寒同山，在（掖水桥）东，一名神山，掖水源此。

——金德承《天槎大观》

上述引文是使行文献中关于神山，即寒同山的记载。具体而言，李文、申文及郑文是朝鲜使臣在介绍莱州府的形胜时，提及寒同山位于莱州府之南。"寒同山，城南十五里，云峰山东"①，"云峰高望"②，又名九仙山，"有洞七，俱极幽胜"③。诸洞多为道教之人习道抑或修真之所。依内容和行文，李文、申文及郑文的记述恐参照了《大明一统志》的相关记载：

> （莱州府）风土甲于青齐……罗山亘其东，潍水阻其西，神山距其南，渤海枕其北。
>
> ——《大明一统志》④

如上述《大明一统志》的记载，李民宬与申悦道的记述方式及内容与《大明一统志》中有关莱州府形胜的部分几乎一致，而郑斗源只是将形胜和风土结合记述。换言之，纂修于明天顺五年（1461）的《大明一统志》可能在成化年间，⑤ 甚至更早便已传入朝鲜，并在其后的近两百年内，被朝鲜士大夫阶层所熟知。金德承也应参考了《大明一统志》，即"寒同山在府城东三十五里，一名神山，掖水源发于此"⑥ 的记载，但仅使用方位，以"在东"的概述代替"府城东三十五里"的记载。⑦ 民国《山东通志》记载："自《元和郡县志》误谓掖水出寒同山，后世志书皆沿其误，乾隆县志始订正之。"⑧ 自唐至清乾隆年间，

---

① （清）侯登岸：《掖乘》卷1《山川一》，山东省图书馆藏稿本，载韩寓群主编《山东文献集成》第2辑第19册，山东大学出版社2007年版，第166页下栏。

② 民国《四续掖县志》卷1《山川》，民国二十四年铅印本，第19页b。

③ 民国《山东通志》卷27《山川·莱州府》，民国七年铅印本，第35页a。

④ 《大明一统志》卷25《莱州府》，明天顺五年内府刻本，第14页a。

⑤ "礼曹启：'今承传教……臣等参详历代祭风、云师日及方位各异，非徒取法为难，《洪武礼制》则亦是州县之制，若诸司职掌及《皇明一统志》记皇城坛庙之制，而并以风、云、雷、雨，合祭一坛'。"[《朝鲜王朝实录·成宗实录》卷33，成宗四年八月十四日。本书中的《朝鲜王朝实录》参见韩国国史委员会构建的"朝鲜王朝实录DB"（http://sillok.history.go.kr）] 这说明早在朝鲜成宗四年，即明成化九年（1473）时，朝鲜就已经将《洪武礼制》和《大明一统志》奉为正统。

⑥ 《大明一统志》卷25《莱州府》，明天顺五年内府刻本，第14页b。

⑦ 出现这种与《大明一统志》相关内容不一致的情况，原因可能在于金德承在海路使行的过程中接触到了较新的明朝方志，如万历《莱州府志》（1604）等书籍。具体来说，东传朝鲜的《大明一统志》版本中应记载了寒同山在"府城东三十五里"，而金德承使行途中应接触了如万历《莱州府志》中"寒同山在府城东南十五里"的类似记载，故出现了以"掖水东"代替"府城东三十五里"的记述。这也从侧面说明使用《大明一统志》体例著述《天槎大观》的金德承对以《大明一统志》为代表的中国方志十分熟悉，甚至达到了如数家珍的程度。

⑧ 民国《山东通志》卷33《疆域志第三·山川》，民国七年铅印本，第29页a。

诸方志中将掖水之源记为寒同山，故参考《大明一统志》的朝鲜使臣金德承亦记载了掖水发源于寒同山。

天启四年，谢恩兼奏请使臣团正使李德泂、副使吴翻、书状官洪翼汉一行于九月十四日清晨自黄县黄山馆驿出发，当日落日时分到达朱桥驿。[①] 吴翻途中留有《朱桥驿》一诗提及了寒同山，原诗如下：

朱桥驿

路出东牟县，秋残一夜间。
风沙行旅苦，场圃老农闲。
溪入平芜净，云随众鸟还。
谁知开眼处，一发露神山[②]。

——吴翻《燕行诗》

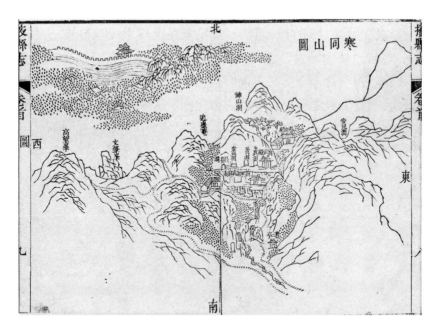

图 1-9 《寒同山图》[③]

---

① 参见［朝鲜］洪翼汉《花浦先生朝天航海录》卷1，韩国国立中央图书馆藏本，第24页。
② 诗自注"莱州山名"。
③ 乾隆《掖县志》卷首《图》，清乾隆二十三年刊本，第8页b—9页a。

此诗描述了秋冬之际，吴翮一行自黄县至掖县途中所见之景。东牟县，即黄县。黄县在魏、元时期属东莱，故名。东出黄县时，吴翮等朝鲜使臣已跋涉了三千九百四十里，包括海路三千七百六十里及陆路一百八十里。[①] 天启三年，以李曙、李贵、金鎏等为首的西人[②]势力发动武装政变，废光海君，拥立绫阳君李倧为王，即仁祖，史称"仁祖反正"。废君光海君为明朝正式册封的朝鲜国王，新君仁祖为彰显其帝位的正统性，急需明朝册封。以李德泂、吴翮、洪翼汉为首的天启四年谢恩兼奏请使臣团主要使行目的是感谢天启三年明朝下赐的册封诏书，恳请明朝尽快下赐诰命与冕服，以便完成册封。虽在天启三年奏闻兼辨诬使李庆全和冬至、圣节兼谢恩使赵溦两行使臣的共同努力下，明朝下赐了册封诏书，但因朝鲜与后金之间较为复杂的关系，明朝统治阶层对是否下赐诰命与冕服还存在较大的争议，李德泂、吴翮、洪翼汉一行的任务较为艰巨。故吴翮在感叹"风沙行旅"之苦的同时，羡慕"场圃老农"之闲。潺潺的溪流流淌在寂静且杂草丛生的旷野之中，白云之巅众鸟飞向温暖的南方。对"册封"的担忧和旅途的劳顿使吴翮无暇之际，猛然抬头远眺，映入眼帘的正是莱州神山之微茫。

寒同山[③]

郁纡连嶂秀，万壑阴松风。

平望倚苍翠，县崖虎豹丛。

古洞流白云，迤逦挂长虹。

裴回惬幽兴，烟雨曳短筇。

虽朝鲜使臣对于寒同山的记载大多为概述性描述，但通过清代掖县

---

① 参见《通文馆志》卷3，《事大（上）·海路路程》，朝鲜古书刊行会大正二年（1913）刊本，第58—59页。

② 16世纪朝鲜朋党的两派之一，另一派称为东人。

③ 乾隆《掖县志》卷8《艺文·诗》，清乾隆二十三年刊本，第42页a。

文人刘在中①的《寒同山》一诗，可以还原朝鲜使臣彼时所见寒同山之美景。作为莱州府的地标，风景秀美的寒同山让朝鲜使臣在领略齐鲁优美风景的同时，亦激励其继续向京师前进。朝鲜使臣提及的寒同山或神山为今莱州市云峰山风景区内的寒同山。据相关方志记载，② 寒同山海拔317米，位于莱州市城区东南8千米处。西依云峰山，东连大基山，南望大泽山，山峰呈凹型，静穆端庄。综前所述，寒同山具体的名称变化为：（唐）寒同山③→（明代）寒同山、神山④→（清至民国）寒同山、神山、九仙山、⑤九青山⑥→（今）寒同山、神山。

图1-10 自莱州市文峰路街道下王家村远眺寒同山

① "刘在中，字玉瑟，邑廪生，建昌推官允浩子。"（乾隆《掖县志》卷4《孝友》，清乾隆二十三年刊本，第49页a）

② 参见莱州市人民政府地名办公室编《山东省莱州市地名志》，内部资料，1996年，第451页；山东省莱州市史志编纂办公室编《莱州市志》，齐鲁书社1996版，第74页。

③ 《元和郡县志》卷13《河南道》，清武英殿聚珍版丛书本，第9页a。

④ 参见《大明一统志》卷25《莱州府》，明天顺五年内府刻本，第14页b；嘉靖《山东通志》卷6《山川（下）》，明刻本，第20页b；万历《莱州府志》卷2《山川》，明万历三十二年刻本，第108页a。

⑤ 参见乾隆《莱州府志》卷1《山川》，清乾隆五年刻本，第1页b；民国《四续掖县志》卷1《山川》，民国二十四年铅印本，第19页b；民国《山东通志》卷27《疆域志第三·山川》，民国七年铅印本，第35页a。

⑥ 参见（清）毛贽《勺亭识小录》卷1《识村镇》，民国二十三年掖县王桂堂曝经草堂钞本，韩寓群主编《山东文献集成》第2辑第25册，山东大学出版社2007年版，第120页下栏。

第三节　广河、朱桥①

如图 1 - 11 所示，朝鲜使臣曾渡过广河，到达位于广河西岸的朱桥驿，即朱桥铺之西门。这与光绪《三续掖县志》的卷首图《掖县全境图》② 一致。据乾隆《掖县志》中的记载，③ 朱桥铺旁仅有一条河流，即朱桥河。可知朱桥铺与朱桥河在名称上皆有共性，即包含"朱桥"之称。但有两点值得注意：其一，在明嘉靖《山东通志》和万历《莱

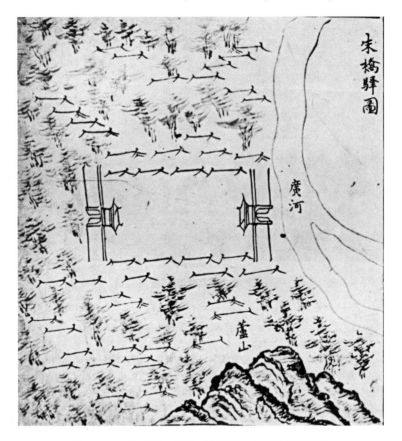

图 1 - 11　郑斗源《朝天记地图》之《朱桥驿图》

① 使行文献亦记载为朱桥驿、朱桥驲、邾桥驿、邾桥、古邾国之地、朱桥村。
② 参见光绪《三续掖县志》卷首《图》，清光绪十九年刻本，第 19 页 a。
③ 参见乾隆《莱州府志》卷 1《山川》，清乾隆五年刻本，第 1 页 b

州府志》中，① 并未记载有关朱桥河的内容，而是记载了掖县万岁河（今莱州市王河，后文详述）；其二，郑斗源在《朝天记地图》之《朱桥驿图》和《黄山馆驿图》中的下方标记的山脉名称皆为卢山。

宿诸桥驿②

王事驱驰不自休，入朝天阙过莱州。
东峰日出扶桑晓，北海风来碣石秋。
闾井一村桑欲落，田原千亩稻初收。
幸今四域同文轨，及壮何辞万里游。

——权近《奉使录》

上文为明洪武二十二年（1398），高丽使臣权近③利用陆路自朝鲜至南京，途经莱州掖县朱桥驿时留下的诗文。驱驰，比喻奔走效力。唐元稹《进马状》："自惭驽钝之姿，莫展驱驰之效。"④ 碣石，碣石山余脉的柱状石，位于河北省昌黎县北。《汉书·武帝纪》："行自泰山，复东巡海上，至碣石。"⑤ 明初的诸桥驿即朱桥驿，明末称朱桥铺（相关内容，后文详述）。通过诗题《宿诸桥驿》，可以推测在明初诸桥驿旁的河应记为诸桥河。此地名的变迁，应与本章第一节中"诸郭铺"变为"朱郭铺"的情况相类似。《宿诸桥驿》一诗主要描述了历经海路的艰辛的权近一行，在深秋时节，经莱州府城到达了"诸桥驿"，见到了众多村民在漫野之中收割着秋稻。依颈联所述，明初朱桥驿所在地的聚

---

① 参见嘉靖《山东通志》卷6《山川（下）》，明刻本，第35页b—36页a；万历《莱州府志》卷2《山川》，明万历三十二年刻本，第122页a—124页a。

② [高丽] 权近：《奉使录》，《杨村集》卷6，韩国国立中央图书馆藏本，第24页a。

③ 权近（1352—1409），亦名权晋，自思叔、可远，号杨村，祖籍安东（今韩国庆尚北道安东市），谥号文忠。1369年及第，历任春秋馆检阅、成均馆直讲、艺文馆应教、左司议大夫、同知贡举、赞成事、艺文馆大学士等职，有个人文集《阳村集》传世。权近于明洪武二十九年（1396）和洪武三十一年（1398）两次出使明朝，主张"排元亲明"。本书人物相关信息参照（韩国）韩国学中央研究院自建的"韩国历代人物综合信息系统（한국역대인물종합정보시스템）"数据库（数据库网址：http：//people. aks. Ac. kr/index. aks）。

④ （清）董诰等辑：《全唐文》卷651，清嘉庆十九年武英殿刻本，第9页b。

⑤ 《汉书》卷6《武纪第六》，百衲本二十四史景宋景佑刻本，第21页b。

居规模已经非常大，居住人口众多。因河道两边遍植水稻，故彼时朱桥驿旁的朱桥河应为常年性河流，且水流量充足。但时至今日，因气候环境的变迁，朱桥河已从常年性河流变为季节性河流。①

> 朱桥河入海段，从吴家庄子至入海口，原河在该村附近分为两股入海。一股又分两支，从新立村和三山岛入海。1954 年经过整修，堵塞吴家庄子至新立村入海段，加宽吴家庄子至埠西入海段形成现状。
>
> ——《莱州市水利志》②

从上文的记载可推测明嘉靖《山东通志》和万历《莱州府志》中未记载朱桥河，而记载了万岁河的原因或许在于，明嘉靖和万历年间，朱桥河下游河道因未知原因发生了变化，与万岁河的入海口合二为一，故方志中并未出现有关朱桥河的记载，具体原因待考。此外，在河流走向及支流标识方面，郑斗源在《朝天记地图》之《朱桥驿图》中所绘的广河，与现代地图中的朱桥河几乎一致，即朱桥河的两大支流在大战家和小官庄处汇集为主流，北流入海。综上所述，通过朝鲜使臣权近的《宿诸桥驿》和郑斗源的《朱桥驿图》，可知明代靠近朱桥驿（诸桥驿）东侧一直存在着一条河流，即朱桥河（诸桥河）。郑斗源所记述的广河应为今莱州市的朱桥河。

据相关方志记载，③ 位于莱州府城北六十里的朱桥河发源于登州府招远县灵山，与招远分界，因流经朱桥而得名。其自灵山南麓流出后，出西北流经沟子杨、小于家、朱桥、原家，于埠西村西北注入渤海。朱桥河全长 22 千米，上游河床宽 50 米，下游河床宽 100 米，流域面积176.8 平方千米，属季节性河流。简言之，朱桥河具体的名称变化为：

---

① 山东省莱州市地方史志编纂委员会编：《莱州市志》，齐鲁书社 1996 年版，第 75 页。
② 莱州市水利志编写组编：《莱州市水利志》，1990 年版，第 67 页。
③ 参见乾隆《掖县志》卷 1《山川》，清乾隆二十三年刊本，第 19 页 a；民国《山东通志》卷 33《疆域志第三·山川》，民国七年铅印本，第 29 页 b；山东省莱州市地方史志编纂委员会编《莱州市志》，齐鲁书社 1996 年版，第 75 页；莱州市人民政府地名办公室编《山东省莱州市地名志》，1996 年，第 419 页。

（明初）诸桥河→（明末）广河①→（清）朱桥河→（民国）朱桥河、大沙河②→（今）朱桥河。

对比图1-11和图1-13，可知郑斗源在绘制《黄山驿图》和《朱桥驿图》时，将两个途经地代表的山脉皆记述为卢山。郑斗源《朝天记地图》记载："芦（通'卢'，后同）山，在（黄）县西南二十五里。晋芦童子九岁居此，饵茯苓升仙。唐封冲禧真君。有櫺门，书之曰'芦仙故里'。"③泰昌《登州府志》亦记载："卢山，在县西南二十五里。层峦叠嶂，其势旋绕，有蟠踞之状。中有延真宫，灵迹迥异，传为晋卢童子升仙之地。且松阴翁蓊，涧水潺湲，真胜境地。"④朝鲜使臣郑斗源所记述的卢山，应是朝鲜使臣在途经黄县县城至黄山馆驿途中所见之山，即今龙口市南山。自黄县黄山馆驿启程，经招远县北部，至掖县朱桥铺区间，朝鲜使臣所见之山并非黄县的卢山，而应该是莱州掖县

图1-12 今处于枯水期的朱桥河

---

① 依郑斗源《朝天记地图》的《朱桥驿图》，应当可以推断明末朱桥驿东侧的河流之名应为"朱桥河"，但无同时期中国方志的记录佐证，故此处仅载录郑斗源的记述。

② "朱桥河一名大沙河。"（民国《四续掖县志》卷1《疆域》，民国二十四年铅印本，第6页b）

③ ［朝鲜］郑斗源：《朝天记地图》，韩国成均馆大学尊经阁藏本。

④ 泰昌《登州府志》卷6《地理志二·山川》，明泰昌元年刻本，第16页a。

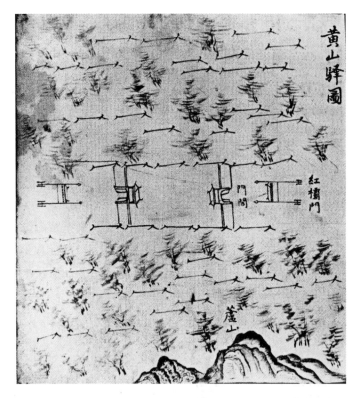

图 1 - 13　郑斗源《朝天记地图》之《黄山馆驿图》

境内山势较高的山脉。结合前文所述的吴翾《朱桥驿》一诗，《朱桥驿图》中标示的卢山应为吴翾所述 "一发露神山" 的寒同山。如若排除刻板或手抄过程中出现讹误的情况外，这样的误记应源于使行文献的创作延后于使行行程而造成的混淆。此类误记也常出现在《朝天记地图》及其他使行文献之中，相关内容将在后文详述。

　　有关朱桥驿始建于何时，现存方志中并无明确的记载。明代李骥千①

---

　　① "李骥千，字伯顾，号友龙。招远县人。生而颖异。隆庆元年（1567）举人，三甲第一百二十五名进士。授山西大同府推官，风裁严峻，庭无留牍，令属吏畏惧，皆服从听命，无敢舞文欺者。素刚直，不奉迎，以故忤上官，险遭不测。升南京户部郎中，在职六载，以卓异出为南直隶凤阳府知府。值灾荒，力请蠲田租数十万，民得喘息。出为颍州道，治盗平乱，战绩颇显。骥千为长子，所得俸余，悉分给六个弟为灯火费。为尽孝道，挂冠归里。以遗经课子弟。子逊，崇祯进士，知县。"［刘廷銮、孙家兰编著：《山东明清进士通览》（明代卷），山东文艺出版社 2015 年版，第 243 页］

撰于天启三年的《裁革朱桥中火碑》一文中记载："本县（招远县）西六十里有朱桥驿，系掖县，东则黄山馆，系黄县。两驿相去六十里，周道如矢，而该县则僻处其南者也。从国初以来，一切应付，俱两驿承管。"① 由此可以推测掖县朱桥驿的始建时间应与黄县黄山驿的设立时间相近。据明泰昌《登州府志》的记载，② 隶属于黄县，且东距黄县城六十里的黄山馆驿设立于明洪武九年（1376）。除前文所述的明初朝鲜使臣权近在途经朱桥时，留有《宿诸桥驿》一诗外，明洪武年间，途经朱桥的朝鲜使臣郑梦周③留有《书诸桥驿壁上》④；李詹⑤留有《除夜，宿朱桥驿》⑥《次朱桥驿阳村诗》⑦ 等诗作。从明初高丽使行文献的诗题可知，在明初"诸桥驿"与"朱桥驿"之名应属共存、通用的关系。这种情况与前文所述"诸郭"与"朱郭"相类似。

　　在掖县境内曾有城南驿和朱桥驿两处驿站，裁撤于何时有两种不同的记载。其一，《明穆宗实录》记载：隆庆四年四月辛亥，"裁革德州、

---

　　① （明）李骥千：《裁革朱桥中火碑》，顺治《招远县志》卷 11《艺文（中）》，清顺治十七年刻本，第 19 页 b。

　　② 参见泰昌《登州府志》卷 5《地理志一·官署》，明泰昌元年刻本，第 12 页 a。

　　③ 郑梦周（1337—1392），亦名郑梦兰、郑梦龙，字达可，号圃隐，谥号文忠，祖籍迎日（今韩国庆尚北道浦项市），高丽末期著名学者、文臣。1360 年状元及第，此后历任门下赞成事、艺文馆提学、人物推辨都监提调官等职。明洪武五年（1372），以书状官的身份，海路使行明朝，次年归国。明洪武十五年（1382），又作为进贡使兼请谥使出使明朝。明洪武十七年（1384），又以圣节使身份出使明朝，并于明洪武十九年（1386）年再次出使明朝。归国后，因有功，被封"永原君"。

　　④ 《书诸桥驿壁上》："积雪经寒凛，狂涛涉险难。东来今几日，南去渐无山。官柳绿相倚，野花红未残。书生亦荣矣，献马向天闲。"[高丽] 郑梦周：《圃隐集》卷 1，韩国国立中央图书馆藏本，第 2 页 a。

　　⑤ 李詹（1337—1392），自少叔、中叔，号双梅堂，谥号文安，祖籍新平（韩国忠清南道唐津市），高丽末期著名文臣。1368 年文科及第，此后历任知议政府事、大司宪、艺文馆大提学等职。明建文二年（1400），在升任签书三军府事后，作为传位使出使明朝。明建文四年（1402），升任知议政府事，作为登极使河仑的副使再次出使明朝。

　　⑥ 《除夜，宿朱桥驿》："辞家已阅月兼旬，万里驰驱任一身。儿子故园今夜里，挑灯应说未归人。"[高丽] 李詹：《双梅堂集》卷 1，[韩国] 林基中编《燕行录续集》第 101 册，韩国首尔尚书院 2008 年版，第 16 页。

　　⑦ 《次朱桥驿阳村诗》："使华南北几时休，海上登莱接二州。丝为蚕宜民有赋，田因蝗损岁无秋。邮亭□□（缺字）元相寄，乡思春愁两未收。默数归程仍促辔，清明要及故园游。"[高丽] 李詹：《双梅堂集》卷 2，[韩国] 林基中编《燕行录续集》第 101 册，韩国首尔尚书院 2008 年版，第 22—23 页。

临清、东昌、济宁、谷亭五递运所，青阳、白山、城南、龙山、蓬莱、丹河、古亭、夏店、朱桥九驿皆并于附近州县，有司领之。从山东守臣议也"①。即莱州府掖县所辖的城南驿与朱桥驿俱裁于隆庆四年，即1570年。其二，万历《莱州府志》记载："朱桥驿，在县东六十里。马七匹，驴六头，车夫三十六名。旧有驿承，今裁。"② 可知在明万历中期（约1591—1608），仅仅是将驿承裁汰，但朱桥驿依然存在，并配置一定数量的马驴车夫。城南驿与朱桥驿情况相同，亦是保留一定数量的马驴车夫，仅裁撤驿承。此外，《大清一统志》记载："城南驿，在掖县南关，明万历中，裁。"③ 依此来看明万历中期，裁撤朱桥驿的可能性更大。作为官方驿站，朱桥设于明洪武初年，裁于明万历中期，存续了约二百年。明末使行文献中记载"朱桥驿""邾桥驿"应是朱桥铺，抑或是朱桥铺所在的朱桥村。这种地名变化的滞后性可能源于当地民众对原地名的使用惯性。当然，这也不能排除是明初即高丽末期使行文献在朝鲜传播的结果。作为急递铺的朱桥铺一直存续至民国元年（1912）。据民国《四续掖县志》记载，④ 民国元年十一月一日，"遵（山东）省令，裁驿归邮"，民国三年九月至民国四年一月三日，虽"按旧例酌设马步转递"，但之后"仍行归邮"。据杨曰明主任的介绍，朱桥铺原址为今莱州市朱桥镇朱桥村。

> （十月）十一日，戊辰，晴。午后风日不好，行路甚艰……晚至邾桥驿俞姓人家宿。邾桥，古邾国之地云。……今日行六十里。
>
> ——赵濈《燕行录一云朝天录》

天启三年十月十一日，冬至、圣节兼谢恩使赵濈听闻朱桥铺⑤曾是

① 《明实录·明穆宗实录》卷44，隆庆四年四月辛亥，台湾"中研院"历史语言所1962年校印版，第1110—1111页。
② 万历《莱州府志》卷5《驿传》，明万历三十二年刻本，第20页a。
③ 嘉庆《大清一统志》卷176《莱州府二》，四部丛刊续编本，第2页a。
④ 参见民国《四续掖县志》卷3《交通》，民国二十四年铅印本，第76页。
⑤ 为保证行文的统一，除引用原文外，本书在分析明末使行文献中有关"朱桥铺"或"邾桥铺"时，依当时官方方志的记载，使用"朱桥铺"一词代替；"邾桥"使用"朱桥"代替。

"古邿国之地"，故称"邿桥"。但这与现今朱桥当地官方的记载和民间的说法相左。据朱桥村的村碑和戴锡金主任的介绍，明洪武二年（1369），杨姓由四川迁此立村，并取名为杨家庄。清初，村庄扩大，村中有一条大沟，为交通方便而修建了一座红石桥，村庄由此更名为朱桥。如前所述，有关朱桥驿的记载最早出现在史料中的时间应是明洪武年间。赵濈对于"朱桥"的记载，不仅可以对朱桥本源进行追溯，还可对朱桥名称的由来进行拓展。明末，赵濈一行经过朱桥铺时，了解到"邿桥"之名来源于"古邿国"，这种说法是当地居民以讹传讹？还是朱桥当真是"古邿国"所在地？《左传》《史记》等史书对于邿国都有相关的记载，对于熟知中国历史的朝鲜使臣而言，赵濈这种转述应为当地的传言，且真实性较高。

先秦时期（公元前 21 世纪—前 221），在今山东省区域内，曾有以鲁国、滕国为首的姬姓国家，以齐国、纪国为首的姜姓国家，以及邿国、莒国为代表的由东莱族人建立的国家。邿国国姓为曹姓，国君为颛帝①玄孙陆终第五子曹安。"武王克商，封其苗裔曹挟于邿，为鲁附庸。"② 在夏、商时期就已存在的邿国疆域在今山东省西南部。在金文中，邿国的"邿"字有多种写法，但字形上皆为蜘蛛形。故有学者以"邿"的字形为依据，认为邿国的先人曾以蜘蛛为图腾，建国后以"蛛"（古汉语中'蜘蛛'从黾朱声，即今'蛛'音）为国名，后改为"邿"③。朱桥铺所在的山东省东北部显然不是古邿国的故址。因此，很有可能是邿国遗民迁徙到朱桥铺附近，并定居下来，为了纪念故国，在取地名时选择了"邿"字。

在战国后期（约公元前 260—前 257），邿国被楚国所灭，楚军强制将部分贵族和部分百姓迁移到江夏（今湖北省黄冈市西北），并在江夏建了一座城池（邿城），让邿国遗民居住。据考证，④ 这些邿国遗民在居住一段时间后，有一部分离开了邿城，或返回原籍，或流亡至其他地方。此外，王献唐在《春秋邿分三国考》中认为，春秋时期，邿国早

---

① 即颛顼，为"五帝"之一，号高阳氏，黄帝之孙，昌意之子。
② 万历《兖州府志》卷 2《封建》，明万历刻本，第 8 页 b。
③ 参见朱承山、刘玉平主编《济宁古代史》，中国社会出版社 2012 年版，第 75 页。
④ 参见枣庄市山亭区政协编《小邿国文化》，中国文史出版社 2005 年版，第 27—35 页。

已分为三个国家，分别为邾国、小邾国、滥国。① 但据最新的考古发掘结果来看，邾不仅被分为三国，而是被分为了多国。② 这些由邾国裂变而来的小国家皆同根同源，各国的遗民皆自称为古邾国遗民的可能性很大。这其中的一支，自山东西南或湖北迁徙至掖县朱桥附近定居下来，为纪念故国，且地处（朱桥）河西岸，故取名为"朱桥"。除了赵溭将"朱桥"记为"邾桥"外，明末其他朝鲜使臣皆记载为"朱桥"。这或许说明赵溭曾偶然地碰到一位熟知当地历史的人，得知了朱桥的悠久历史。这段历史应为少数人所知，故在历史的洪流中，渐渐被人们所遗忘。此外，赵溭在途经朱桥铺时，还留有《邾桥驿》一诗。

邾桥驿

邾筥江黄杞许滕，各分茅土继承承。

列国莫强专讨伐，天王无计施威棱。

规模体统虽嫌少，社稷人民亦有凭。

伤心欲问当年事，伫立桥边感慨增。

——赵溭《燕行酬唱录》

此诗是朝鲜使臣赵溭在听闻朱桥悠久历史后，有感而发之作。邾，即前文所述的邾国。筥，即莒，指莒国，故址在山东莒县。江，即江国，始封于周，春秋时被楚国所灭，故址位于河南东南部。黄，即黄国，故址亦位于河南东南部。杞，即杞国，初在河南，后迁山东安丘。许，即许国，故址在河南许昌一带。滕，即滕国，故址在今山东枣庄一带。茅土，古代分封时，天子用白茅（即白茅，一种植物）包裹代表封地的五色土赐予受封者，故名。体统，指体制。此诗回忆春秋战国时期，各诸侯国连年相互征伐，天子式微，民不聊生。即使在这种背景下，礼法制度依然被保留和遵守。伫立在朱桥之上的赵溭思古念今，联想到万历四十六年（1618），努尔哈赤颁布"七大恨"诏书，继而兴兵伐明，辽东战事给明朝和朝鲜两国人民带来巨大的不幸，心中充满了忧虑与愤恨。

---

① 参见王献唐《春秋邾分三国考》，齐鲁书社1982年版，第1页。
② 参见枣庄市山亭区政协编《小邾国文化》，中国文史出版社2005年版，第2页。

图1-14　位于古驿道之上的朱桥铺之朱河桥原址

说明：此地或是天启三年冬至、圣节兼谢恩使赵濋仝立朱桥之上，怀古叹今之处。

图1-15　今位于明末朱河桥原址以北的朱桥河桥

除赵溁外，朝鲜使臣金尚宪、金地粹、李民宬等在途经朱桥铺时亦留有诗作。《九日宿朱桥驿》一诗便是天启六年圣节兼陈奏使金尚宪所作。

九日宿朱桥驿

黄县城边落日，朱桥驿里重阳。
菊花依然笑客，鬓发又度秋霜。

——金尚宪《朝天录》

天启六年（1626），朝鲜为向明陈奏东江镇都督毛文龙诬陷朝鲜暗通后金一事，① 于闰六月二十八日派遣圣节兼陈奏使金尚宪、书状官金地粹使行明朝，并于八月十五日②到达登州庙岛。二人并未同时从登州出发，而是先后出发。金尚宪一行应于九月六日③自登州城启程，七日到登州之黄县县城，八日④到黄县之黄山馆驿，九月九日重阳佳节之际达到掖县朱桥铺。《九日宿朱桥驿》的前两句是金尚宪八日和九日的行程，即八日曾在黄山馆驿遥看深秋落日之中的黄县城，次日则从登州府黄山馆驿到达了掖县朱桥铺，并在此度过重阳佳节。后两句提及，购自登州的菊花微笑着看着来自遥远异域的朝鲜使臣，已近耳顺之年的金尚宪（1570—1652）发现两鬓出现了更多的白发。这里需要注意的是"菊花依然笑客"中的"菊花"。

登州对菊有感，录似敌万，去非

八月微霜菊有芳，异乡为客倍情伤。

① 参见［朝鲜］金尚宪《礼部兵部呈文》，《朝天录》，韩国国立中央图书馆藏本，第37页a—40页b。
② 在金尚宪之《朝天录》中，收录了《八月十五日，登庙岛城楼玩月，次春城韵》一诗。据此金尚宪和金地粹一行应是在天启六年八月十五日当晚到达登州蓬莱。
③ 据金尚宪《登州九月六日大风雨》《登州买盆菊置座侧，临发有感，次去非韵》《登州夜坐闻击柝》等诗。参见［朝鲜］金尚宪《朝天录》，韩国国立中央图书馆藏本，第16页b—17页b。
④ 据金尚宪《黄山驿晓坐闻雁，寄先行诸君子，驿在黄县》《九日黄山途中感怀》等诗。参见［朝鲜］金尚宪《朝天录》，韩国国立中央图书馆藏本，第17页b—18页a。

遥知故国东篱下，无数金钱满地黄。

客里流光太剧忙，无多十日近重阳。

来时手种堂前菊，谁掇寒香泛酒觞。

——金尚宪《朝天录》

如上诗所述，自登州出发前，金尚宪购买了一盆菊花置于轿内的座位旁。购买菊花的原因在于"无多十日近重阳"，而朝鲜文化与中国相同，重阳之日有采菊、登高、游宴等习俗。又因"八月微霜菊有芳"，为身在异乡为异客的金尚宪带来了浓浓的思乡之情，并让其遥想朝鲜家中堂前那临行前栽种的菊花被何人折取闻香，家中又有何人在重阳之日对酒言欢。重阳节作为中华文明的重要节日，为中国和朝鲜两国人民所认同和传承。采菊又是重阳佳节的重要习俗之一，为远在异乡且饱受思乡之苦的朝鲜使臣带来些许心灵上的慰藉。进一步而言，菊花作为一种突破时间和空间限制的表征，连接了同属中华文明圈的中国和朝鲜。

此外，令人感兴趣的是，乾隆《黄县志》和同治《黄县志》中收录了明代文人公鼐的《由黄山馆驿抵朱桥》一诗，而该诗在内容方面，与金尚宪《九日宿朱桥驿》十分相似。

由黄山馆驿抵朱桥[①]

（少宗伯公鼐，蒙阴人）

黄县城边落日，朱桥驿里重阳。

菊花依然笑客，晚禾又报秋霜。

据《明史》记载，[②] 公鼐（1558—1626），字孝与，蒙阴（今山东蒙阴）人，万历二十九年（1601）进士及第，历任编修、左谕德、东宫讲官、左庶子、礼部右侍郎等官职。公鼐好学博闻，磊落有器识，是明代山左诗坛的代表人物之一。清初著名文人王士禛称公鼐是万历中期

---

① 乾隆《黄县志》卷11《艺文（下）·诗》，清乾隆二十一年刻本，第14页b。

② 《明史》卷216《列传一百四》，中华书局1974年影印本，第5716—5717页。

"词林宿望"，其"诗文淹雅，绝句尤工"①。主要有《问次斋集》《千金裘》《小东园集》等著述。金尚宪《九日宿朱桥驿》一诗初见于中国文献应在清康熙二十八年（1689），即王士禛之《池北偶谈》初刻②之时。同治《黄县志》的《修志凡例》中记载："诗文必关县公事及县胜迹，乃得入志。私家赠答之作，载不胜载。"③ 在此前提下，公鼐《由黄山馆驿抵朱桥》一诗仍未删减，照录了乾隆《黄县志》的记载。但结合公鼐的生平及王士禛《池北偶谈》的刊行情况，天启六年病逝的山东蒙阴人公鼐似与同年使行途经山东的金尚宪并无直接的交集，具体的探讨，笔者将在后续研究中进一步展开。

此外，暂且不论《由黄山馆驿抵朱桥》的作者是否为明末的诗人公鼐，在诗的最后一句"晚禾又报秋霜"中，"晚禾"指晚稻，是成熟期较长，一般在霜降后收割的水稻品种。再结合前文所述的明初朝鲜使臣权近《宿诸桥驿》一诗中"田原千亩稻初收"的记载，可以推断在明初至明末的两百余年间，虽因气候的变迁，朱桥河水量变少，但朱桥铺一带种植的粮食作物仍旧以水稻为主。

朱桥村

白膀青帘沙市头，茜裙游女酒家楼。

重阳已迫霜飞晓，万树名园未尽秋。

——金地粹《朝天录》

此诗描述了明代末期莱州府朱桥一带商业和农业繁荣发达的景象。朱桥村，指朱桥铺。白膀，即白榜，由白色木头制成的船桨，借指船只。沙市，指朱桥河河滩旁的市集。诗的前两句是说在广河，即朱桥河畔停靠着许多船只，往返于内河和近海的渔民在朱桥铺的市集内叫卖着新鲜的水产，朱桥铺内的街道两旁店铺众多，酒家林立，此外还有众多身着绛红色长裙的青楼女子。后两句则讲，即使是在霜降的深秋，朱桥

① 《池北偶谈》卷11《公文介公诗》，清文渊阁四库全书本，第1页a。

② 参见李永祥《论〈池北偶谈·谈异〉》，载孔繁信、邱少华主编《王渔洋研究论集》，山东文艺出版社1991年版，第373页。

③ 同治《黄县志》卷首《修志凡例》，清同治十年刻本，第4页a。

铺一带的各种树木和园囿依旧绿意盎然。可见，自明初至明末，朱桥铺一直是登莱管道上重要的途经地之一，人口众多，农业发达，商业繁荣。

天启四年三月十九日自朱桥铺出发前往登州时，奏闻兼辨诬使臣团书状官李民宬留下了《早发朱桥驿》一诗，抒发了使臣在漫漫使行路中的劳顿之苦。

早发朱桥驿

伴月明星出未高，路长犹觉坐轿劳。

昏昏困睡惊骡背，无数铃声过石桥。

——李民宬《燕槎唱酬集》

诗中提及在日出之前，启明星并未高悬之际，李民宬一行就已踏上归途。自三月二日由京师踏上归程至三月十九日，已赶了十余天的路，这样的劳顿和长时间的乘轿使近耳顺之年的李民宬（1570—1629）感到十分劳苦困乏。"昏昏困睡"之际，作者被骡背上的声响惊醒。在寂静的黎明，伴随着阵阵铃声，使行队伍缓缓地行过了通向登州的石桥。

使行文献所载诸桥驿、朱桥驿，或朱桥村，在明初至明万历中期称朱桥驿，明末至清末称朱桥铺，今为莱州市朱桥镇朱桥村（旧村）。据相关方志记载，① 莱州市朱桥镇朱桥村，西汉高祖四年（公元前203），属曲城县。北魏时期，属西曲城。隋朝以后，属掖县。明初，属莱州府进士乡。明万历中期，属朱桥乡。清乾隆年间，属朱桥镇。清宣统二年，属掖县朱桥区。1931年，属第五区。1943年6月，属午城区。1956年，属朱桥区。1958年8月，属朱桥人民公社。1984年至今，属莱州市朱桥镇。简言之，今莱州市朱桥镇朱桥村具体的名称变化为：（明初）诸桥驿、朱桥驿、阳村→（明嘉靖、万历年间）朱桥驿、朱桥铺②→（明末）

---

① 参见乾隆《掖县志》卷1《乡社》，清乾隆二十三年刊本，第45页b—46页a；山东省莱州市史志编纂委员会编《莱州市志》，齐鲁书社1996年版，第58—68页；莱州市人民政府地名办公室编《山东省莱州市地名志》，内部资料，1996年，第110页。

② 参见嘉靖《山东通志》卷15《公署》，明刻本，第25页b；万历《莱州府志》卷5《铺舍》，明万历三十二年刻本，第20页。

图 1-16　今莱州市新城镇朱桥村村碑

图 1-17　今莱州市新城镇朱桥河畔的朱桥新村

朱桥铺、朱桥驿、朱桥村、邾桥驿→（清）朱桥驿①→（民国至今）朱桥村。②

图1-18　今莱州市新城镇朱桥村旧村

第四节　掖县界（石碑）③、王乙山

（七月）初五日……暮入朱桥驲，宿翰林客馆。初六日，行五里许，立石曰"掖县界。"

——安璥《驾海朝天录》

（十月）十一日……晚至邾桥驿俞姓人家宿。十二日，朝发莱州掖县界……。今日行六十里。

——赵濈《燕行录—云朝天录》

① 参见康熙《黄县志》卷8《艺文·诗》，清康熙十二年刻本，第5页b；乾隆《掖县志》卷2《驿递》，清乾隆二十三年刊本，第86页a；顺治《招远县志》卷11《艺文·记》，清道光二十六年刊本，第19页a。
② 参见民国《四续掖县志》卷3《交通》，民国二十四年铅印本，第78页a。
③ 使行文献中亦记载为莱州掖县界、登州莱州界。

天启元年七月五日，安璥一行在黄昏时到达朱桥铺，并夜宿翰林客馆。次日，其一行从朱桥铺的翰林客馆出发，行五里许，见到了"莱州掖县界"石碑。由此可见，安璥记载的"莱州掖县界"石碑位于朱桥铺与掖县琅琊铺之间。而天启三年十月十二日，赵濈一行从"郏桥驿"的"莱州掖县界"出发。因此赵濈所记载的"莱州掖县界"石碑应位于朱桥驿所在的朱桥村内。此外，金尚宪一行在来程途经此段驿道时亦留下了题为《莱州掖县界，过宋辛次膺故里》①的诗作，这也证明"莱州掖县界"石碑是曾经真实存在的，且诸使臣皆有所提及。凡此种种，可以确定"莱州掖县界"石碑应位于驿道旁。

据相关方志的记载，② 莱州府掖县东北部与登州府招远县的西北边界成犬牙交错之势，掖县与招远县界在20世纪中期前处于不固定状态。可见，此片区域的行政区划并非固定不变，而是因各种原因而不断调整。据《勺亭识小录》的记载，③ 朱桥铺所在的朱桥镇自隋以后属掖县，且"壤界两郡"。简言之，自隋朝开始，朱桥铺所在的朱桥镇一直隶属于掖县。据此可以基本确定，安璥关于"莱州掖县界"石碑位置的记载应是误记，而赵濈所记载的"莱州掖县界"石碑位置则应符合史实，即在朱桥驿所在的朱桥村内。但因年代久远，现已无迹可寻。

> （七月）初五日，晴。早发（黄县）……三十里立碑曰"登州莱州界"。南有黄山，北滨于海，广野极目。大概川多近海，而未见潮汐之痕。百沙平原，处处林树之间，必有村庄矣。又题门曰：

---

① 参见［朝鲜］金尚宪《朝天录》，韩国国立中央图书馆藏本，第18页。

② 参见光绪《三续掖县志》卷首《图·掖县全境图》，清光绪十九年刻本，第5页b；山东省莱州市史志编纂办公室编《莱州市志》，齐鲁书社1996年版，第41—42页；山东省莱州市人民政府地名办公室编《山东省莱州市地名志》，内部资料，1996年，第10—66页；山东省招远县志编纂委员会编《招远县志》，华龄出版社1991年版，第56—63页；招远县地名委员会办公室编《招远县地名志》，内部资料，1987年，第13—20页。

③ 参见（清）毛贽《勺亭识小录》卷1《识村镇》，民国二十三年掖县王桂堂曝经草堂钞本，韩寓群主编《山东文献集成》第2辑第25册，山东大学出版社2007年版，第125页。毛贽，字师陆，号勺亭，是明代阁老毛纪的裔孙。毛贽私修方志《识小录》成书于乾隆十年岁次乙丑，即为1745年。比第一部掖县官修志书《掖县志》（乾隆二十三年）早了十三年。《勺亭识小录》为之后乾隆《掖县志》乾隆《莱州府志》的纂修提供了较为坚实的基础。

"东牟首邑—北马重镇"。行六十里，是为黄山驲，递马中火于燕哥店。涉进海川，南边远山曰"王乙山"。过琭清堡，暮入朱桥驲，宿翰林客馆。是日行百二十里云。

——安璥《驾海朝天录》

依安璥所述，自黄县西行三十里有"登州莱州界"石碑，此记载应为误记。从黄县出发三十里为黄县北马铺，即"东牟首邑—北马重镇"坊表所在之处。此外，这里需留意的是"黄山"和"王乙山"。在登州府、莱州府及所属各县的方志中，并没有关于王乙山的记录。安璥在《驾海朝天录》的《路程里数记》中提到"王乙山"为"黄山之王乙山"①。但七月五日，安璥一行所经的驿道附近有两处被称为"黄山"的山脉。其一，位于黄山馆驿东南方向的招远县黄山。"黄山，在（招远）县北四十里，为县治大河关锁。"② 其二，位于朱桥驿东南方向的掖县黄山。"黄山，（掖县）城南四十里。产白石如玉，有黄真人祠。"③ 位于招远县的"黄山"当为安璥一行在经过北马铺时所记载的"黄山"，但位于掖县的'黄山'是否是"黄山之王乙山"，则值得商榷。因为根据七月初五日当天的记载，可以推断出安璥所记载的内容是按照途经地的顺序来记载的。从经过黄山馆驿开始，朝鲜使臣一行"涉进海川"，即驿道距海边较近。向南可远眺"黄山之王乙山"。而掖县之黄山在莱州府城西南四十里，且中间有大基山等山脉阻隔，难以望见。招远县的望儿山在招远县西北六十里的招远县与掖县交界处，"世传有子从戍，父登此山望之，卒葬山麓"④。故安璥南望之山为望儿山的可能性很大。据相关方志记载，⑤ 望儿山位于招远市区西北 5 千米的招、莱两市交界处，属招远市蚕庄镇，海拔 176 米，方圆 0.5 平方千

---

① "名山大川所经古迹则如：登州之蓬岛、黄山之王乙山……"（［朝鲜］安璥：《路程里数记》，《驾海朝天录》，美国哈佛大学燕京图书馆藏本，第 89 页 a）

② 顺治《招远县志》卷 2《山川》，清顺治十七年刻本，第 4 页 a。

③ 乾隆《掖县志》卷 1《山川》，清乾隆二十三年刊本，第 15 页 a。

④ 泰昌《登州府志》卷 6《地理志二·山川》，明泰昌元年刻本，第 24 页 a。

⑤ 参见招远县地名委员会办公室编《招远县地名志》，内部资料，1987 年，第 328—329 页；山东省招远县县志编纂办公室编《招远县志》，华龄出版社 1991 年版，第 81—84 页。

米。登上山巅，东看金华山青松映翠，西望渤海碧波万顷，北瞰平原千里，南眺岗峦起伏，风景秀丽。山中金穴遍布，盛产黄金。

图 1 - 19　自招远市蚕庄镇焦家村附近远眺望儿山

"燕哥店"与"珎清堡"二地或为民铺，现存方志中均无记载，但据朝鲜使臣一行出发的时间、路程及食宿时间来看，"燕哥店"位于黄山馆驿与新城之间，"珎清堡"位于新城与朱桥驿之间的可能性极大（待考）。此外，据杨曰明主任介绍，此段驿道还经过莱州市金城镇红布村。红布村位于金城镇镇政府驻地东北 2.8 千米，莱州市与招远市交界处，G206 国道（原烟潍公路）西侧。明初，王、赵二姓由四川迁此立村。因村中曾设店，以悬挂红布作幌子，故取村名为红布店子。1945年后，简称红布（村）。1984 年 4 月，设红布村民委员会，今属莱州市金城镇。

综上所述，按照明代的称谓，从掖县西界到达掖县朱桥铺，朝鲜使臣途经地名依次为：（1）新河；（2）马堂店（金坑铺）；（3）朱果寺（佛寺、朱郭铺、诸郭铺）；（4）寒同山（神山）；（5）广河；（6）朱桥（朱桥驿、朱桥驲、郏桥驿、郏桥、古郏国之地、朱桥村）、掖县界（石碑）（莱州掖县界、登州莱州界）；（7）王乙山。综合考证、实地考察和采访记录可知，现在的称谓依次是：（1）莱州市朱桥河（莱州市金城镇马塘村段）；（2）莱州市金城镇马塘村；（3）莱州市金城镇朱郭李家村；（4）莱州市云峰山风景区内的寒同山；（5）莱州市朱桥镇朱桥河；（6）莱州市朱桥镇朱桥村；（7）招远市蚕庄镇望儿山。此外，依实地考察和采访结果推测，朝鲜使臣还曾途经今莱州市金城镇红布村。

第二章 朱桥驿至莱州府城

（十月）十二日，晴。日气温和，朝发莱州掖县界……到莱州东门外，日尚早矣。所过平原，一望极目，麦田之畔，必植枣、梨、桑、栗、青柳、白杨，更无他杂木矣。

——赵濈《燕行录—云朝天录》

莱州掖县地势南高北低，绝大多数河流自南部山区发源，向北流入渤海，河流下游被冲积物覆盖，形成冲积平原。① 相较于驿道横穿的蓬莱、黄县、招远等地而言，掖县地势平坦，土壤肥沃，适合各种农作物和树木的生长。从赵濈的描述来看，虽然当时掖县种植了种类繁多的树木，但民众进行了悉心管理。据万历《莱州府志》记载，② 掖县朱桥铺到莱州府城六十里，自东向西依次会经过琅琊铺（县东北五十里）、贾邓铺（县东北四十里）、平里店铺（县东北三十里）、苏郭铺（县东北二十里）、淇水铺（县东北十二里）。此段路程中朝鲜使臣所提及的地名分别有"琅琊上流"橛门、宋辛次膺故里（"辛次膺故里"橛门）、王河、平里店、苏河（水古河）、二十里铺（水古村）、吕蒙正先迹（"蒙正故里"橛门）、淇水铺（十里铺）、义冢碑、侯侍郎墓（兵部左侍郎侯东莱之墓）、莱州（府）城、东莱书院、孙给事花园等。

---

① 参见山东省莱州市志编纂委员会编《莱州市志》，齐鲁书社1996年版，第72—75页。
② 参见万历《莱州府志》卷5《驿传》，明万历三十二年刻本，第32页b。

第一节　"琅琊上流"欄门、宋辛次膺故里
（"辛次膺故里"欄门）

　　朱桥驿属掖县……西至莱州府，六十里程也。行五里，涉汪河，河之大如溪河。行十里，有欄门，书之曰"琅琊上流"。李白诗"骋望琅琊台"，即此也。

——郑斗源《朝天记地图》

　　崇祯三年（1630）陈慰、奏请兼进贺使臣团正使郑斗源记述，[①] 溪河为其一行自黄县黄山馆驿西行五里所渡之河，即今龙口市与招远市之间的界河，亦称东良河。因自朱桥铺西行五里并未有河流存在，故"朱桥驿"西行五里为"汪河"的记载应为误记，相关内容后文详述。郑斗源一行自朱桥铺行十里，途经"琅琊上流"欄门，即李白诗中"骋望琅琊台"之琅琊。从距离及名称来看，"琅琊上流"欄门，应位于掖县东北五十里的琅琊铺附近。"骋望琅琊台"出自李白《古风五十九首》之《古风（三）》[②]，即"铭功会稽岭，骋望琅琊[③]台"。会稽岭，即会稽山，因禹会诸侯而得名，即"禹会诸侯江南，计功而崩，因葬焉，命曰'会稽'"[④]，位于今浙江省绍兴市东南。琅琊台在诸城县琅琊山，[⑤] 而琅琊山"在（诸城）县东南百四十里。《史记》曰：'始皇二十六年，灭齐，遂登琅玡，作层台于山上，谓之琅琊台。周回二十里。秦王

---

　　①　"黄山驿属黄县，自黄山，西至朱桥驿，六十里程也，行五里，涉溪河，早则干，潦则发源。"［朝鲜］郑斗源：《朝天记地图》，韩国成均馆大学尊经阁藏本，第21页 a。

　　②　《古风（三）》："秦皇扫六合，虎视何雄哉。挥剑决浮云，诸侯尽西来。明断自天启，大略驾群才。收兵铸金人，函谷正东开。铭功会稽岭，骋望琅琊台。刑徒七十万，起土骊山隈。尚采不死药，茫然使心哀。连弩射海鱼，长鲸正崔嵬。额鼻象五岳，扬波喷云雷。鬐鬣蔽青天，何由睹蓬莱。徐市载秦女，楼船几时回。但见三泉下，金棺葬寒灰。"（唐）李白：《李太白集》卷2《古风五十九首》，宋刻本，第1页 b。

　　③　方志及古文献之中，"琅玡"与"琅琊"多通用，但"琅琊"一词出现的频率较多（如《大明一统志》、嘉靖《山东通志》、嘉靖《青州府志》），故无特殊说明，本书引用原文时，皆依原文记载，不做改动，分析时使用"琅琊"一词。

　　④　参见《史记》卷2《夏本纪第二》，清乾隆武英殿刻本，第25页 b。

　　⑤　嘉靖《山东通志》卷22《古迹》，明刻本，第28页 b。

乐之，因留三月。徙黔首二万户于山下，后十二年，刊石立碑，纪秦功德'"①。琅琊山在今潍坊市诸城市东南（青岛市黄岛区市区西南30千米），三面环海，西面接陆。换言之，位于琅琊山上的琅琊台亦位于今青岛市黄岛区境内。"铭功会稽岭，骋望琅琊台"是说秦始皇曾登临会稽山和琅琊山，立石颂秦德。此句是李白颂扬秦皇之雄才大略和统一伟业。郑斗源认为"琅琊上流"櫺门（坊表）所在地正是李白诗中所提及的位于黄海之滨琅琊山上的琅琊台。

就河流而言，"上流"指接近发源地的部分。琅琊铺附近有两条河流，南为万岁河，北为朱桥河。万岁河位于莱州府城北三十五里，一名王河，"自曲城（今属招远市）西南诸山汇流至战村入掖界（今莱州市）西北，流经驿道、朱流村、平里店，趋三山口入海"②。朱桥河位于莱州府城东北六十里，"源出招远界塔山（今招远市灵山）之阴，至掖（县）紫萝村始大，径朱桥镇，泊凤毛寨入于海"③，两条河皆自南向北流入渤海。掖县界内唯一一条自北流向南，流入黄海的是小沽河，其位于莱州府城东南五十里，"经流平度、胶州、即墨入海"④。小沽河进入平度后汇入大沽河，在今胶州市码头村南注入胶州湾（黄海）。胶州市码头村与青岛黄岛区的琅琊山直线距离为六十里，二者相去甚远。

就按地点而言，"上流"为河流发源的方向。杨曰明主任讲述，明清时期的琅琊铺为今莱州市朱桥镇大琅玡村与小琅玡村，⑤两村位于琅琊山东北方位185千米左右。另据戴锡金主任介绍，大琅玡村位于朱桥镇镇府驻地西南3.2千米，G206国道（原烟潍公路）东侧，西临

① 《元和郡县志》卷12《河南道七》，清武英殿聚珍版丛书本，第10页a。

② 乾隆《掖县志》卷1《山川》，清乾隆二十三年刊本，第18页b。

③ （清）侯登岸：《掖乘》卷3《山川（三）》，山东省图书馆藏本，韩寓群主编《山东文献集成（第二辑）》第19册，山东大学出版社2007年版，第187页下栏。

④ 乾隆《莱州府志》卷1《山川》，清乾隆五年刻本，第1页b。

⑤ 据《山东省莱州市地名志》《莱州市地名图集》等方志的记载，明清时期的琅琊铺，即今莱州市朱桥镇大琅玡村和小琅玡村之名的"琅玡"，但在实地考察时，本书作者发现两村村碑之记述为"大瑯琊村"和"小瑯琊村"。本书依官方编纂的《山东省莱州市地名志》和《莱州市地名图集》的记述并结合行文的一致性，使用"大琅玡村"和"小琅玡村"的记述。参见山东省莱州市人民政府地名办公室编《山东省莱州市地名志》，内部资料，1996年，第118页；莱州市民政局编《莱州市地名图集》，内部资料，2012年，第31页。

琅玡岭①。明初，王姓由四川迁此立村，在琅玡岭上分立大、小两村。分别大琅玡和小琅玡。此外，在明洪武年间掖县知县朱荣（1374—1397 年在任）所著《掖邑聚落考》② 一书中，便已出现了"大琅琊"，即大琅玡村之名，该村明初属掖县第一乡进士乡。换言之，掖县琅琊铺之"琅琊"一名早在明代初期就已经存在，这与杨曰明主任的叙述是一致的。该地的琅琊岭并不是秦始皇所登之琅琊台，那是否是古时当地民众认为该岭与琅琊台有关，故而以讹传讹？还是另有其他缘由？笔者在走访大琅玡村和小琅玡村时，村民对村名中"琅琊"一词的由来皆表示不知。

图 2 - 1　今莱州市朱桥镇大琅玡村村碑

"琅琊岭"的得名若与秦始皇有关的话，有两种可能性。其一，琅琊岭（莱州府城东北五十里）位于小沽河（莱州府城东南五十里）的

---

① 同"大琅琊村""小琅琊村"的情况一样，实地考察的结果与官方文献中记述的"琅琊岭"不同，石碑刻文"琊琅岭"，本书依从官方记载，使用"琅玡岭"一词。

② （明）朱荣：《掖邑聚落考》，转引自尹洪林《莱州历史大观》，黄河数字出版社 2011 年版，第 79—84 页。

图2-2 今位于莱州市朱桥镇小琅玡村南侧的"琅玡岭（生态农业园）"碑

东北方向，而明代以前的当地人认为小沽河流经琅琊山，故曾在此立"琅琊上流"櫺门，但此种说法可能性较低。其二，在莱州市政府的官网上介绍莱州境内的道教时，提到"秦前，东莱琅琊阜乡（今莱州市区东北琅琊岭一带）有位年过百岁的卖药老人，名叫安期生"①。这应该可以代表今莱州官方对于"琅琊岭"之名由来的一种解释。秦汉之际的安期生，名安期，琅琊阜乡人，著名术士为方仙道的创始人。对于琅琊阜乡今在何处，一说在山东诸城市，一说在山东胶南，即今青岛黄岛区。但莱州市政府官网则认为琅琊阜乡在今莱州市区东北琅琊岭一带，"琅琊岭"的称谓乃是来自古时行政区划之名。

琅琊作为行政区划的代称，有邑、都、县、郡、国等不同意指，其治所最早位于今青岛黄岛区境内，后屡有变迁。据《汉书》《后汉书》等史书记载，②春秋时期齐国在今琅琊山下设置城邑，称琅琊邑。此后，越王勾践迁都琅琊。秦并六国后，设琅琊郡，并改琅琊邑为琅琊

① http：//www.laizhou.gov.cn/art/2011/11/22/art_23195_1541048.html.

② 参见《汉书》卷28上《地理志》，百衲本二十四史景宋景佑刻本，第30页a；《后汉书》卷9《献帝纪》，百衲本景宋绍熙刻本，第17页a；《齐乘》卷1《沿革》，清文渊阁四库全书本，第2页a—4页a；民国《增修胶志》卷55《讹疑》，民国二十年铅印本，第6页b—7页a。

县，其郡治、县治所皆在琅琊，即今之青岛市黄岛区琅玡镇驻地夏河城。东汉初，琅琊郡治由琅琊迁东武（山东诸城）。西汉建武十五年（41），琅琊郡改为琅琊国，琅琊王刘京将国都由东武迁至莒（今山东莒县），数年后，又由莒迁开阳（今临沂市北）。建安二十一年（216），曹操杀琅琊王熙（刘京之七世孙），琅琊灭国，其前后共延续175年，国都皆在开阳。魏文帝初年（220），开阳之琅琊复为郡，北魏时，琅琊郡治移至即丘（今临沂市东南），至隋又废。唐代曾置琅琊郡，属沂州，辖五县，但琅琊县不在其中，而属高密郡。其后，琅琊作为郡一级的建制被取消，作为县一级的琅琊则时废时置。晋武帝太康十年（289），琅琊县被裁，并入东武县。隋文帝开皇十六年（596），在琅琊旧县置丰泉县，属高密郡。隋炀帝大业三年（607），复改丰泉县为琅琊县。唐高祖武德五年（622），又裁琅琊县入诸城县。此后，琅琊作为县一级建制被取消。明洪武年间，为加强海防，曾在琅琊设立夏河寨备御千户所，属登州府灵山卫。清雍正十三年（1735），裁撤夏河备御千户所（今青岛市胶南市琅琊镇政府所在地）。① 综上可知，琅琊阜乡应在今青岛市黄岛区境内，而不在莱州市朱桥镇琅琊岭附近。

莱州境内有万岁河，即王河发源招远，"向北经琅琊岭、平里店，西由趋三山口入于海"②。三山口，即三山岛，在莱州府城北六十里，"三峰缥缈，俯临海岸。秦始皇祀阴主于此，坛遗犹存"③。秦始皇曾在三山岛祭祀阴主，山下有祭祀时遗留的盏石。明代以前，当地人将三山即误认为琅琊山，古迹之盏石误认为是琅琊台，故将琅琊铺所在地看作"琅琊上流"。虽然这样的认识在今天看来十分荒谬，或许也正是因为这种说法不值得反驳，故官方地方志中并无相关记载。大琅琊村村民朱振国（男，44岁）告诉笔者，在小琅琊村靠G206国道旁，有一条旧时的小道，听老人说为古时掖县通往登州的驿道，现在的小道正是在古驿道基础之上进行路面硬化而来的。因此，明代掖县琅琊铺以及"琅琊上流"樨门原址，应在今莱州市朱桥镇大、小琊玡村。

---

① 参见佟海燕主编《琅琊文化史略》第1卷，山东人民出版社2010年版，第1—5页。

② （清）侯登岸：《掖乘》卷3《山川（三）》，山东省图书馆藏本，韩寓群主编《山东文献集成》第2辑第19册，山东大学出版社2007年版，第187页上栏。

③ 乾隆《掖县志》卷1《山川》，清乾隆二十三年刊本，第16页a。

　　朝鲜使臣郑斗源所记载的"琅琊上流"欚门，在明末掖县琅琊铺附近，即今莱州市朱桥镇大瑯玡村与小瑯玡村。据相关方志记载，[①]琅琊铺明初属莱州府进士乡，明万历中期属朱桥乡，清乾隆年间属朱桥镇，清宣统二年，属掖县朱桥区。1931 年，属第五区。1943 年 6 月，属午城区。1956 年，属朱桥区。1958—1968 年，属朱桥人民公社。1984 年至今，属莱州市朱桥镇。今莱州市朱桥镇大瑯玡村与小瑯玡村的具体的名称变化为：（明初）大琅琊村→（明中后期至民国）琅琊铺、大琅琊村、小琅琊村→（今）大瑯玡村（大琅琊村）、小瑯玡村（小琅琊村）。

图 2 - 3　小琅玡村西侧的古驿道

　　经琅琊铺向西南前行十里，到掖县之贾邓铺，明末贾邓铺为今莱州市平里店镇贾邓战家村。据戴锡金主任介绍，贾邓战家村位于朱桥镇镇

　　① 参见万历《莱州府志》卷 5《驿传》，明万历三十二年刻本，第 32 页 b；民国《四续掖县志》卷 2《乡社》，民国二十四年铅印本，第 18 页；山东省莱州市志编纂委员会编《莱州市志》，齐鲁书社 1996 年版，第 43—68 页；山东省莱州市人民政府地名办公室编《山东省莱州市地名志》，内部资料，1996 年，第 10—66、118 页。

政府驻地北 1.5 千米，G206 国道（原烟潍公路）南侧，王河北岸。明初，战姓从四川迁此定居，取名贾邓村。清初，因战姓户数占大多数而更名为贾邓战家村。贾邓战家村今属莱州市平里店镇。清乾隆五年（1740），属神山乡。清乾隆二十三年（1758），属临过乡。1931 年，属第六区。1935 年，属贾邓乡。1943—1948 年，属西障区。1956 年，属平里店区。1958—1968 年，属平里店公社。1982 年至今，属平里店镇。

图 2 - 4　今莱州市平里店镇贾邓战家村村碑

（十月）初八日，晴。早发（朱桥铺），过宋辛次膺故里，午憩莱州二十里铺，夕抵莱州东馆驲。是日行六十里。

——申悦道《朝天诗时见事件启》

崇祯元年（1628）十月七日傍晚，申悦道一行到达掖县朱桥铺后，于次日清晨从朱桥铺启程，途经"宋辛次膺故里"，午时，在"莱州二十里铺"小憩后出发，傍晚时分到达莱州东馆驿。申悦道提及的"宋辛次膺故里"，即宋代名臣辛次膺的故乡。据《宋史》、万历《莱州府志》记载，① 辛次膺（1093—1170），字起季，号静拙，莱州掖县人。年幼丧父，随母亲寄宿在舅父家。辛次膺才智出众，记忆力惊人。北宋政和二年（1112）进士及第，历任县丞、县令、吏部郎、湖北运判、直秘阁、湖南提刑、给事中、泉州知州、同知枢密院等职。辛次膺生性孝友、清正耿直，为官五十余年，以德治教化为本，不畏强权，敢言直谏，史书对其评价为"南渡直言之臣，宜为首称"②。

莱州掖县界，过宋辛次膺故里

南渡名臣第一流，澹庵前后少公侪。

千秋故里依然在，尚有当时谏草不。

——金尚宪《朝天录》

澹庵，南宋爱国名臣胡铨③的号。诗人认为在随北宋朝廷南迁且敢于直言进谏的朝臣中，辛次膺可居首位。与胡铨同朝为官的诸臣中，很少有像辛次膺那样清正耿直、立朝敢言的。时光转逝千年，辛次膺的故乡仍在，不知辛公当年谏章的草稿是否保存完好呢？金尚宪在此诗中对辛次膺给予了极高评价，认为辛次膺的那些可贵的精神会在辛次膺的故乡得到传承。

申悦道和金尚宪言及的"辛次膺故里"在哪呢？据明洪武年间掖县知县朱荣（1374—1397 年在任）所著的《掖邑聚落考》一文推测，④辛次膺故里应在掖县进士乡。⑤ 因辛次膺高中状元，百姓传赞，一县引以为荣，故以"进士"为乡名。虽各时期行政区划有所不同，但进士

① 参见《宋史》卷 383《列传第一百四十二·辛次膺》，清乾隆武英殿刻本，第 18 页 b—24 页 a；万历《莱州府志》卷 5《名臣》，明万历三十二年刻本，第 82 页。

② 《宋史》卷 383《列传第一百四十二·辛次膺》，清乾隆武英殿刻本，第 24 页 a。

③ 胡铨（1102—1180），字邦衡，号澹庵。吉州庐陵芗城人。南宋爱国名臣、文学家、庐陵"五忠一节"之一，与李纲、赵鼎、李光并称"南宋四名臣"。

④ 参见（明）朱荣《掖邑聚落考》，转引自尹洪林《莱州历史大观》，黄河数字出版社2011 年版，第 79—84 页。

⑤ 具体而言，将黑港口（具体位置待考）—淳于墓（今莱州市平里店镇淳于村）—大琅琊（今莱州市朱桥镇大琅玡村）—东至招远境连接成线，此线以北至莱州湾为明初掖县第一乡——进士乡。

乡的称谓却一直沿用至清宣统二年（1910）。① 明初掖县第一乡的范围，大致为今莱州市金仓街道，金城镇与朱桥镇所辖区域及城港路街道和平里店镇北部区域。自明初开始，掖县当地人认为辛次膺的故里在辛庄，并沿用了进士乡的称谓。据相关方志记载，② 辛庄村，明初名为辛庄，清乾隆年至 1945 年，称新庄村，1945 年后，改名为辛庄村。明初（1374）至清宣统二年（1910），属进士乡。1931 年，属第五区。1943 年 6 月，属午城区。1956 年，属朱桥区。1958 年，属朱桥人民公社。1984 年至今，属莱州市朱桥镇。综上，今莱州市朱桥镇辛庄村名称变化为：（明初）辛庄→（清乾隆年间至 1945 年）新庄村→（1945 年至今）辛庄村。

如前所述，朝鲜使臣自朱桥铺出发后，经过琅琊铺和贾邓铺。辛庄村在地图上的位置位于大、小琅玡村与贾邓战家村连线以北 2 千米处，远离登莱驿道。那么朝鲜使臣为何会记载远离驿道的名胜呢？依申悦道的记载，首先辛次膺故里应在朱桥铺（位于掖县东北六十里）与二十里铺（位于掖县东北二十里）之间。这应可以说明"宋辛次膺故里"的标识确实曾经存在过。其次，据《莱州掖县界，过宋辛次膺故里》一诗的诗题，"宋辛次膺故里"应与"莱州掖县界"石碑所在地，即朱桥铺应相距不远。

> （自莱州府城）行五十里……又有櫺门，书之曰"辛次膺故里"。次膺，宋政和时人，贵清净，先德化。
>
> ——郑斗源《朝天记地图》

郑斗源的记载也证明了"辛次膺故里"标识的存在。但是关于"辛次膺故里"櫺门位置，郑斗源与申悦道、金尚宪的记载并不相同。如若将"自莱州府城行五十里"的记载改为"自朱桥铺行十里（即

① 具体而言，将黑港口（具体位置待考）—淳于墓（今莱州市平里店镇淳于村）—大琅琊（今莱州市朱桥镇大琅玡村）—东至招远境连接成线，此线以北至莱州湾为明初掖县第一乡——进士乡。

② 参见民国《四续掖县志》卷 2《乡社》，民国二十四年铅印本，第 8 页 b；山东省莱州市志编纂委员会编《莱州市志》，齐鲁书社 1996 年版，第 43—68 页；山东省莱州市人民政府地名办公室编《山东省莱州市地名志》，内部资料，1996 年，第 10—66、166 页。

'辛次膺故里'櫺门位于莱州府城东北五十里)",那么三位使臣的记载便会一致。由此可以推断,郑斗源关于辛次膺故里的位置记载是正确的,但方位是错误的,以至于本应出现在《朱桥驿图》中的记载出现在了《莱州图》之中。这样的误记说明郑斗源应不是每天记载途经地详情,因公事繁忙,旅途劳顿,便仅记下地名、方位、所行里程数等关键信息,在时间充裕的情况下,对先前所记内容进行再加工创作。此外,"贵清净,先德化"①是郑斗源引用《宋史》对于辛次膺的评价,结合金尚宪对辛次膺"南渡名臣第一流"的评价,可看出以金尚宪和郑斗源为代表的朝鲜使臣熟知中国历史,对以儒家学说为基础的中华文明抱有较为强烈的认同感。总之,据以上推断可知,明末辛庄村乃宋爱国名臣辛次膺的家乡,官员或乡绅为彰显当地的名望和传承其精神,在驿道途经且靠近辛庄的琅琊铺附近竖立标识物,即"宋辛次膺故里"櫺门。

第二节　王河②

> (七月)初六日,晴。(从朱桥铺)行五里许,立石曰"掖县界"。……渡王河,历礼莱村……到莱州(城)……
>
> ——安璥《驾海朝天录》
>
> 万岁河,在府东北。上有万岁桥,两岸皆沙,秦皇、汉武祷于此。
>
> ——金德承《天槎大观》

安璥提及的"王河"在莱州府城东北三十里,③为掖县著名的万岁河。万岁河,俗名王河、大王河,又名万河、旺河,掖县境域内的河流以"万岁为最巨"④,两岸流沙长三百里。西汉时,天气大旱,因汉武

---

① 参见《宋史》卷383《列传第一百四十二·辛次膺》,清乾隆武英殿刻本,第23页b。
② 使行文献亦记载为汪河、万岁河、万岁桥、万岁沙、礼河。
③ 参见《大明一统志》卷25《莱州府》,明天顺五年内府刻本,第16页a;万历《莱州府志》卷2《山川》,明万历三十二年刻本,第73页b;民国《山东通志》卷33《山川》,民国七年铅印本,第30页a。此外,需要说明的是,乾隆《掖县志》《掖乘》等方志中的记载为三十五里。本书依一统志、府志和通志的记述。
④ 民国《四续掖县志》卷1《山川》,民国二十四年铅印本,第25页a。

帝在万岁河旁的万里沙祠祈雨，而闻名于世。《三齐记》有载："水北
有万岁亭，汉武所筑。"① 可知朝鲜使臣提及的王河、汪河、万岁河等皆
指莱州府城东北三十里的万岁河。明清时期的万岁河，今名王河，位于
莱州市东部，发源于今招远市塔山南麓，源广流长，进入掖县（今莱州
市）境内，依次流经三元乡、驿道镇、平里店镇、过西镇，在三山岛村
南注入渤海。据清乾隆年间毛贽《勺亭识小录》记述，可还原出明代末
期朝鲜使臣途经此河时曾见的美景，正所谓"地绕三百里，而水势之浩，
衍波汹涌，有类淮泗。惟雨集则然，非有不断之长流，可任舟楫，资灌
溉也。两岸遍树杨柳，每夏秋之交，万绿障天，樾阴匝地，流莺绕树，
鸣蝉兢乡，真佳境也"② 此外，毛贽还留有《万岁河》一诗。

万岁河③

毛贽

万岁河中万里沙，汉家祷雨驻仙车。
莱王祠已归荒草，两岸秋林映晚霞。

掖县文人毛贽在此诗中描述了万岁河之中的百里流沙，及河岸"秋
林映晚霞"的美景，遥想汉武帝亦曾在此万里沙祠内祈神降雨，但汉
晋时期的百支莱王祠④都早已荒芜。此外，金德承记述的万岁桥在莱州
府城，即掖县城"东北三十里，俗呼为万河桥"⑤，今为位于 G206 烟汕

---

① 参见《读史方舆纪要》卷36《山东七》，清光绪二十七年上海图书集成局铅印本，第
19 页 a。

② （清）毛贽：《勺亭识小录》卷 1《识水》，民国二十三年掖县王桂堂曝经草堂钞本，
韩寓群主编《山东文献集成》第 2 辑第 25 册，山东大学出版社 2007 年版，第 123—124 页。

③ （清）侯登岸：《掖乘》卷 3《山川（三）》，山东省图书馆藏本，韩寓群主编《山东
文献集成》第 2 辑第 19 册，山东大学出版社 2007 年版，第 187 页下栏。

④ 百支莱王祠，"黄县西南二十五里。汉县（黕城）有百支莱王祠，高齐天保间废"。
（《齐乘》卷 4《古迹》，清乾隆四十六年刻本，第 24 页 a）

⑤ 万历《莱州府志》卷 5《桥梁》，明万历三十二年刻本，第 17 页 b。此外，嘉靖《山
东通志》记载"万岁桥，在府东北三十里，跨万岁河，今呼为河桥"，但康熙《山东通志》、
雍正《山东通志》等方志的记载与万历《莱州府志》中的记载一致，即万岁桥俗名万河桥，
故嘉靖《山东通志》中的记载似为误记。相关内容参见嘉靖《山东通志》卷 14《桥梁》，明
刻本，第 21 页 a；康熙《山东通志》卷 22《桥梁》，清康熙四十一年刻本，第 17 页 a；雍正
《山东通志》卷 22《桥梁》，清文渊阁四库全书本，第 22 页 b。

线与王河交汇处的王河大桥。

> （从朱桥铺发行）行五里，涉汪河，河之大如溪河。……（从莱州府城）行三十五里，渡万岁河，秦始皇、汉武帝皆祷于此也，比汪河稍广阔，有栅门，书之曰"万岁沙"，有桥名"万岁桥"。
>
> ——郑斗源《朝天记地图》

依郑斗源的记述，自朱桥铺西行五里为"汪河"。朱桥铺至莱州府城之间较大的河流分别为：万岁河，亦名王河、旺河，府城东北三十里；六弯河，又名龙王河、龙湾河，城北三十里；① 苏郭河，又名上官河，城东北二十里；② 淇水河，在城北十里。③ 即自朱桥驿向西南行三十里至万岁河，行四十里至苏郭河，行五十里至淇水河。据安璥《驾海朝天录》中将"万岁河"记述为"王河"的情况来看，引文中的"汪河"应为王河或旺河的通假名，并将"汪河"的位置记述为朱桥铺西五里，由此可以推测郑斗源关于"汪河"的记述应为误记，或应记述为"行三十里，涉汪河，河之大如溪河"。据史书记载，④ 万岁沙又名万里沙，位于莱州府东北三十里，是万岁河两岸的河滩，长达三百里，此处正是《史记·封禅书》中所说的"时岁旱，天子既出无名，（武帝）乃祷万里沙"⑤ 之地。

此外，我们不妨大胆地推测一下《朝天记地图》中这样的误记是如何产生的。前文提到关于万岁河，即王河的位置有两种说法，其一为《大明一统志》、民国《山东通志》、万历《莱州府志》的记载，为府

---

① "六湾河，城北三十里，即龙王河。出曹家埠，径麻渠、郑家，至沙埠庄西，漫延入于海。"（乾隆《掖县志》卷1《山川》，清乾隆二十三年刊本，第18页b）

② "苏郭河，城东北二十里。自石桥岭发源，由上官河入海。"（乾隆《莱州府志》卷1《山川》，清乾隆五年刻本，第1页b）

③ "淇水河，在城北十里。出双凤山，径北十里堡，西北流至诸旺入海。"（民国《山东通志》卷33《山川》，民国七年铅印本，第29页b）

④ 参见《齐乘》，中华书局2012年版，第67页；《读史方舆纪要》卷36《山东七》，清光绪二十七年上海图书集成局铅印本，第18页b；《太平寰宇记》卷20《河南道二十》，清文渊阁四库全书本，第14页b。

⑤ 《史记》卷28《封禅书第六》，清乾隆武英殿刻本，第36页b。

城东北三十里；其二为乾隆《掖县志》《掖乘》的记载，为县城东北三十五里。与全国志书及山东方志相比，乾隆《掖县志》《掖乘》应更能反映民间的一般认知，因此很有可能当时掖县本地人认为万岁河在县城东北三十五里。如果这个假设成立，那么"（从莱州府城向西）行三十五里，渡万岁河"的记载就很可能是"（从莱州府向东）行三十五里，渡万岁河"的误记。这说明《朝天记地图》撰写的体例是按照朝鲜前往明朝京师途中所经主要地名的顺序，即来程途经地的顺序，但在实际的撰写过程中，郑斗源或在来程和归程时都记载了沿途各地的主要信息，待条件允许后，再将往返途中的记载再进行整合创作。

　　（九月）十五日，（从朱桥铺发行）渡礼河，宿莱州掖县城东关。

——李德洞《朝天录—云航海录》

　　（九月）十五日，（从朱桥铺发行）渡礼河，中火平利站，宿莱州掖县城东关。

——洪翼汉《花浦先生朝天航海录》

图2－5　今莱州市王河莱州市平里店镇段

图 2 – 6　今莱州市王河大桥与王河（平里店镇段）

图 2 – 7　今位于王河南岸的未名亭

　　天启四年，谢恩兼奏请使臣团正使李德泂和书状官洪翼汉于同一天
皆记述了途经"礼河"，但"礼河"一名并未出现在相关方志中。李德
泂一行是从掖县朱桥铺启程，渡礼河，到达掖县东关，依次途经朱桥
铺→礼河→掖县东关。如前所述，朱桥驿至莱州府城之间较大的河流，
自东往西的顺序为万岁河、苏郭河、淇水河（按明代称谓）。依书状官

图 2 - 8 莱州市市级湾湖河长公示牌（王河平里店镇段）

李民宬的记述可以确定其一行当日的途经地依次为朱桥铺—礼河—"平利站"—掖县东关。平利站当是平里店的通假记述，这或源自朝鲜使臣依通事（随行译官）翻译转述莱州掖县当地方言的过程中产生的差异，后文将详述。结合前文所述之掖县急递铺的内容，可推断礼河是朱桥铺与平里店铺之间的唯一大川——万岁河。①

　　（七月）初六日，晴。（从朱桥铺）行五里许，立石曰"<u>掖县界</u>"。……渡<u>王河</u>，历<u>礼莱村</u>……到<u>莱州</u>（城）……

　　　　　　　　　　　　　　　　——安璥《驾海朝天录》

　　天启元年七月六日，谢恩、冬至兼圣节使行团书状官安璥一行还经过掖县礼莱村。如前所述，王河为掖县东部的万岁河，即今莱州市东部的王河。若依安璥的记载，礼莱村应位于万岁河以西，再结合李德泂和

────────────

①　李德泂和洪翼汉对万岁河，即王河的差异性记述或源自以下原因，即使行途中，人烟稀少之地难以确定途经名称，在到达有当地民众聚居之处后，进行询问补录。在无处问询的情况下，对于途经地名，特别是河流之名则根据河流旁的村庄进行记述。

洪翼汉将万岁河记载为"礼河"的情况，安璥所说的礼莱村很有可能
是万岁河西岸平里店铺，或是平里店铺的驿附村，① 具体位置待考。

综上所述，明末朝鲜使臣记述的王河、汪河、万岁河、万岁沙、礼
河皆为莱州府掖县之万岁河，俗名王河，名称的具体变化为：（西汉）
万岁河、万里沙②→（唐）万里沙③→（北宋）万里沙、万岁河④→
（明）万岁河、王河⑤→（清、民国）万岁河、王河⑥、大王河⑦、旺
河⑧→（今）王河⑨。

第三节　平里店⑩

> （十月）初三日，晴。早发（灰阜驲）……午过莱州城外，不
> 入。夕到平里店，宿徐姓人家。是日行百余里云。掖县知县薛文周
> 差人追送名帖及食物，曰"去时不入城，未安于心。来亦过行，不
> 胜缺然，即当荆谢"云。膳夫二人请自熟设支供，以贡缱绻之意。
> 馔品极精，以鸡、猪之肉作六七别味，味皆甚佳。盖去时分巡道以
> 路告之，言必责下官也。
>
> ——安璥《驾海朝天录》

天启二年十月三日，安璥一行到达并夜宿平里店，即位于莱州府城
东北三十里的平里店铺（后文详述）。因其一行"去时不入城"，时任

---

①　因位于驿道旁的急递铺是通过驿道往来客商的重要休憩之处，伴随着人流量的增加，会出现以急递铺为中心的向外辐射式发展。

②　参见《史记》卷28《封禅书第六》，清乾隆武英殿刻本，第36页 b。

③　参见《元和郡县志》卷13《河南道》，清武英殿聚珍版丛书本，第9页 a。

④　参见《太平寰宇记》卷20《河南道二十》，清文渊阁四库全书本，第14页。

⑤　参见万历《莱州府志》卷2《山川》，明万历三十二年刻本，第73页 b。

⑥　参见乾隆《掖县志》卷1《山川》，清乾隆二十三年刊本，第18页 b。

⑦　参见雍正《山东通志》卷6《山川志》，清文渊阁四库全书本，第125页 b；民国《山东通志》卷33《山川》，民国七年铅印本，第30页 b。

⑧　参见民国《四续掖县志》卷1《山川》，民国二十四年铅印本，第28页 a。

⑨　参见山东省莱州市人民政府地名办公室编《山东省莱州市地名志》，内部资料，1996年，第421页；山东省莱州市志编纂委员会编《莱州市志》，齐鲁书社1996年版，第75页。

⑩　使行文献亦记载为蓬里铺、蓬昌店、平利站。

掖县知县薛文周① "未安于心"，为表歉意，向朝鲜使臣安璥追送了名帖并派遣县衙负责膳食的官员为朝鲜使臣带去了多达六七种的美味。此外，据安璥《驾海朝天录》七月五日的记载，② 彼时黄县、招远、掖县甚至潍县正经历蝗灾。在此情况下，掖县知县还能为安璥一行提供诸多美食，对此，安璥在平里店铺内留下了下面这首诗。

再过莱州城③

去日忽忽去，来时缓缓来。
朝疑城府闭，夜访里闉开。
未免人轻侮，那堪旅琐灾。
蒸豚致缱绻，官酒过三杯。

——安璥《驾海朝天录》

缱绻，缠绵，形容感情深厚。唐白居易《寄元九》诗："岂是贪衣食，感君心缱绻。"④ 此律诗的前两句提及，因来程中遭遇风暴，致使行程紧迫，故在前往京城路过莱州府时，只顾匆匆赶路，但在归程途中，因完成了使行任务（即感谢明朝派遣刘鸿训和杨道寅远赴朝鲜宣告明光宗继皇帝位一事），终于可以放慢使行的脚步。去年，从登州到达莱州府城时，虽然天还尚早，但因未有使行团途经的前例，莱州地方官有所顾忌，故未能让其安璥一行进入莱州府城内修整。然而在天黑后，莱州府城东门澄清门却处于开启的状态，这种针对朝鲜使臣的排外行为让作者感到十分不满。

---

① "薛文周，字晴岚，安定人。七岁能属文，弱冠成进士。仕山东潍县，政多宜民。训掖县，政绩益茂，两邑各建祠。擢吏科给谏，危言正论，多所建白。劾逆珰魏忠贤，事载要典中。时忠谠之士俱罹祸，文周乃称病乞归。卒于山西永宁州，囊无长物。"（康熙《陕西通志》卷 20 中《人物》，清康熙五十年刻本，第 18 页 a）

② "（七月）初五日，晴。早发（黄山馆驿）……暮入朱桥驲，宿翰林客馆。是日行百二十里云。路人皆曰：六月洒雨，蝗虫蔽野，田亩之上，挥旗驱之，或掘坎火埋，或官令捕之，或捕而食之。"［朝鲜］安璥：《驾海朝天录》，美国哈佛大学燕京图书馆藏本，第 27 页。

③ 诗题为本书作者所加。

④ 《全唐诗》卷 433，清康熙扬州诗局刻本，第 5 页 b。

（七月）初六日，晴。行五里许立石曰"掖县界"……到莱州
（城），日尚早，不给夫马，止宿东关里刘姓人家。自朱桥到此六
十里云。莱州分巡道陈亮采往济南布政之所，知府林铭鼎、知县薛
文周在城，而无传令不使入城。

——安璥《驾海朝天录》

天启元年七月六日，安璥一行到达莱州府城时"日尚早"，即日落
之前，但因役夫与车马之故，不得已夜宿莱州东关（今莱州市文昌路
街道文昌路东小区附近）。因城中分巡道，即分守海防道陈亮采因前往
济南山东承宣布政使司，莱州府城内仅有莱州知府和知县两位主事官
员，因此前未曾有朝鲜使臣经山东使行明朝，故"无传令不使入城"。
这样的遭遇，与安璥一行乘船初到登州时所遇到情况亦非常相似，彼时
登州官衙以祖制，即"外国人驾海来，一切禁断，犯则以贼论"① 为
由，拒绝安璥一行进入登州水城（今蓬莱水城），在得到了登莱巡抚陶
朗先的应允后，才得以进港下岸。由此可知，莱州知府和掖县知县未让
朝鲜使臣进城或并非出自本心，而是因事关重大无法决断，故行稳妥之
举。"未免人轻侮，那堪旅琐灾"是讲在经历九死一生的海路使行，跋
涉近四千里路程②后，却未能进入莱州府，这在以至诚事大之心使行明
朝的安璥看来是一种"轻侮"，令人无法接受。"蒸豚致缱绻，官酒过
三杯"则指因双方误解的消除，再次途经莱州掖县的书状官安璥和正
使崔应虚等使臣，品尝着知县薛文周派人送来的蒸乳猪，畅饮着其送来
的美酒，这样有别于之前的对待增进了彼此间的情谊。误解的消除，一
方面在于以中华文明为纽带的明、朝有着天然的亲近感，另一方面则在
于"盖去时分巡道以路告之，言必责下官也"。

（七月）初九日，晴。（自潍县城北隅发行）中火于昌乐……路
由蓬莱分巡道之行，自济南还，驻与问曰："是何你们的朝鲜进贡陪

---

① 参见［朝鲜］安璥《驾海朝天录》，美国哈佛大学燕京图书馆藏本，第16页 b。
② 参见《通文馆志》卷 3《事大（上）·航海路程》，朝鲜古书刊行会大正二年
（1913）刊本，第 58—59 页。

臣么？多多辛苦！"即令通官李恂进前叩头称谢，且告过州之日不得
入城之事。曰："皇朝之待朝鲜视同内脉，虽天子之庭不问出入，而
独于莱州拒门不纳，恐惧怀惭之中，不能无憾。敢此仰达！"分巡慰
之曰："起来，起来！俺不在城，下官不职，当治之"云。

——安璥《驾海朝天录》

　　天启元年七月九日，安璥一行在青州府益都县境内巧遇自济南府返
回莱州的陈亮采①一行。作为负责莱州一带海防的官员，陈亮采对朝鲜
使臣的到来十分上心，主动询问了朝鲜使臣使行之事。在交谈的过程
中，朝鲜使臣通过译官向陈亮采表达了"皇朝之待朝鲜视同内脉"，但
使臣却未能进入莱州府城的不满。对此，陈亮采并未推脱，而是承认下
属官员存在失职之处，允诺会责罚相应的官员，以此抚慰安璥等朝鲜使
臣。乾隆《莱州府志》记载："明巡察海道隆庆二年改分守道，万历二
十三年改海防道。……陈亮采……天启元年任（海防道）。"② 另据嘉靖
《山东通志》③ 记载："巡察海道，分署莱州府。弘治间建，按察司副使
领之。"④ 陈亮采作为巡察海道，即省一级派驻地方机构的负责官员代

---

　　① 陈亮采，字惠甫，号希唐，福建晋江人，明万历十六年（1588）举人，万历二十三年
（1595）进士，先后在刑部、台州、湖州等地任职，至少在万历三十五年（1607）至三十九年
（1611）任莱州知府，天启元年，任巡察海道，此后历任粤东参政、山东登莱道、浙江按察使
等职，所到之地"廉干有声"。相关内容参见乾隆《莱州府志》卷6《职官》，清乾隆五年刻
本，第6页a—7页b；乾隆《莱州府志》卷4《学校》，清乾隆五年刻本，第1页b—2页a；
康熙《山东通志》卷24《官职一》，清康熙四十一年刻本；乾隆《泉州府志》卷49《循绩十
一》，清光绪八年补刻本，第80页b；乾隆《福建通志》卷36《选举四》，清文渊阁四库全书
本，第62页a。

　　② 乾隆《莱州府志》卷6《职官》清乾隆五年刻本，第6页a。

　　③ 因明代山东沿海地区海防体系变化较为频繁和复杂，仅以山东海巡道从明初至明万历
年间为例，"明初，山东巡察海道即为分巡海右道，驻扎省城，辖青登莱三府。弘治十二年
（1499），朝廷始于莱州建巡察海道官署，该道遂移驻莱州。正德七年（1512），因流贼之乱，该
道兼理登、莱兵备，其性质发生变化，军事色彩日益浓厚。嘉靖四十一年（1562），该道移驻
登州，成为登州海防道，专辖登州一府。隆庆二年（1568）至万历二十年（1592），该道一度
兼理莱州兵备"［赵树国：《海不扬波：明代京畿地区海上安全述论》，载中国明史学会、北京
市昌平区十三陵特区办事处编《第十七届明史国际学术研讨会暨纪念明定陵发掘六十周年国
际学术研讨会论文集（上）》，燕山出版社2018年版，第277页］。由此，本书暂依嘉靖《山
东通志》的记载。

　　④ 嘉靖《山东通志》卷11《兵防》，明嘉靖刻本，第2页a。

表莱州知府和掖县知县向朝鲜使臣道歉。在次年返程夜宿掖县平里店铺时，安璥一行受到知县薛文周热情周到的招待。据此可知，陈亮采在返回莱州后，应以某种方式践行了对于朝鲜使臣的承诺。那为何海防道陈亮采会对朝鲜使臣如此友善？这要从壬辰战争谈起。

明万历二十年（1592），日本大举入侵朝鲜。万历二十一年（1593），明朝正式派遣军队东征，进入朝鲜与朝鲜军民一同抗倭。由于前线与后方距离过长，兵源和粮饷等物资的运输成为中朝联军取胜的关键。万历二十二年十一月，在户部回复山东巡抚郑汝璧的奏议中提道："积粟以广贮蓄。东事兵兴，青、登、莱军屯之粟，不足以供。……另廒收囤，专备兵荒……"[1] 在壬辰战争初期，山东储备的军粮已难以满足援朝抗倭的需求，故山东各地百姓都以各种方式缴纳粮食、银两来支持朝鲜前线。登州和莱州距朝鲜半岛最近，向朝鲜前线运送军粮"莫如海运，海运莫如登、莱"[2]。壬辰战争（壬辰倭乱）期间（1592—1598），莱州作为粮草等重要物资的后勤保障基地，为援朝抗倭的最终胜利做出了重要的贡献。据明军运粮使千万里《东征时军兵赏赐粮米金银蜀帛总录》的记载，[3] 在壬辰战争的七年之中，山东向朝鲜前线运送军粮多达五万四千石，这为壬辰战争的最终胜利提供了坚实的后勤保障。此外，莱州府当地人民也积极地投身到援朝抗倭前线。莱州府掖县人韩初命[4]"以倭奴之役督饷朝鲜"[5]，为壬辰战争的胜利做出了重要的贡献。虽安璥途经莱州的时间距壬辰战争结束已有二十余年，但曾任莱州知府的陈亮采对隔海相望的朝鲜半岛仍有着唇亡齿寒的认识，对于朝鲜使臣依旧保持着较为亲善的态度。

朝鲜使臣在此段路程中所记载的"蓬里铺""蓬吕店""平利站"

---

[1] 《明实录·明神宗实录》，台湾"中研院"历史语言所1962年版，第1557页。

[2] 《明史》，中华书局1974年版，第2116页。

[3] 参见孙文良《明代"援朝逐倭"探微》，《社会科学辑刊》1994年第3期。

[4] "韩大参，名初命，字康侯，号见愚。万历己卯举人。幼喜读孙武法，好击剑。……迁三河县令。……累官同知、河间知府。走倭寇，调大同府同知。……擢知贵州安顺府。……升山西右参政，献策不用，而辽事不可为矣。积愤归里，卒。"（清）毛赞：《勺亭识小录》卷2《识人物》，民国二十三年掖县王桂堂曝经草堂钞本，韩寓群主编《山东文献集成》第2辑第25册，山东大学出版社2007年版，第154页。

[5] 孙文良：《明代"援朝逐倭"探微》，《社会科学辑刊》1994年第3期。

皆为"平里店（铺）"的通假名。原因可能有二：其一，使用莱州方言时，"平"发"蓬"音，"里"发"吕"音。这不仅对于朝鲜使臣随行译官，而且对于当今了解莱州方言的中国人而言，也同样可能产生混淆。其二，像"平利站"这样的记述应是由韩语发音，而导致在翻译过程中出现了误记。韩语（朝鲜语）为表音文字，且汉字词（来源于汉字的词）占比较大，在韩语中会有一个韩字对应数个汉字的情况。汉字"利"与"里"对应韩字"리"，而汉字"店"与"站"对应韩字"전"，即"平利站"与"平里店"对应的韩语翻译是一样的。但不管怎样，"蓬里铺""蓬吕店""平利站"应皆指平里店，即平里店铺。明清时期的掖县急递铺之一的平里店铺，"居万岁河南岸，至（莱州府）城三十五里，土松而腴，宜树植。相传旧无居民，有杨氏者，素封①也，辟地为园林，遂成聚落。近复起市廛②，竟为掖境市肆之首。以地当孔道，左右多良田故也。昔汉武帝祷雨万岁河，建万里沙祠，应在此。旧亦隶曲城"③。这说明因为土地肥沃，且地处孔道要冲，从秦

图 2-9　今平里店镇石碑

---

① 素封，无官爵封邑而富同封君的人。
② 市廛，店铺集中之处。
③ （清）毛贽：《勺亭识小录》卷 1《识村镇》，民国二十三年掖县王桂堂曝经草堂钞本，韩寓群主编《山东文献集成》第 2 辑第 25 册，山东大学出版社 2007 年版，第 125 页上栏。

汉时期起，平里店铺附近就形成了规模较大的聚居区。杨曰明主任还告诉笔者，明代《午城杨氏先茔》的一段碑文中记载："伯（杨）桥自晋归周，封为杨侯。在汉太尉（杨）震世为弘农人，屡为东莱太守，子孙遂家焉。""杨氏者"是"屡为东莱郡太守"的杨震后裔的可能性很大。

据相关学者研究，① 平里店交通便利，进京的"老官道"从村中斜街通过。烟潍公路（今 G206 国道）1921 年通车后，平里店汽车站即设在村西附近。此后至 1937 年，平里店的工商业就已十分发达。明代的平里店铺，今为莱州市平里店镇平里店村。据相关方志记载，② 西汉

图 2 - 10　莱州市平里店镇平里店村内在驿道原址之上
拓宽、取直、硬化的东西大街

① 参见戚延斌《平里店及其战前的工商业》，莱州市政协文史资料委员会编《莱州文史资料》1997 年第 11 辑，第 196—214 页。

② 参见万历《莱州府志》卷 5《驿传》，明万历三十二年刻本，第 32 页 b；乾隆《掖县志》卷 1《市集》，清乾隆二十三年刊本，第 54 页 b；民国《四续掖县志》卷 2《市集》，民国二十四年铅印本，第 62 页 a；山东省莱州市志编纂委员会编《莱州市志》，齐鲁书社 1996年版，第 43—68 页；山东省莱州市人民政府地名办公室编《山东省莱州市地名志》，内部资料，1996 年，第 10—66、145 页。

属东莱郡临朐县地。明万历三十二年（1604），名平里店铺，属掖县临过乡。清乾隆二十三年（1758），名平里店铺、平里店，属掖县临过乡。清末宣统二年（1910），名平里店，属掖县龙德区。自 1931 年至今，平里店（村）一称未曾改变。1931 年，属掖县第六区平里镇。1955 年，属平里店区。1958 年，属平里店公社。1984 年至今，属莱州市平里店镇。

图 2 - 11　位于东西大街旁的平里店镇平里店村村民委员会

　　莱州，在《禹贡》"青州域"，而危之分野，古莱夷地。……沙邱城，商纣所筑，秦皇崩处。李白诗："我来竟何事，高卧沙邱城。城边有古树，日夕连秋声。"

　　　　　　　　　　　　　　　　　　　——金德承《天槎大观》

　　灰埠驿，属平度州。自灰埠西至昌邑县八十里程也。……沙丘城在北，秦皇崩处。

　　　　　　　　　　　　　　　　　　　——郑斗源《朝天记地图》

　　依金德承和郑斗源的记述，位于莱州府城北的沙丘城为商纣所筑，是秦始皇驾崩之处。由图 2 - 12 可知，在《航海朝天图》的《齐莱州府》中对其亦有记载，可见朝鲜使臣对此颇感兴趣。《大明一统志》记载："沙丘城，在掖县界内。世传商纣所筑，即秦始皇崩处。唐李白诗：'我来竟何事，高卧沙丘城。城边有古树，日夕连秋声。'"① 除将"丘"记为"邱"外，金德承有关沙丘城的记述与《大明一统志》的记载如出一辙，但"按始皇自会稽至沙邱，沙邱台（沙丘城）在顺德平乡境，此后人附会"②。据万历《莱州府志》《山东省莱州市地名志》的记载，③ 明清时期掖县东北二十里的沙丘城遗址在今莱州市城区东北平里店镇石姜村南百米处。金德承和郑斗源所记载的沙丘城相关内容，也应是源于驿道旁所立标识，即坊表应位于掖县平里店铺至苏郭铺之间，且靠近苏郭铺一侧。

图 2-12　《航海朝天图》之《齐莱州府》图局部

第四节　苏河（水古河）、莱州（东）二十里铺（水古村）、吕蒙正先迹（"蒙正故里"欂门）

> 朱桥驿，属掖县。……自朱桥西至莱州府，六十里程也。……行三十里，涉苏河，河之大如汪河。
>
> ——郑斗源《朝天记地图》

① 《大明一统志》卷25《莱州府》，明天顺五年内府刻本，第19页b。

② 《肇域志》卷16《山东三》，清钞本，第15页b。

③ 参见万历《莱州府志》卷6《古迹》，明万历三十二年刻本，第44页a；山东省莱州市人民政府地名办公室编《山东省莱州市地名志》，内部资料，1996年，第458页。

按郑斗源的记述，距朱桥铺南三十里的大川苏河应与李德洞和洪翼汉所记载的"礼河"为同一河流，即万岁河，也就是今莱州市东部的王河。如前所述，郑斗源关于汪河和万岁河的记载为误记，但即使是误记，郑斗源也没有必要对同一条河流的名称重复记录三次。郑斗源一行当先经过汪河，再渡"苏河"。即汪河在"苏河"的东边。结合前文提及朱桥驿至莱州府城的各河流，郑斗源原本打算在此记录"苏郭河"的可能性较大。上官河，亦名苏郭河，俗称乾沙河，位于莱州府城"北二十里，自崮山西之转山发源，经苏郭（村）、上官，入于海"①。换言之，因某种原因，郑斗源将"行四十里"误记为"行三十里"。还原后的记载应为"行四十里，涉苏河，河之大如汪河"。

图 2-13　今莱州市苏郭河程郭镇段干涸的河床

① 乾隆《掖县志》卷1《山川》，清乾隆二十三年刊本，第18页a。

图 2 - 14　今莱州市苏郭河程郭镇段河长公示牌

（十月）初八日，晴。早发（朱桥铺）……午憩莱州二十里铺，夕抵莱州东馆驿。是日行六十里。

————申悦道《朝天时闻见事件启》

申悦道一行所途经莱州东"二十里铺"，顾名思义，为莱州府城东二十里至登州府驿道旁的急递铺。对此，杨曰明主任告诉笔者，明清时期的"二十里铺"今为莱州市港城街道所辖的二十里堡村。堡，同"铺"，驿站，今用于地名。据戴锡金主任介绍，二十里堡村位于城港路街道办事处驻地东北 5 千米，G206 国道（原烟潍公路）西侧。明洪武三年（1370），史姓由四川迁此立村。古时凡驿道每十里设一堡，立石墩为记。该村距掖县城（莱州府城）二十里，故取名二十里堡。据万历《莱州府志》的记载，莱州府城往登州府方向二十里的急递铺是苏郭铺。结合古今地图、相关史料及实地考察的结果，苏郭铺为今莱州市程郭镇前苏村。由此可以推测申悦道一行小憩的莱州东"二十里铺"对应的当代地名有两种可能：一处为莱州市港城街道的二十里堡村，另一处为莱州市程郭镇前苏村。

关于"二十里堡"的记载，最早见于民国《四续掖县志》："（第三区）程郭乡，公所在二十里堡，北至苏郭乡公所三里。苏郭乡，公所在南苏郭村，苏郭村东南有古城微迹，相传即沙邱城。"① 民国时期，程郭乡和苏郭乡隶属掖县第三区，程郭乡的乡公所②在二十里堡，苏郭乡的乡公所在南苏郭村，二十里堡与南苏郭村相距三里的路程，并且在南苏郭村的东南处有沙邱城遗迹。结合"苏郭铺在县东北二十里"③，"沙邱城，在郡东北二十里"④ 的记载，可以推断"苏郭铺"名称最晚应在明代中末期就已出现，相比"苏郭铺"，"二十里堡"这一称谓出现的时间要晚很多。民国《四续掖县志》的《乡社》部分记载："苏郭乡公所在南苏郭村，（下辖）南苏郭（村）、郭古庄（村）、唐家（村）、孟家（村）。"⑤ 此外，《市集》部分记载："苏郭（集），三区苏郭乡苏郭村，（每逢）四、九日。"⑥ 1935 年，苏郭乡下辖今莱州市程郭乡前苏村（南苏郭村）、郭古庄村（郭古庄村）、后苏村（唐家村⑦）、苏郭孟家村（孟家村⑧）。前苏村位于今莱州市市政府（明代莱州府治所在地）东北 9.1 千米处，这与"苏郭铺在县东北二十里"的记载一致。综合来看，明代朝鲜使臣经过的"二十里铺"应为掖县官铺苏郭铺，即今莱州市程郭镇前苏村。据相关方志记载，⑨ 清乾隆五年（1740）至乾隆

---

① 民国《四续掖县志》卷 2《乡社》，民国二十四年铅印本，第 11 页 b。

② 公所，为旧时区、乡、村行政机构办公的地方。

③ 乾隆《掖县志》卷 2《驿递》，清乾隆二十三年刊本，第 85 页 b。

④ 万历《莱州府志》卷 6《古迹》，明万历三十二年刻本，第 27 页 a。

⑤ 民国《四续掖县志》卷 2《乡社》，民国二十四年铅印本，第 11 页 b。

⑥ 民国《四续掖县志》卷 2《市集》，民国二十四年铅印本，第 62 页 a。

⑦ 后苏村村碑记载："明洪武二年（1369），唐姓由浙川迁此立村，因村前有一土阁，名曰：'苏阁'，故得名苏阁唐家（村）。1985 年与苏郭栾家村同时更名，以其方位改称后苏村。"

⑧ 据戴锡金主任介绍："苏郭孟家村，位于 G206 国道（烟汕公路）东侧，苏郭河东岸。明初，村附近有一土阁，名曰：'苏阁'，故得名苏阁孟家（村），后演变为苏郭孟家（村）。1958 年，简称孟家村。因重名，1982 年，恢复'苏郭孟家'原名，属后苏村管辖。"

⑨ 参见万历《莱州府志》卷 5《驿传》，明万历三十二年刻本，第 32 页 b；乾隆《掖县志》卷 1《乡社》，清乾隆二十三年刊本，第 45 页 a；民国《四续掖县志》卷 2《市集》，民国二十四年铅印本，第 62 页 a；山东省莱州市志编纂委员会编《莱州市志》，齐鲁书社 1996 年版，第 43—68 页；山东省莱州市人民政府地名办公室编《山东省莱州市地名志》，内部资料，1996 年，第 10—66、156 页。

二十三年（1758），属掖县临过乡苏郭社。1935 年，属第三区苏郭乡。1943 年，属双山区。1958 年，属程郭公社。今属莱州市程郭镇。简言之，今莱州市程郭镇前苏村的名称变化如下：（明清）苏郭铺→（民国）南苏郭村（苏郭村）、前苏村→（今）前苏村。

图 2-15 今位于前苏村西侧的村碑

（七月）初六日，晴。（从朱桥驿）行五里许，立石曰"掖县界"……渡王河，历礼莱村，过水古河、水古村，到莱州，日尚早，不给夫马，止宿东关里刘姓人家。

——安璥《驾海朝天录》

水古河与水古村，从字面意思来看，应是村庄在河川附近，村庄与河川的名字一致。具体位置在万岁河与莱州府城之间，且为驿道经过之处。符合条件的有两组：其一为苏郭河与苏郭村（苏郭铺）；其二为淇水河与淇水村（淇水铺）。从"水古"的莱州方言发音来看，与"苏郭"更为接近，故安璥所记载的水古河与水古村应为苏郭河与苏郭村（苏郭铺）。"苏郭河"一名，自明代一直沿用至今。据《莱州市志》记载，①

---

① 参见山东省莱州市志编纂办公室编《莱州市志》，齐鲁书社 1996 年版，第 75 页。

苏郭河亦称上官沟，发源于莱州市程郭镇谷口唐家村。流经高郭庄、邱家、苏郭、韩家至上官叶家西入海，长23千米，流域面积81平方千米。

> （十月）十三日。早发（朱桥铺）至莱州止宿，中路有吕蒙正
> 先迹……去朱桥六十里。
>
> ——全湜《槎行录》

中路，半路。先，先世；祖先。先迹，即祖坟。吕蒙正（946—1011），字圣功，河南人。太平兴国二年（977）擢进士，官至宰相。吕蒙正"质厚宽简，有重望，以正道自持。遇事敢言，每论时政，有未允者，必固称不可，上嘉其无隐"①。吕梦奇，莱州人，五代后唐时，累官至户部侍郎。吕梦奇有二子，长为龟图，次为龟祥。吕龟图有四子，其一为吕蒙正。②换言之，吕梦奇为吕蒙正的祖父。吕龟图曾担任后周的起居郎一职，后举家南迁至河南。故史书记载吕蒙正为河南人，而祖籍为山东莱州。

关于吕公梦奇故里，清乾隆年间的《勺亭识小录》《掖县志》等方志皆有记述，即"（莱州府）城北十里曰郎子埠，再十里为军寨子"③，"郡人（曰）吕公梦奇故里也。（村）后古冢一区，相传为吕氏祖墓焉"④。据此可知"吕公梦奇故里"为莱州府城北二十里的军寨子村，即全湜所提及的"吕蒙正先迹"所在处。据杨曰明主任介绍，明代军寨子村为今莱州市城港路街道军寨址村，且村中尚还有吕氏祖坟的遗存。明代驿道并不经过军寨子村，故"吕蒙正先迹"的标识应同"辛次膺故里"的标识一样，位于军寨子村南侧的驿道旁，以示彰显和纪念之意。在杨曰明主任的指引下我们找到了位于军寨址村内的遗存。据相关方志记载，⑤ 军寨址

---

① 《宋史》卷265《列传第二十四·吕蒙正》，清乾隆武英殿刻本，第12页a。

② 参见《大明一统志》卷25《莱州府》，明天顺五年内府刻本，第23页a；杨松水《两宋寿州吕氏家族著述研究》，黄山书社2012年版，第25—73、346页。

③ 乾隆《掖县志》卷8《拾遗》，清乾隆二十三年刊本，第66页a。

④ （清）毛贽：《勺亭识小录》卷1《识村镇》，民国二十三年掖县王桂堂曝经草堂钞本，韩寓群主编《山东文献集成》第2辑第25册，山东大学出版社2007年版，第127页上栏。

⑤ 参见乾隆《掖县志》卷1《乡社》，清乾隆二十三年刊本，第45页b；民国《四续掖县志》卷2《市集》，民国二十四年铅印本，第10页b；山东省莱州市志编纂委员会编《莱州市志》，齐鲁书社1996年版，第43—68页；山东省莱州市人民政府地名办公室编《山东省莱州市地名志》，内部资料，1996年，第10—66、134页。

村，明清时期称军寨子村，属掖县临过乡郎子埠。民国二十四年
（1935），称军寨趾村或军寨子村，属掖县第三区朱军乡。1943年，属
临城区。1956年，属大原区朱石乡。1958年，属朱由公社。1992年，
属朱由镇。2001年至今，属莱州市城港路街道。

图 2-16　今莱州市城港路街道军寨址村村碑

图 2-17　今莱州市城港路街道军寨址村西侧的仿古式村牌坊

图 2 - 18　今莱州市城港路街道军寨址村内的吕氏祖坟

此外，还需提及一点的是郑斗源在《朝天记地图》之《灰埠驿图》中有关"蒙正故里"櫺门的记载。

> 灰埠驿，属平度州。自灰埠西至昌邑县，八十里程也。行三十里，有新河，《一统志》"胶水北入新河，经昌邑县界入海"，即此也。沙丘城在北，秦皇崩处。有櫺门，书之日"蒙正故里"，宋吕蒙正所居之地。
>
> ——郑斗源《朝天记地图》

新河，发源于胶州，途经高密县，入平度州胶莱北河，经昌邑县界入渤海。① 新河为今青岛市莱州市北胶莱河，相关内容将在后文详细论述。自平度州灰埠驿出发经三十里，到达新河，按照郑斗源的记载，新

---

① 参见《大明一统志》卷 25《莱州府》，明天顺五年内府刻本，第 16 页 b；道光《重修平度州志》卷 1《山川》，清道光二十九年刻本，第 9 页。

河与登莱驿道交汇处的附近，即新河铺（后文详述），为宋代吕蒙正曾居之地，有"蒙正故里"櫺门。此櫺门是否为郑斗源的误记？与全湜所记之"吕蒙正先迹"标识有何关系？首先，"蒙正故里"櫺门在莱州境内应该曾经存在。明嘉靖十一年（1536），组织编纂《莱州府志》的莱州知府胡仲谋将难以编入《莱州府志》的文章编为《邑志佚文》一书。据《邑志佚文》的记述，[1]吕蒙正的父亲吕龟图南下担任"起居郎"一职时，吕蒙正的母亲刘氏（莱州府掖县人）在家照顾年幼的吕蒙正，之后带领吕蒙正南下洛阳，并在洛阳将吕蒙正抚养成人。这应是莱州府掖县当地人对于吕蒙正身世的普遍看法，故明末莱州府境内应存有"蒙正故里"櫺门。其次，郑斗源记载的"蒙正故里"应与全湜所记载的"吕蒙正先迹"指代同一地点。郑斗源记载新河北部有"沙丘城"（一作"沙邱城"），为秦始皇驾崩之处。如前所述，沙邱城在莱州府东北二十里，故沙丘城在新河北部应为误记，笔者也未在相关方志中查阅到新河铺与吕蒙正关联的相关记载。如前所述，"吕蒙正先迹"在莱州府城北二十里军寨子村，今为莱州市城港路街道军寨址村。位于莱州东北二十里的急递铺苏郭铺，即今莱州市程郭镇前苏村东南石姜村附近，曾有当地人认为是沙丘城遗迹。[2]由此可知，"蒙正故里"与"吕蒙正先迹"皆指明代军寨子村，即今军寨址村。虽然明代登莱驿道并未从军寨子村内或附近经过，但就像今天在重要道路旁竖立标示本地名胜一样，朝鲜使臣曾见到"蒙正故里"櫺门（坊表）竖立在军寨子村正南、苏郭铺（今前苏村）至淇水铺（今淇水村）之间的驿道旁的可能性很大。

此外，据杨曰明主任介绍，从平里店出发，沿着官道向西南约500米即到莱州市平里店镇柳行村，在柳行村的东南还保留有一段（老）官道。关于柳行村村名的来历，戴锡金主任介绍，据《郝氏族谱》的记述，元代中期，郝氏祖先郝伯由河北枣强村迁居掖县北陵疃（今莱州市平里店镇西北障村西北）后，其子郝表正又迁此立村，因该地柳

---

①　参见杨黎明主编《古邑春秋》，中国大地出版社2006年版，第80—81页。

②　参见民国《四续掖县志》卷2《乡社》，民国二十四年刻本，第11页b。

树成林，得名柳行村。据相关方志记载，① 柳行村元代建村，明代，属掖县临过乡。清末宣统二年（1910），属掖县龙德区。民国二十四年（1935），属掖县第六区柳营乡。1943 年，属掖县西障区。1955 年，属平里店区平里店乡。1958 年，属平里店公社。1984 年至今，属莱州市平里店镇。

图 2 - 19　今位于莱州市平里店镇柳行村南侧的柳行村村碑

第五节　淇水铺（十里铺）、义冢碑、侯侍郎墓（兵部左侍郎侯东莱之墓）

（三月）十七日，晴，大风。朝发（沙河店），过莱州城……到淇水铺孙姓人家中火，夕到邾桥驿宿。今日行一百里。

——赵濈《燕行录一云朝天录》

（九月）二十三日，晴。晓起成服，行五十里，歇马河沙店食晚。雨雷大作，行六十里，过莱州城外，宿十里铺。

——吴允谦《海槎朝天日录》

---

① 参见民国《四续掖县志》卷 1《山川》，民国二十四年铅印本，第 31 页 b；山东省莱州市志编纂委员会编《莱州市志》，齐鲁书社 1996 年版，第 43—68 页；山东省莱州市人民政府地名办公室编《山东省莱州市地名志》，内部资料，1996 年，第 10—66、148 页。

　　（六月）二十七日，到莱州府。日晏（自登州府黄县黄山馆驿）始发……乘昏抵十里铺。夜县送人来候，遂把火以行，到县城外东馆驲，寓孙姓人家，二更矣。是日约行一百二十里。知县送拜帖，且致酒饭。

——李民宬《癸亥朝天录》

　　吴允谦、李民宬言及的"十里铺"与赵溅所说的"淇水铺"指同一地点，即距掖县东北十里的淇水铺。此铺因淇水而得名，据乾隆《掖县志》的记载，① 淇水源出大基山之阴，流经十里铺，即淇水铺后，汇入朱汪河（今莱州朱旺河）北流入海。依李民宬的记述，朝鲜使臣李民宬一行在天启三年六月二十七日黄昏到达掖县十里铺。考虑到朝鲜使臣一路旅途劳顿，掖县知县王应豫②派衙役持火把，等候在十里铺，迎接朝鲜使臣前往住宿条件更好的"县城外东馆驲"。即使时间已至二更（21点至23点），掖县知县王应豫仍投送拜帖，想要亲自拜访朝鲜使臣，并为其送去酒饭。翌日，莱州府知府、莱州府通判、莱州府同知都与李民宬一行有十分友好的互动，并准备好了替换的役夫与车马等，为朝鲜使臣尽快踏上前往京师的路途提供便利。③ 掖县知县派遣衙役前往十里铺迎接、将其带到住宿条件更好的驿站、亲自拜访并赠送酒饭，这些友好举措说明莱州府官员对朝鲜使臣一直怀有极大的善意。明清时期的淇水铺即十里铺，今名淇水村。据相关方志记载，④ 淇水村，乾隆二十三年（1758），属莱州府掖县临过乡。民国二十四年（1935），属

---

　　① 参见乾隆《掖县志》卷7《艺文志·记》，清乾隆二十三年刊本，第51页。

　　② "知县……天启三年：王应豫，赵城人，举人"（乾隆《掖县志》卷3《官职》，清乾隆二十三年刊本，第11页a）；"王应豫，万历庚子科举人，知山东高密县，调掖县，升直隶永平府同知。德行纯粹，学道渊通，莅政廉明，居乡孝友。正霍泉祀典，岁省民金千两，人皆贤之"（道光《直隶霍州志》卷23《人物》，清道光六年刻本，第8页a）。

　　③ "（六月）二十八日，朝回谢帖于知县，知府谢明龙亦折送程仪。通判郭显荣、同知鲍孟英等送拜帖并回帖谢之，即递太夫发行。"［朝鲜］李民宬：《癸亥朝天录》，《敬亭集续集》卷1，韩国首尔大学奎章阁藏本，第38页b—39页a。

　　④ 参见乾隆《掖县志》卷1《乡社》，清乾隆二十三年刊本，第45页a；民国《四续掖县志》卷2《乡社》，民国二十四年铅印本，第11页a；山东省莱州市志编纂委员会编《莱州市志》，齐鲁书社1996年版，第43—68页；山东省莱州市人民政府地名办公室编《山东省莱州市地名志》，内部资料，1996年，第10—66、140页。

第三区淇连乡。1943 年，属双山区。1958 年，属程大原公社。1984
年，属大原镇。1992 年至今，属莱州市城港路街道。

图 2 - 20　今莱州市城港路街道淇水村村碑

　　（十月）十二日，晴。日气温和，朝发莱州掖县界……过<u>义冢</u>
<u>碑</u>到<u>莱州</u>（城）<u>东门</u>外，日尚早矣。

——赵潍《燕行录—云朝天录》

　　据赵潍的记载，在到达莱州府城东门前，其见到了"义冢碑"。义
冢，亦称泽民茔、漏泽园，为旧时收埋无主尸骨的坟场。《明会典》记
载："令民间立义冢，仍禁焚尸。若贫无地者，所在官司择近城宽闲之
地，立为义冢。"① 据万历《莱州府》记载，② 明末莱州府城附近的义

　　① 《大明会典》卷80《礼部三十八·恤孤贫》，明万历内府刻本，第6页 a。
　　② 参见万历《莱州府志》卷5《储恤》，明万历三十二年刻本，第46页 b。

冢有三处，分别为西南郭外、在阳关西、漏泽园北，这些义冢都是明万
历年间莱州知府刘任所捐置。其中漏泽园在莱州府城东北——乾河北
岸。漏泽园地势较低，遇水患则淹灌，故曾将其移往地势较高的莱州府
演武场附近。这说明赵溅言及的"义冢碑"应在莱州府演武场附近。
据乾隆《掖县志》记载，① 演武场在莱州府城，即掖县城东北一里
左右。

据乾隆《掖县志》之《掖县疆域图》及《燕台图》的描述，② 莱
州府西侧的先农坛、药王庙、海山亭、演武场、太公庙、燕台位置相对
集中。莱州府之燕台在莱州府城东北一里，是"南燕慕容德筑，明副
使冯时雍建海山亭于上"③。杨曰明主任告诉笔者，药王庙的旧址位于
莱州市气象局以西，内祀唐代药物学家孙思邈；太公庙的旧址位于莱州
市气象局以南，内祀姜太公神像；先农坛的旧址位于莱州市气象局以
西，旧时每岁仲春亥日，地方官在此举行耕田仪式，以祀先农神。据
此，笔者前往莱州市气象局附近进行探访。在莱州市北关街以北，文昌
北路以西，莱州市气象局西侧的居民区——明珠园东区采访时，遇到了
从小在北关村长大，今在明珠园东区开棋牌室的北关村村民张吉盛
（男，57 岁），他告诉笔者，小时候听父辈们讲，在今莱州市气象局所
在地有一楼阁，名为"望海楼"，站在楼阁上向北可以望到海。此外，
这片小区在修建之初，挖掘的地基为一片坟地，面积非常大。坟穴密
布，甚至有的地方多个坟墓累迭在一起。张吉盛所言的"望海楼"，正
是前文所提及的"海山亭"，且明珠园东区正是位于旧莱州府城东北二
里左右，此处是明清时期的莱州府"漏泽园"④ 的可能性较大。其北边
为泽民茔，即义冢，具体位置应在莱州市文昌路街道所辖的居民区——
明珠园东区至文昌广场一带。据此，赵溅一行所看到的"义冢碑"应
该在这一区域附近。

---

① 参见乾隆《掖县志》卷 2《营制》，清乾隆二十三年刊本，第 79 页 a。
② 参见乾隆《莱州府志》卷首《图》，清乾隆五年刻本，第 2 页 a、10 页 b—11 页 a。
③ 乾隆《莱州府志》卷 1《古迹》，清乾隆五年刻本，第 25 页 b。
④ 在今莱州市气象局附近曾存在着一条当地人称为干河的小河，但今早已断流，消失无踪。
此外，由于莱州境内的河流多季节性河流，且有的河流在漫长的岁月中渐渐地断流甚至改道。

　　（十月）初八日，晴。早发（朱桥铺）……夕抵莱州东馆驿。是日行六十里。……城东二里许，有侯侍郎墓。侍郎名东莱，字儒宗，以兵部侍郎赠三代诰命，刻在碑上。又作享堂于墓前，紫檀罗列成行。

——申悦道《朝天时闻见事件启》

　　崇祯元年十月八日，申悦道一行在快要到达莱州府城东二里的地方，见到了路旁的兵部侍郎侯东莱之墓，其墓前有供奉牌位的祭堂，四周植有珍贵的紫檀树。据相关史料记载，① 侯东莱（？—1583），掖县人，嘉靖二十五年（1546）举人，嘉靖三十九年（1560），任嘉兴知府，后屡迁陕西按察司副使，分巡西宁道。隆庆五年（1571）十一月，由陕西布政司右参政迁河南按察使。次年六月，又迁陕西右布政使。万历元年（1573）二月，升陕西左布政使。次年六月，迁南直隶应天府尹，其后任都察院右副都御史，巡抚甘肃。② 万历五年（1577）十二月，加兵部右侍郎，兼都察院右佥都御史，继续巡抚甘肃。因为官清正廉洁，施政有声，侯东莱十分受当地军民拥戴，甚至为其建生祠，③ 以示尊敬。万历九年（1581）二月致仕回乡，万历十三年（1583）病卒，皇帝敕使往祭。这里需要留意两点：其一，依申悦道的记述，侯东莱，字儒宗。对此，中国方志中有两种记载，康熙《陕西通志》④、乾隆《掖县志》⑤ 等方志记载为"儒完"，而乾隆《西宁府新志》⑥、光绪《甘肃新通志》⑦ 等方志记载为"儒宗"。如若依申悦道所述"儒宗"一词出现于侯东莱的墓碑之上，则"儒宗"一说更有说服力。其二，

---

　　① 参见《明实录·明神宗实录》卷70，台湾"中研院"历史语言所1962年校印版，第1505页；乾隆《甘肃通志》卷27《职官》，清文渊阁四库全书本；雍正《浙江通志》卷119《职官》，清文渊阁四库全书本，第13页a；乾隆《掖县志》卷4《政治》，清乾隆二十三年刊本，第23页b；刘廷銮、孙家兰编《山东明清进士通览》（明代卷），山东文艺出版社2014版，第184—185页。

　　② 乾隆《掖县志》误记为"大同"。参见乾隆《掖县志》卷4《政治》，清乾隆二十三年刊本，第23页b。

　　③ 生祠，对还活着的人立祠奉祀，以表示内心的感戴和钦敬之意。

　　④ 参见康熙《陕西通志》卷18上《名宦》，清康熙五十年刻本，第98页a。

　　⑤ 参见乾隆《掖县志》卷4《政治》，清乾隆二十三年刻本，第23页b。

　　⑥ 参见乾隆《西宁府新志》卷25《官师志》，清乾隆十二年刻本，第19页b。

　　⑦ 参见光绪《甘肃新通志》卷56《职官志》，清宣统元年刻本，第29页a。

依申悦道的记述，侯东莱病卒后，"以兵部侍郎赠三代诰命"①。这应是对史料中"上有诏追侯东莱诰命"②记载的补充。崇祯三年陈慰、奏请兼进贺使郑斗源在《朝天记地图》中同样记载了"皇明万历十三年间兵部左侍郎侯东莱之墓"③，即"侯侍郎墓"。

> 朱桥驿，属掖县。……自朱桥西至莱州府，六十里程也。……行五十五里，路傍有皇明万历十三年间兵部左侍郎侯东莱之墓。大野中，周以垣墙，树以杉桧，左置斋廊，构丁字阁。门外有楬楼三间，雕以戏龙，崔嵬百尺，才牌牓而书之曰"敕建佳城"，金字辉煌。墓前有香炉石一、魂游石一、石羊二、石狮二、石马二、翁仲石四、望柱石二、神道碑三，庇之以书阁。墓左设坛竖碑，书之曰"后土之位"，盖拟于侯王之礼也。
>
> ——郑斗源《朝天记地图》

相较于申悦道的记载，郑斗源对侯东莱墓的记载更为详细。通过申悦道和郑斗源的记述，可以较为完整地还原出彼时朝鲜使臣所见到的侯东莱墓。具言之，侯东莱墓地周围建有围墙并种植杉、桧、紫檀等树。在左侧建有斋廊及"丁"字形阁楼。墓门前耸立着雕刻有戏龙图案的橘楼，上有牌榜，其上用金字书写了"敕建佳城"四个大字。墓地内有依官阶而立的各种石仪，在彩绘华丽的楼阁内有三座神道碑，坟冢左侧设置有祭坛并立有刻着"后土之位"的石碑，坟冢前立有刻着"明万历十三年间兵部左侍郎侯东莱之墓"，"东莱，字儒宗，以兵部侍郎赠三代诰命"等字样的墓碑。

《明实录·明神宗实录》记载："（万历十一年丙午）赐已故巡抚甘肃、兵部右侍郎兼佥都御史侯东莱祭葬，如例。"④ 与《明实录》记载

---

① ［朝鲜］申悦道：《朝天时闻见事件启》，《懒斋先生文集》卷3，韩国国立中央图书馆藏本，第18页b。

② （明）瞿九思：《万历武功录》卷14《西三边》，明万历刻本，第58页b。

③ ［朝鲜］郑斗源：《朝天记地图》，韩国成均馆大学尊经阁藏本。

④ 《明实录·明神宗实录》卷139，台湾"中研院"历史语言所1962年校印版，第2598页。兵部右侍郎，正三品；右佥都御史，正四品。

不同，郑斗源将侯东莱的官职记为"兵部左侍郎侯"。《明会典》之《文武官员造坟总例》规定："公侯茔地周围一百步，坟高二丈，围墙高一丈；一品茔地周围九十步，坟高一丈八尺，围墙高九尺。"① "公侯石碑，螭首高三尺二寸，碑身高九尺，阔三尺六寸，龟趺高三尺八寸。石人二，石马二，石羊二，石虎二，石望柱二。一品石碑，螭首高三尺，碑身高八尺五寸，阔三尺四寸，龟趺高三尺六寸。石人二，石马二，石羊二，石虎二，石望柱二。"② 《勺亭识小录》记载："亲王享堂③七间，郡王享堂五间，一品至三品具三间。"④ 《白虎通》亦记述："天子树以松，诸侯以柏，大夫以栗，士人以槐树，庶人以杨柳。"⑤ 如前所述，侯东莱，曾巡抚甘肃，担任兵部右侍郎兼佥都御史等职。明代为加强中央集权，在地方设立"三司"，即承宣布政使司、提刑按察使司、都指挥使司，分别掌管本地区的民政、司法、军事。在中央集权强化的同时，"三司"制度的弊端渐渐显现。明洪武二十四年（1391）始设"巡抚"一职，明宣德五年（1430）逐渐制度化。以"巡行天下，抚军安民"⑥ 的明代巡抚一职虽非常设官职，但作为代表中央巡抚地方的大员，可节制地方"三司"，可以说，明代巡抚一职的官阶要比地方"三司"长官的官阶要高。"三司"中以都指挥使司长官——都指挥使的官阶最高，为正二品。就官阶而言，明代巡抚一职应为一品或从一品。巡抚甘肃的侯东莱在病逝后，享有一品或从一品官员的墓葬待遇。朝鲜使臣在不了解逝者生平的情况下，仅直观地从茔地的大小、坟茔和围墙的高低以及各种石仪的规格来看，很难判断逝者所享受的墓葬规制到底是王侯级别还是一品官员级别。故郑斗源对于侯东莱之墓虽有"拟于侯王之礼"的推测，但侯东莱之墓实际应是按为一品或从一品的墓葬规制建造的。

---

① 《大明会典》卷203《工部二十三·坟茔》，明万历内府刻本，第8页b。

② 《大明会典》卷203《工部二十三·碑碣石兽》，明万历内府刻本，第9页b—10页a。

③ 祭堂，供奉牌位之处。

④ （清）毛贽：《勺亭识小录》卷1《识村镇》，民国二十三年掖县王桂堂曝经草堂钞本，韩寓群主编《山东文献集成》第2辑第25册，山东大学出版社2007年版，第137页上栏。

⑤ （东汉）班固等撰：《白虎通》卷4下《坟墓》，中华书局1985年版，第302—303页。

⑥ 《明史》卷7《成祖纪三》，清乾隆四年武英殿校刻本，第7页b。

此外，对于侯东莱墓距莱州府城距离，申悦道与郑斗源的记述有些许差异。申悦道的记述为"城东二里许"，而郑斗源虽未直言，但据朱桥铺位于莱州府城东北六十里的记载换算，郑斗源的记述应为"莱州府城东北五里"。对这个问题，中国方志亦有两种记载，万历《莱州府志》、民国《山东通志》等方志记载为"侍郎侯东莱墓在县北五里"①；《勺亭识小录》、乾隆《掖县志》等方志的记载为"兵部侍郎侯东莱墓在城北三里"②。由此推测，民国《山东通志》应是依据万历《莱州府志》的记载，而乾隆《掖县志》则是依据《勺亭识小录》的记载。因侯东莱墓被毁于清乾隆二十三年（1758）之前，掖县当地人的记忆也有出现偏差的可能。另据民国《四续掖县志》的记载，③ 在莱州府城北五里的郎子埠曾分别有"明户部右侍郎刘廷相墓"和"户部右侍郎刘继科墓"，说明莱州府城北五里的郎子埠在明代曾是安葬高阶官员的墓地。杨曰明主任介绍，老官道在接近莱州府城时，还会经过东、西郎子埠村。据此推测，侯东莱之墓在近掖县城东侧的郎子埠，即今城港街道东、西郎子埠村的可能性非常大。当然，这还需要相关考古发掘的进一步佐证。

据东郎子埠村村碑记载，明洪武二年，王姓由四川成都府迁此立村。该村西北有一埠子，埠顶有一座玉皇庙，此庙只有南北廊房，而没有东西廊房，故称庙的东西两临村，为东、西廊房，即东、西郎子，因该村居东，故称东郎子埠。据相关方志记载，④ 东、西郎子埠，1935年，分属掖县三区郎子乡和掖县一区郎个乡。1943年，属临城区。1956年，属大原区。1958年，属大原公社。1992年，属大原镇。2001

① 参见万历《莱州府志》卷6《坟墓》，明万历三十二年刻本，第55页a；民国《山东通志》卷37《古迹四》，民国七年铅印本，第25页b。

② 参见（清）毛贽《勺亭识小录》卷1《识墓》，民国二十三年掖县王桂堂曝经草堂钞本，载韩寓群主编《山东文献集成》第2辑第25册，山东大学出版社2007年版，第137页；乾隆《掖县志》卷1《山川》，清乾隆二十三年刊本，第35页a。

③ 参见民国《四续掖县志》卷5《坊表》，民国二十四年铅印本，第49页a。

④ 参见民国《四续掖县志》卷2《乡社》，民国二十四年铅印本，第2页a；山东省莱州市志编纂委员会编《莱州市志》，齐鲁书社1996年版，第43—68页；山东省莱州市人民政府地名办公室编《山东省莱州市地名志》，内部资料，1996年，第10—66、143—144页。

年至今，属莱州市城港路街道。

图 2 - 21　今莱州市城港路街道东郎子埠村村碑

　　此外，据《三续掖县志》的《掖县全境图》所绘，[①] 从登州府至莱州府的驿道在接近莱州府城时，一分为二：一条向南经过莱州府城的东门，直通莱州府平度州；另一条经莱州府西门，西去莱州府昌邑县。这分叉之地，为岔道口村。据戴锡金主任介绍，岔道口村，位于港城路街道办事处东 3.1 千米，G206 国道（原烟潍公路）西侧。明初，颜姓由四川迁此立村，因位于两条驿道的交叉处而得名岔道口。据相关方志记载，[②] 岔道口村，1935 年，属三区郎子乡。1943—1948 年，属临城区。1956 年，属大原区。1958—1982 年，属大原公社。1992 年，属大原镇。2001 年至今，属莱州市城港路街道。

---

　　① 光绪《三续掖县志》卷首《图》，清光绪十九年刻本，第 5 页 b—6 页 a。
　　② 参见山东省莱州市志编纂委员会编《莱州市志》，齐鲁书社 1996 年版，第 43—68 页；山东省莱州市人民政府地名办公室编《山东省莱州市地名志》，内部资料，1996 年，第 10—66、143 页。

第六节　莱州（府）城①、东莱书院②、孙给事花园③

（六月）初十日，晴。自朱桥到莱州府六十里。午时到（莱州）南城外店舍，城堞比登州尤高，壁筑整整如削。

——吴允谦《海槎朝天日录》

（六月）二十七日，（自黄县黄山馆驿发行）到莱州府。……府亦山东巨郡，与登州并称，而地理之雄、人材之盛倍之。二十八日，到灰埠驿。……入自东门，历城中出西门。门外有池绕郭，菡萏盛开，葭菼藿靡……

——李民宬《癸亥朝天录》

（九月）（自黄县黄山馆驿发行）……宿莱州掖城县东关。④ 莱州，古莱夷国也。城郭之壮，闾阎之盛，倍于登州……

——李德泂《朝天录一云航海录》

如吴文所述，吴允谦在莱州府城南关见到莱州府城的城墙比登州府城更为高耸，且城墙墙壁犹如刀削一般。万历《莱州府志》中曾言：洪武四年（1371），"莱州卫指挥使茆贵建，后圮，坏日甚。万历二十六年，朝鲜倭警，分守宪副于仕廉、郡守王一言、县令卫三省同议大修，寻皆迁去。宪副盛稔、郡守龙文明、县令刘蔚相继董其事。三年之内，大工告成，创建规模，倍于往昔。周九里有奇，高三丈五尺，基厚二丈。门四，东曰'澄清'、南曰'景旸'、西曰'武定'、北曰'定海'。城下为池，深三丈，阔倍之"⑤。这应当是朝鲜使臣见到的莱州府

---

① 使行文献中亦记载为莱城、齐东莱府、齐莱州府、夜县、莱州府、莱州、莱州掖县城、齐东莱府掖县。
② 使行文献中亦记载为吕东莱书院、吕祖谦读书堂、吕东莱读书处、吕东莱庙、宋东莱先生吕祖谦书院。
③ 使行文献中亦记载为孙善继花园、孙给事善继花园。
④ "莱州掖城县东关"应为"莱州掖县城东关"的误记。
⑤ 万历《莱州府志》卷3《城池》，明万历三十二年刻本，第1页。

城外貌，即府城周长五千余米，城墙高近十余米，城墙地基宽六米，城外为深九米，宽十八米的护城河。另据昌泰《登州府志》记载："府城围计九里，高三丈五尺。四门……之上各有楼堞，连角楼共七座。其城用砖石包砌，窝铺，凡五十六间。……壕池阔二丈，深一丈，断续不周匝，俱洪武间登州卫指挥谢观、戚斌及永乐十五年指挥王宏相继增筑。万历癸巳，倭犯朝鲜，道府议增筑敌台二十八座，雉堞炮眼视旧周备有加。"① 这说明在周长、高度等方面，明末的莱州府城与登州府城并无

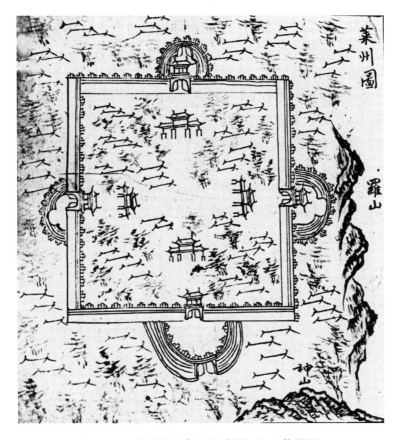

图 2 - 22　郑斗源《朝天记地图》之《莱州图》

说明：图中标示的"罗山"为今山东省招远市北部的罗山。

---

① 泰昌《登州府志》卷 5《地理志一》，明泰昌元年刻本，第 1 页 b—2 页 a。

太大的差异，但在护城河的宽度和深度方面，莱州府城更胜一筹。李民宬则描述莱州府城的护城河中"菡萏盛开，葭菼藿靡"。菡萏，荷花。葭菼，指芦苇与荻。藿靡，指草木纤细，随风而动的样子。李德泂则记述莱州府城的"城郭之壮，闾阎之盛，倍于登州"。此外，据吴允谦与李德泂的记载可以推断，明末莱州府城城墙所用建材的材质、外观、质量等方面可能优于登州城。这或许是因莱州府经济发展程度高于登州府，因此便使用了更好的建材构筑城墙，同时其城内及城外附属建筑也更多，护城河更为宽深，这让莱州府城从外观上看"倍于登州"。

据相关方志记载，① 康熙年间，莱州府城经历多次修缮。乾隆二十一年、六十年重修莱州府城城墙。光绪二十一年，东门北内垣倾倒，重修并补修四围残阙及城垛、女墙。光绪三十年，重修北门东内垣一段。此后，全城失修二十余年，残坏甚多，护城壕亦皆壅塞，泉水不通。据杨曰明主任介绍，伴随着经济的发展，人口的增加，原莱州府城城墙都已拆除，现已难觅踪迹。原莱州府城的大致范围如下：南至文泉东路，北达文化东街，东到文昌南路，西至莱州南路。对于到访的朝鲜使臣而言，莱州府城不仅是"山东巨郡"地理标识，更因当地官员的热情款待并提供便利，而倍感明朝视朝鲜为内脉之亲切意象。

> （六月）初十日，晴。自朱桥到莱州府六十里。午时到（莱州）南城外店……掖县知县送名帖于前路，到店即送下程饭米酒馍，莱城又有分巡道送名帖、下程饭米酒馍，莱州知府又送名帖、饭米酒馍，甚优于右二所。掖县知县名王应豫、分巡道张国锐、莱州知府薛国观即调夫马。
>
> ——吴允谦《海槎朝天日录》

天启二年六月十日，在吴允谦一行尚未到达前，掖县知县王应豫就已派遣衙役在使臣必经之路上等候，向使臣递送名帖，欢迎使臣的到来。在吴允谦一行到达莱州府南关外的驿馆后，分巡道即前文所说的巡

---

① 参见嘉庆《大清一统志》卷175《莱州府一》，四部丛刊续编本；民国《四续掖县志》卷1《城池》，民国二十四年铅印本。

察海道张国锐、莱州知府薛国观、掖县知县王应豫派官差送去"饭米酒馔"，张国锐和薛国观亦向使臣递送了名帖。因吴允谦一行到达莱州府城的时间是午时（上午十一点至下午一点），在短暂休整后还要继续踏上旅途，故莱州府内的官员亦迅速地调集更换的役夫和马匹，为朝鲜使臣在当日尽快顺利出发提供便利。可见莱州府城内三位主要中国官员皆以较正式的方式，为朝鲜使臣提供慰问和帮助，这些举动让远在异国的朝鲜使臣感受到了明臣待人之热情。

图 2-23　莱州市文昌路街道南关居民委员会

莱州府官员这样友好而热情的举动应源自天启元年谢恩、冬至兼圣节使行团书状官安璥与莱州官员误会的消除。[①] 吴允谦一行到达莱州府城时是天启二年六月，即安璥一行自北京返程途经莱州前的四个月，故

_____

①　详见本书第二章第三节。安璥一行在来程的七月，因彼时朝鲜使臣初次利用海路，即朝鲜—辽东—登州—莱州—河间—北京路线，且时任巡察海道陈亮采因公外出，留守的莱州府知府林铭鼎和掖县知县王应豫采取了较为保守的做法，故未让安璥进入莱州府城内。凑巧的是安璥一行在前往济南的途中，碰到了自济南返程的陈亮采，并表达了内心的不满。陈亮采当即道歉并允诺惩罚相应官员。天启二年十月，安璥一行自北京返程途经莱州，并夜宿掖县东北三十里的平里店铺时，掖县知县王应豫派遣官差追送名帖和美味食物，以表"缱绻之意"。

受到了莱州官员极其热情的款待。此外，天启三年，奏闻（请封）兼辨诬使臣团也受到了掖县知县王应豫热情的招待。如本章第五节所述，在六月二十七日当夜，李民宬一行到达掖县东十里的淇水铺，知县王应豫早已差遣衙役在此等候，众衙役高举火把陪同朝鲜使臣来到莱州府城东关。在到达寓所后，王应豫又极为正式地递送拜帖，并为朝鲜使臣送来了美酒和食物。

> （六月）二十八日，到灰埠驿。朝回谢帖于知县，知府谢明龙亦折送程仪。通判郭显荣、同知鲍孟英等送拜帖，并回帖谢之，即递夫马发行。
>
> ——李民宬《癸亥朝天录》

如上文所述，李民宬一行在受到掖县知县王应豫热情款待后的次日，向王应豫送去了表示答谢的回帖。不仅如此，时任莱州府知府的谢明龙①亦为朝鲜使臣送去了盘缠等物；通判郭显荣、同知鲍孟英等莱州府的主要官员也纷纷送拜帖以示重视和欢迎，朝鲜使臣都一一回帖表示感谢。除了莱州官方的热情款待外，亦有莱州府掖县当地儒生慕名前来拜访朝鲜使臣，以求题扇或与朝鲜使臣进行短暂的交流。

> （七月）初六日，晴。（从朱桥铺发行）……到莱州（城），日尚早，不给夫马，止宿东关里刘姓人家。自朱桥到此六十里云。儒士二人来见，求题扇。
>
> ——安璥《驾海朝天录》

天启元年七月六日，安璥一行未能如愿进入莱州府城内，只能夜宿莱州府城东关刘姓人家。听闻朝鲜使臣到来的消息，戴姓和汪姓两位儒生前来拜见，并请朝鲜使臣为其题扇，以作留念。朝鲜使臣安璥等人并未因不能进城而拒绝莱州儒生的请见，而是欣然接见并依其所愿，为其

---

① "谢明龙，保宁人，（天启）三年任（莱州府知府）。"（乾隆《莱州府志》卷6《职官》，清乾隆五年刻本，第7页b）

题诗留念。

图 2 - 24　《航海朝天图》之《齐莱州府》图

题戴姓人扇

大府威声重，讥关号令尊。

行人禁不入，白昼掩城门。

题汪姓人扇

道路争相见，朝鲜御使来，

海山千万里，何处是登莱。

——安璥《驾海朝天录》

第一首扇诗中，安璥表达未能进入莱州府城的不满，而在第二首扇诗中，描述了与官方态度不同的莱州府城民众在听闻朝鲜使臣到来的消息后，十分热情，皆争相目睹来自异域的朝鲜使臣。如第三章第三节所述，莱州人民为万历年间抗倭援朝战争的最终胜利做出了极大的贡献。正因如此，第二首扇诗的最后两句，安璥表达其一行在历经千辛万苦后，终于到达了登莱之地。当然如前所述，安璥未能进入莱州府城是源于误会。对此，上至巡察海道陈亮采，下至掖县知县王应豫都极为积极地与朝鲜使臣沟通，并为其提供往来之便利，以期消除彼此之间的误会。

> （十月）十二日，晴。日气温和。朝发莱州掖县界……到莱州
> （城）东门外，日尚早矣。……夕，秀才称号姜梦鳌、方之翰送拜
> 帖求见。接话间，语及齐史，历历说破，无不惯知，信乎齐人也。
> 仍闻田单火牛之事，则答以即墨在平度州，此去西南百里之地云。
> 今日行六十里。十三日，晴。姜、方两秀才处送笔墨，则方送朱
> 榴，姜送诗扇矣。
>
> ——赵濈《燕行录－云朝天录》

天启三年十月十二日傍晚，莱州府秀才姜梦鳌、方之翰请求面见冬至、圣节兼谢恩使赵濈，双方讨论了齐国历史等彼此感兴趣的话题，且能言及较深层次的内容，这让赵濈确信二人是来自齐国故地的人。齐国始于西周之太公封营丘，亡于秦国灭齐，存续时间八百余年，疆域包括今山东大部。"田单火牛之事"，即田单火牛破燕军。据《史记》的记载，[1] 田单齐国贵族，彼时燕国攻齐，齐国大部分城池皆被燕国所占，仅剩莒城与即墨未被燕军破城。在此后数年的齐燕对峙中，田单展现出了高超的谋略。最后决战时，田单命人在牛角之上缠绑利刃，在牛身之上绘以龙纹，在牛尾之上绑以浸润油料的芦苇。因使用千余头牛组成牛阵，齐军最终战胜了燕军并取得胜利。此后，田单带领齐军一路西进，收复被燕军占领的城池，拥立齐襄王主持国政，并受封为安平君。由此可知，作为自幼接受儒家文化熏陶的朝鲜使臣对齐鲁历史颇有了解。在结束友好而深入的交谈后，赵濈命人以笔墨赠予两秀才，而姜梦鳌和方之翰亦以石榴和诗扇作为回谢之礼。

> （九月）十五日，晴。……宿莱州掖县城东关里。夜，与主人

---

[1]　参见《史记》卷82《田单列传第二十二》，清乾隆武英殿刻本，第1页a—3页a。

刘良语，城中有吕东莱书院，城西有孙给事花园，极其佳丽
云。……（三月）十一日，晴。朝雾……到莱州西关……穿城出
东门，寻来时主人刘良相①家寄宿。夜，与主人语及嘉靖阁老毛纪
事，仍问其子孙有无，则子孙极繁且贤。有孙名引重者，时为锦衣
卫指挥使。秀才名锦灿者，喜读书，能文章云。

——洪翼汉《花浦先生朝天航海录》

天启四年九月十五日，谢恩兼奏请使臣团书状官洪翼汉听闻莱州府
城中有吕东莱书院和景色极佳的孙给事花园，故在次日，书状官洪翼汉

图 2-25 今莱州市文昌路街道东关居民委员会

---

① 关于朝鲜使臣暂宿莱州府城东关之处的主人姓名，洪翼汉在来程和归程的记载中并不
一致，即来程时为"刘良"，归程时为"刘良相"。查阅相关的方志，笔者并未找到相关的记
载，故对此不做改动，依从原文。

与正使李德洞、副使吴翻一同前往吕东莱书院拜谒吕祖谦，并游观孙给事花园，相关内容将在后文详述。洪翼汉等人在归程途经莱州府城时，特意再次前往来时的暂寓之处，这或是源于住宿条件的良好及寓所主人的热情。次年三月十一日夜，洪翼汉又与寓所主人进行了交谈，并询问了明嘉靖阁老毛纪的事情及毛纪子孙的情况。寓所主人将自己所知的情况一一告知了洪翼汉。毛纪，字维之，掖县人。明成化年间进士，初为庶吉士，后历任户部右侍郎、户部尚书、文渊阁大学士、武英殿大学士、吏部尚书等职，《明史》评价其"有学识，居官廉静简重"①。

一 吕东莱书院②

吕祖谦（1137—1181），字伯恭，号东莱先生，南宋婺州（浙江金华）人，与张栻、朱熹并称为"东南三贤"。南宋孝宗隆兴元年（1163）中进士，其后又考中博学鸿词科，历任莱州尹、太学博士、博士兼国史院编修官、实录院检讨官、秘书郎、著作郎、直秘阁等职。淳熙七年（1180）被封为成国公。四十五岁时病逝，赐谥号成，后人亦敬称吕祖谦为吕成公，故在东莱书院出现之前，莱州当地人将祭祀吕祖谦的祠堂称为"吕成公祠"。南宋景定二年（1261）吕祖谦被追封为"开封伯，从祀孔子庙庭"③。吕祖谦的学识源自吕氏家族的传承并吸收、发展了关学、洛学等学派的学说。吕祖谦不仅结交林之奇、汪应辰、胡宪等师友，并向他们虚心学习，还同理学大师张栻、朱熹成为挚友，"博诸四方师友之所讲，融洽无所偏滞"④。吕祖谦之学说虽博采众家之长，但始终以儒学为本旨，注重儒家经典的探究。此外，吕祖谦还提倡明理恭行，推崇开物成务。其学说被称为"婺学"。祖谦为人做事总是心平气和，不标新立异，当时的天下英才皆心向之。朱熹曾经说：

---

① 《明史》卷190《列传第七十八》，清乾隆四年武英殿校刻本，第18页a。
② 使行文献亦记载为东莱书院、吕东莱庙、吕祖谦读书堂、吕东莱读书处。
③ 《宋史》卷45《本纪第四十五·理宗五》，清乾隆武英殿刻本，第6页b。
④ （清）黄宗羲：《宋元学案》卷51《东莱学案·成公吕东莱先生祖谦》，清道光二十六年何绍基刻本，第2页b。

"学如伯恭方是能变化气质。"① 吕祖谦还将中原文献②南传，此举不仅延续了北宋时期的孔门学脉，还促进了儒学在中国南方的融合发展。

吕祖谦（亦称吕东莱）虽为婺州人，但其原籍为莱州掖县。吕祖谦始祖（十世祖）为吕梦奇。梦奇，莱州人，五代后唐时，累官至户部侍郎。③ 吕梦奇有二子，长子为龟图，次子为龟祥。吕龟图曾担任后周的起居郎一职，后举家南迁至寿州（今安徽省淮南市凤台县）。④ 明末，吕氏一脉虽已南迁，但自后唐时起，吕氏家族便与莱州就有着很深的渊源。明清时期，莱州人建立祠堂祭祀吕祖谦，并建立以其名字命名的书院，以期长久传承其精神和学说。与朱熹齐名的南宋大儒吕祖谦，其诸多思想为朝鲜儒学学者所认同和接受，故许多朝鲜使臣不顾行程的紧迫，特地前往吕东莱书院进行祭拜。

> （三月）十八日，到莱州府。入西城门，下马于文庙，守殿者开锁，至圣以下皆塑像冕服，遂谒庙而行。东莱书院在文庙之东，府衙之傍，其堂名曰"深远"，亦塑像。
>
> ——李民宬《癸亥朝天录》

天启三年三月十八日，李民宬一行自莱州府西城门武定门进入莱州府城，穿城而过，来到距东门不远的莱州府文庙（莱州府学）。见到朝鲜使臣的到来，文庙的看守人员为其打开大门。朝鲜使臣一行进入文庙大成殿内拜祭孔子等诸先贤。与李民宬认知不同，其在文庙内见到的神位并不是木质牌位，而是泥质塑像，对此，李民宬留下了《东莱郡谒文庙》一诗。

---

① "祖谦学以关、洛为宗，而旁稽载籍，不见涯涘。心平气和，不立崖异，一时英伟卓荦之士，皆归心焉。"（《宋史》卷434《列传第一百九十三·儒林四》，清乾隆武英殿刻本，第4页b）

② "'中原文献'，源自吕祖谦之说，其内涵既包括有形的图籍、金石等文化载体，也包括朝廷的典章、制度、家法等政治层面的凭依，更包括无形的学术文化精神。"［王建生：《吕祖谦的中原文献南传之功》，《浙江师范大学学报》（社会科学版）2015年第3期］

③ 王珂：《明末使行文献中的中华共同体意识初探》，《潍坊学院学报》2020年第5期。

④ 参见《大明一统志》卷25《莱州府》，明天顺五年内府刻本，第17页b；杨松水：《两宋寿州吕氏家族著述研究》，黄山书社2012年版，第25—73、346页。

东莱郡谒文庙

文献三齐有足征，衣冠千古继绳绳。

儒宫俎豆陈仪盛，学制师生积废兴。

尧颡禹腰凭面谒，曾唯颜喟若亲承。

东莱书院长邻近，入室分明自此升。

——李民宬《燕槎唱酬集》

文献，此处指儒家经典。三齐，秦灭亡后，项羽以齐国故地分立齐、胶东、济北三国，境域皆在今山东东部。后泛以"三齐"指代山东东部。绳绳，绵绵不绝的样子。儒宫，古代官方设立的学校。俎豆，即俎和豆，古代祭祀时的两种礼器，泛指各种祭祀礼器。学制，学校制度。尧颡禹腰，尧帝的额头、禹帝的腰，形容孔子的外貌。典出《孔子家语·困誓》："东门外有一人焉……其头似尧……自腰已下，不及禹者三寸，累然如丧家之狗。"[1]

诗的首联意为，文庙所在的莱州是齐国故地。自春秋末期开始，儒家经典及文明礼教在这里完好的保存并不断地传承。颔联和颈联言及，莱州府文庙内供奉着儒家诸贤神像并为其举行盛大的祭祀活动。虽有兴亡盛衰的曲折，但是在此学习的学者和儒生代代承袭儒家学统。与朝鲜文庙内的陈设不同，莱州府文庙内的神位是塑像，这让站在塑像前的作者犹如真的面见圣贤并受其教诲一般，弥补了他们在朝鲜只能通过画像、拜谒诸圣贤的遗憾。尾联意为，作者所站之处的莱州府学与吕东莱书院相隔很近，分别隶属两所学校的儒生虽然出入和学习在不同场所，但是他们的目标只有一个，那就是学习儒家之道，培养自己的人格，提高素养和学问。在拜祭完圣贤后，李民宬一行便来到了位于文庙东侧的吕东莱书院，进入书院内名为"深远堂"的吕成公祠堂，拜谒了祠堂内供奉的吕祖谦塑像。

（九月）十五日，丙寅。……宿莱州掖城县东关。……城内有吕东莱书院，一州儒生尊奉之云。十六日，丁卯，宿灰埠驿。早

---

[1]《孔子家语》卷5，四部丛刊景明翻宋本，第13页 b。

朝，寻<u>东莱书院</u>，庭隅有翰林修撰毛纪所制碑。毛公后为大学士。

——李德泂《朝天录—云航海录》

天启四年九月十五日，李德泂等使臣到达并夜宿莱州府城东关，后听闻城内莱州儒生十分尊崇吕东莱书院。因吕东莱书院在莱州府城的东部，与朝鲜使臣住宿的莱州府东关（今莱州市府前街与文昌南路交汇处附近）相距较近，故在第二日清晨，李德泂等使臣特地前往吕东莱书院。经过刻有书院名称的石质坊门后，朝鲜使臣在戟门、照壁与讲堂之间的庭院内看到一座石碑，其上为明代大学士毛纪撰写的《移建东莱书院记》。同行的书状官洪翼汉不仅十分详细地记载了朝鲜使臣团参观吕东莱书院及书院内的碑刻，还记载了本人与书院儒生进行了友好互动的内容。

（九月）十六日，早朝穿城，入<u>东莱书院</u>，庙有塑像，拜礼毕，周观院中，庭隅大碑，即本州人大学士毛纪为翰林修撰时所制文也。有六七青衿肄业，求诗甚恳，题示一律。诸生览了，起敬曰："惯闻<u>东国</u>能诗，果然。"固请酬答，则力辞曰："雕虫小技，安敢当五凤楼手哉！"以吾恶诗得彼美名，可笑。

——洪翼汉《花浦先生朝天航海录》

九月十六日早上，朝鲜使臣自莱州府东门澄清门进入莱州府城，随后入吕东莱书院内的吕成公祠拜谒吕祖谦塑像。在行完拜礼之后，参观了书院。书院中学习的儒生见到意外来访的朝鲜使臣十分意外和高兴，极其恳切地希望使臣能够赋诗一首。对此，洪翼汉认为其"求诗甚恳，题以示之"[1]，故创作如下诗作。

题赠<u>吕东莱书院</u>诸学子[2]

汗竹知名旧，祠坛览德辉。

---

① "朝天时，历入吕东莱书院，庙有塑像，拜礼毕。适有六七青衿，方聚肄业，求诗甚恳，题以示之。"［朝鲜］洪翼汉：《花浦先生文集》卷1，韩国忠南大学图书馆藏本，第2页a。

② 诗题为本书作者添加。

至今遗泽在，当日大鸣归。

远客鱼千里，诸生鸟数飞。

白纷游北学，深愧晚抠衣。

——《花浦先生文集》①

　　鱼千里，谓鱼游千里。典出《关尹子》："以盆为沼，以石为岛，鱼环游之，不知其几千万里而不穷也。"② 此处指摆脱井底之蛙那样的狭小世界，接触更为非凡的事物。鸟数飞，鸟无数次地练习飞翔的本领，意为指学而不止。语出朱熹《四书章句集注》："习，鸟数飞也。学之不已，如鸟数飞也。"③ 白纷，谓幼时学艺，到白头还纷乱不清。形容到老无所成就。语出汉扬雄《法言》："童而习之，白纷如也。"李轨注："言皓首而乱。"④ 北学，由南方来到北方学习，此处指自朝鲜来到中国学习。语出《孟子·滕文公上》："陈良，楚产也，悦周公、仲尼之道，北学于中国。"⑤ 抠衣，提起衣服前襟，向对方表示恭敬。《礼记·曲礼上》："抠衣趋隅，必慎唯诺。"⑥

　　前两联是说，通过历史典籍，可以了解到吕祖谦之名十分久远。时至今日，吕氏一族的恩德依旧留存在其故里——莱州。南迁的吕氏一族名扬海内外，以书院的形式回归故里，继续激励着家乡的后学。后两联是说，朝鲜使臣像小池塘里的鱼儿一样，不远万里来到明朝，接触到中国的先进优秀文化。东莱吕先生书院的诸学子像练习飞翔鸟儿一样，从不停歇，学习并传承吕祖谦的精神和学术。自己虽自幼习读儒家经典，但老无所成，自己还需要来到明朝进一步学习，对此羞愧难当，并提起衣服前襟以示敬意。洪翼汉在此诗中不仅称赞了吕祖谦远播的声名、其杰出的学说和精神，而且以较为谦卑的口吻，引经据典，表达对中华文明的尊崇与认同。

---

① ［朝鲜］洪翼汉：《花浦先生文集》卷1，韩国忠南大学图书馆藏本，第2页b。
② （周）尹喜：《关尹子·字篇》，明万历刻字汇本，第3页a。
③ （宋）朱熹：《四书章句集注·论语》卷1，淳佑八年十二年递修本，第1页b。
④ （汉）扬雄：《法言》，四部丛刊景宋本，第3页a。
⑤ 《孟子》卷5《滕文公章句（上）》，四部丛刊景宋本，第12页b。
⑥ 《礼记》卷1《曲礼（上）第一》，四部丛刊景宋本，第5页b。

书生们传递着看了洪翼汉所作的诗后，尊敬地对使臣说，"惯闻东国能诗，果然"。心怀敬佩的书生们一再地想要答谢朝鲜使臣，但洪翼汉说到，刚才所作的诗不过是微末之作，不足挂齿。五凤楼手，亦为造五凤楼手，比喻善写文章的人。为何偏居一隅的东莱吕先生书院的书生会高兴地与朝鲜使臣攀谈、索诗，且经常听到朝鲜人能作诗的传言呢？其一，如第二章第三节所述，因在万历壬辰战争（壬辰倭乱）期间，上至莱州府官员，下至莱州府百姓都曾积极地投身到抗倭援朝的战争中，对隔海相望的朝鲜半岛有着唇亡齿寒的认识，对于朝鲜使臣依旧保持着较为亲善的态度。其二，在壬辰战争之前，"中国虽妇人女子、三尺之童莫不闻朝鲜礼仪、文学之盛"①。壬辰战争期间，中朝人员往来更加频繁，明军将领或随行文人在朝鲜搜集了许多朝鲜文人所作的汉诗并摘录成册，在中国刊行，让中国文人了解到朝鲜汉诗"其声和平不迫，稚淡不华……雄健畅博之象宛然其中"② 的特点，在这其中以《朝鲜诗选》最为有名。督饷朝鲜的韩初命也为《朝鲜诗选》撰写了序文。韩初命在朝鲜读到吴明济所搜集的汉诗时，对朝鲜汉诗的喜爱达到了"读之忘倦"的程度。故作为韩初命家乡的学子皆"惯闻东国能诗"，亦不足为奇。

副使吴翿亦在《莱州》一诗中，记述了其一行拜谒吕东莱的内容，抒发了对吕祖谦的仰慕之情。

莱州③

群山赴海碧崔嵬，无数楼台表里开。

秦汉神仙皆妄耳，宋朝唯有吕东莱。

——吴翿《朝天诗》

诗的前两句描述了朝鲜使臣在来莱州途中看到的自然地理环境以及莱州府城内外鳞次栉比的建筑、坊表等荣华之景。后两句是说，虽然登

---

① （明）吴明济编，祁庆富校注：《朝鲜诗选校注》，辽宁民族出版社1990年版，第57页。
② （明）吴明济编，祁庆富校注：《朝鲜诗选校注》，辽宁民族出版社1990年版，第239页。
③ 诗题自注："过城中，拜吕东莱庙。"

州、莱州府都流传着秦始皇、汉武帝寻找仙人，以求长生不老的传说，但实际上并没有留下任何痕迹，这样的传说也几乎被遗忘了。虽然吕祖谦的家族早已南迁，但祭祀吕祖谦的吕东莱书院仍旧传承着他的精神和学说。

> （十月）十三日，早发至莱州止宿。中路有吕蒙正先迹，又有吕祖谦读书堂，去朱桥六十里，有一绝诗。
>
> ——全湜《槎行录》

当日，全湜一行自登州府黄山馆驿出发，行六十里到莱州，虽不知使臣团官员是否进入吕东莱书院进行拜谒，但其却因经过书院有感而发留下了这首七言绝句。

过吕东莱读书堂

家学从来识正传，东南诸子莫之先。
至今依旧藏修地，五尺羞称陆九渊。

> ——全湜《朝天诗》

此诗表达了作者对吕祖谦极高的评价。藏修，指专心学习。五尺在此指男儿。陆九渊（1139—1193），字子静，号象山翁，抚州金溪人，南宋著名理学家、教育家，提出"心即理"的心学命题。此诗前两句提及，正是自幼接受了吕氏家族正统的儒学传授，吕祖谦才取得如此巨大成就，在江浙一带冠绝当时。清代学者黄宗羲（1610—1695）在学术史著作《宋元学案》中，评价吕氏家族"登学案者七世十七人"①。可见吕氏家族不仅是培养出众多在科举考试中金榜题名且官居要职的官宦世家，亦是世代传承家族学术的书香世家。诗的后两句意为，虽然吕氏一脉很久以前就已移居到遥远的南方，但莱州府任然创立并维持着吕东莱书院，传承着吕祖谦的正统儒学。

---

① （清）黄宗羲：《宋元学案》卷19《范吕诸儒学案》，清道光二十六年何绍基刻本，第6页b。

天启六年，圣节兼谢恩陈奏使臣团书状官金地粹留下了《过吕东莱读书处》的七言绝句。

过吕东莱读书处

书楼何处客伤情，苔地秋多野树声。
当代岂无贤学士，后人惟道吕先生。

——金地粹《朝天录》

诗的前两句意为，专供学子们潜心研习的吕东莱书院内肃穆庄严，这样的氛围甚至让远道而来的访客心生伤感。入目之处是长满青色苔藓的地面，渐凉的秋风吹过，入耳之声是树叶摇曳的声音。诗的后两句提及，虽然时至今日，莱州府有很多才高行洁的名士，但是当地民众却只谈论和称赞吕祖谦。数百年来，吕祖谦家乡——莱州府的人们未曾遗忘吕祖谦，并一直传承着他的精神和学说。对此，金地粹极尽赞扬和感叹。

除以上朝鲜使臣在使行文献中记载了前往参观吕东莱书院，拜谒吕祖谦塑像神位，并留下诗作外，还有朝鲜使臣在使行文献中简略地提及或描绘了吕东莱和东莱书院。1624 年，与谢恩兼奏请朝鲜使臣团书状官李德泂同船来到中国的画员绘有《航海朝天图》。[①]《航海朝天图》不仅仅是当时朝鲜使臣团为确保后续使臣海路使行安全而创作，也是使行所经地的历史写景画。在《航海朝天图》的《齐莱州府》部分，绘画者在描绘莱州府城时，将"吕东莱书院"也画在图中。由于画幅的限制和描绘的重点等原因，绘画者在莱州府城内的北部予以标示。虽采用缩略的描绘方式，但关于吕东莱书院的相关历史记载皆为文字记载，这可以说是极其珍贵的图像记载。

吕东莱书院的前身为莱州府治西南处的"吕成公祠"。吕成公祠始建于明景泰甲戌，即景泰五年（1454），是"祀宋吕祖谦"[②] 的祠堂。成化庚寅，即成化六年（1470）迁至莱州府掖县县学东侧。明正德六

---

① ［韩国］林基中：《航海朝天图的形成过程及原本考证》，《东亚语文学》2009 年第 52 期。
② 雍正《山东通志》卷 21《秩祀志》，清文渊阁四库全书本，第 24 页 b。

图 2-26 《航海朝天图》之《齐莱州府》图中的"吕东莱书院"

年（1511），宪副王良臣①奉命巡察登莱海道进驻莱州。闲暇时，王良臣前往府学看到府学东南角荒废的寺庙，感叹道："东莱先生为此邦之望，而书院未备，兹地若有待耶？"② 莱州府知府徐朝元等当地官员听闻后，都对此建议十分赞成。当时"吕成公祠"所在之处地势低洼，面积狭小，仅能容下祠堂，且无讲习授经的堂舍，难以"称表先贤，

---

① 明代掌管一省的官员称为按察使，为正三品，亦敬称为"宪台"。其下为按察副使，为正四品，敬称为"宪副"。"王良臣，陈州人，弘治六年（1493）进士，官南京御史。（刘）瑾诛，起山东副使，终按察使"（《明史》卷188《列传第七十六》，清乾隆四年武英殿校刻本，第11页b）。

② 万历《莱州府志》卷3《学校》，明万历三十二年刻本，第108页b。

而厉来学之意"①。故宪副王良臣、知府徐朝元命人筹划相关工作，建造书院。正德甲戌，即正德九年（1514），书院建成后，吕成公祠亦迁至书院内，并合称东莱书院。②此时的东莱书院"中为堂八楹，南向，扁曰'主静'，书《太极图说》于两壁。左右屋各十八楹，其南而西，因故隙地，并易民址。又南向北，各为屋八楹，东西如之。楣咸有扁，以'心性诚敬'之义为名。重门周序，庖圃屏甬，黝垩皆以法。南临能衢，大书以石，题曰'东莱书院'。凡夫缔造坚良，位置轩整，不事采藻，而靓雅邃严，焕然在目"③。万历八年（1580），朝廷"诏毁天下书院"④，东莱书院改为"吕先生祠"。万历庚辰，即万历三十年莱州府知府龙文明在原址之处，将"吕先生祠"复修为书院。⑤这应是明代末期朝鲜使臣途经莱州府时，所见到的"吕东莱书院"。依明末名臣赵秉忠⑥的《重建东莱吕先生书院记》，可以还原出当时朝鲜使臣见到的"东莱吕先生书院"的概貌。

> 坊门一，大书"东莱吕先生书院"。肃道而入，为戟门，为照墙，为棹楔。中为讲堂五楹，又进为先生祠堂三楹，耳房二楹，前后书舍翼列于堂之左右者共十六楹，庖湢称是。辟以驰道，镣以高垣，黝垩丹漆，绚烂环玮是役也。虽因旧为新，而是宏隘壮朴，先生道学斌斌振起矣！⑦

①　万历《莱州府志》卷3《学校》，明万历三十二年刻本，第108页 b。
②　王珂：《明末使行文献中的中华共同体意识初探》，《潍坊学院学报》2020年第5期。
③　（明）毛纪：《移建东莱书院记》，乾隆《掖县志》卷6《艺文·记》，清乾隆二十三年刊本版，第72页 b—73页 a。
④　《明会要》卷26《学校（下）》，清光绪广雅书局刻本，第3页 a。
⑤　王珂：《明末使行文献中的中华共同体意识初探》，《潍坊学院学报》2020年第5期。
⑥　"赵秉忠，字季卿，号峰阳，（山东青州府）益都人。万历戊戌廷对第一人，授修撰。甲辰分闱，得大学士高阳孙承宗，晋右庶子。壬子典试江南，所取士如张玮、姚希孟之介直，周顺昌之节，皆为一代名臣，得人之盛，从来所罕有也。充经筵日讲官，启沃甚多，疏请加建文皇帝庙号，累官至正詹事，晋礼部尚书。忤珰与刘钟英，同削夺归里。忠丰仪秀伟，论议剀切，敷讲阙廷，多见嘉赏。殁后，魏党败，赠太子太保，赐祭葬。所著《峄山集》。"（康熙《山东通志》卷41《人物》，清康熙四十一年刻本，第27页 a）
⑦　（明）赵秉忠：《重建东莱吕先生书院记》，乾隆《莱州府志》卷13《艺文·记》，清乾隆五年刻本，第92页 a。

"南临通衢"且坐北朝南的书院，其入口处为一座石坊门，上书"东莱吕先生书院"几个大字。这说明，万历三十年（1602），书院的名称已由正德九年（1514）的"东莱书院"变更为"东莱吕先生书院"。如前所述，"东莱"为莱州在汉唐时的旧名，且由于吕祖谦祖籍莱州，人称东莱先生。故"东莱书院"之名中的"东莱"是指地名的"东莱"，还是指宋代名儒吕祖谦别称的"东莱"，容易让人产生混淆，便难以彰显吕祖谦之名并劝勉乡人以承其学。故万历三十年，"吕先生祠"复修为书院，① 并更名为"东莱吕先生书院"，以期"将后之髦士肄业其中，颂先生诗，读先生书，习先生礼器"②，更好地传承发扬吕祖谦的精神和学说。由此可知，吕东莱书院、东莱书院、吕东莱庙、吕祖谦读书堂、吕东莱读书处等称谓皆为朝鲜使臣见到"东莱吕先生书院"石坊门或听闻当地人的介绍后，依朝鲜习俗记载且带有主观色彩的名称。为保证行文一致，后文依使臣的记述习惯，使用"吕东莱书院"一词。

经石坊门，沿路入内便为戟门、照墙和棹楔。"戟门"，即以戟为门。戟原为中国古代兵器，唐代始立戟于门，以显身份和地位。宋代，戟门所立之处一般为官府或兵部建筑。明代以后，戟门成为孔庙和文庙建筑中的重要组成部分。③ 这也从侧面说明，当地官绅对于吕东莱书院的重视程度。照墙亦称为照壁、照壁墙、影壁、露墙，一般建于建筑物或大门之前，起到遮蔽或装饰的作用。棹楔，一种能悬挂匾额的装置。再往前为五间授经习儒的讲堂。其后为三间祭祀吕祖谦的祠堂，其两侧为体量较小的附属建筑。讲堂与祠堂为吕东莱书院的主体建筑，围绕主体建筑是十六间供儒生起居学习的书舍，除此之外，厨房、浴室等也一应俱全。

书院内还有刻有明代毛纪④和赵秉忠撰写的《移建东莱书院记》

---

① 王珂：《明末使行文献中的中华共同体意识初探》，《潍坊学院学报》2020 年第 5 期。

② （明）毛纪：《移建东莱书院记》，乾隆《掖县志》卷 6《艺文·记》，清乾隆二十三年刊本版，第 73 页 b。

③ 刘东平：《浅谈从戟到戟门的历史变迁》，载西安碑林博物馆编《碑林集刊》（十三），陕西人民美术出版社 2008 年版，第 300—303 页。

④ "毛纪，字维之，掖（县）人。成化丙午（1486）举乡试第一，丁未（1487）登进士，改翰林庶吉士，授检讨，历官礼部尚书兼大学士，入阁典机务。"（乾隆《莱州府志》卷 10《人物》，清乾隆五年刻本，第 16 页 b）

《重建东莱吕先生书院记》碑记。① 在书院正门外，开辟建筑能够供马车同行的大道，并在书院的四周建起上为黑瓦，下为白面的高墙。周观书院，涂有朱红色油漆的建筑绚烂夺目。虽吕东莱书院是在旧"吕先生祠"的基础之上，复修而来，但气势恢宏。直到清乾隆十年（1745），莱州府掖县"书院有三，最古者曰东莱书院"②，吕东莱书院为莱州乃至全国培养了许多优秀的人才。此后，清顺治乙亥，即顺治十六年（1659）莱州府对吕东莱书院进行了修葺。③ 清康熙二十二年（1683）、五十年（1711）莱州府知府杨声远、陈谦重修吕东莱书院，④ 清宣统年间（1909—1911），因"撤消旧学制"⑤，吕东莱书院被废。时至今日，吕东莱书院早已泯灭在历史的洪流之中。在实地探访的过程中，本书作者在莱州市史志办公室杨曰明主任的带领下找到了吕东莱书

图 2 - 27　"东莱吕先生书院"原址

说明：今莱州市实验小学东侧的空地（现已开发为住宅区）。

---

① 参见乾隆《掖县志》卷7《艺文志·记》，乾隆二十三年刻本，第23页a—25页b。

② 毛赞：《勺亭识小录》卷1《识村镇》，民国二十三年掖县王桂堂曝经草堂钞本版，韩寓群主编《山东文献集成》第2辑第25册，山东大学出版社2007年版，第220页上栏。

③ 参见（清）张永祺《修东莱书院记》，乾隆《掖县志》卷7《记》，乾隆二十三年刻本，第26页b。张永祺，顺天大兴人，进士，顺治十五年任守莱州道。

④ 参见乾隆《莱州府志》卷4《学校》，清乾隆五年刻本，第3页a。

⑤ 民国《四续掖县志》卷3《教育》，民国二十四年铅印本，第42页a。

院原址所在地，即莱州市文昌路街道鼓楼社区莱州市实验小学附近。据莱州市东北隅村村民于成金（男，67岁）介绍，自己从小生活在这里，从其记事起没有听说过东莱书院的事情。但是记得小时候在鼓楼街曾经有许多的石坊表，鼓楼街的地面也是用粗大的条石修筑而成的。对比万历《莱州府志》中的《莱州府城图》，笔者一行确定了明代吕东莱书院石坊门曾立之处及吕东莱书院的大致范围，即莱州市实验小学、莱州市国土局以东，莱州市实验小学东侧未名胡同以西，古城街以北，府前街以南。综上可知，明代吕东莱书院原址当在今莱州市文昌路街道实验小学外东侧的空旷之地，及莱州市国土局以东的居民区。

图 2 - 28　位于"东莱吕先生书院"原址北侧的古代民居

二　孙给事花园①

如前文所述，天启四年九月十五日，谢恩兼奏请使臣团书状官洪翼汉夜宿莱州府城东关刘姓人家。在与主人交谈的过程中，了解到莱州府城城东有吕东莱书院，而城西有"极其佳丽"的孙给事花园。十六日，正使李德泂、副使吴翽、书状官洪翼汉一行自府城东关出发，进东门澄

---

① 使行文献亦记载为孙善继花园、孙给事善继花园、孙黄门善继花园。

清门，先前往东莱吕先生书院拜谒后，又前往孙给事花园游赏。

> （九月）十六日……早朝，寻东莱书院……因过花园。重楼叠阁，拟于皇居，台沼曲曲，砌皆玉石，奇观异景，不可胜状。其中清涟一洞，石假三峰，尤绝奇。小西有高楼，楼前凿池，养五色鱼，黑白黄赤之队，洋洋上下。池中矗石为岛，立无梁阁。楼上有菊花五十余盆。
>
> ——李德泂《朝天录－云航海录》

> （九月）十六日，晴。早朝穿城，入东莱书院……因过孙给事花园，则亭榭台沼，曲曲可赏；千芳万卉，芬馥左右；茂林修竹，掩映前后；池塘阶砌，玉石砻密；燠室凉堂，朱翠眩烂。其中清涟一洞，石假三峰，尤为环奇。小西别起高楼，飞薨缥缈，势逼云霄。楼前凿池，方可百余亩，池心矗石为岛，立无梁阁。池中种五色鱼，洋洋同队，而楼上卓菊花五十余盆，秀才三四人，礼遇颇款。楼工时未断手，役徒数百人，呼呀斧巨，雷动一巷。凡物骇瞩，不可具状。而概论其奢丽，则虽穷一国之力未易办也。
>
> ——洪翼汉《花浦先生朝天航海录》

因朝鲜使臣需穿城而过，自府城西门定海门启程，踏上进京之路。而孙给事花园位置在前行之路旁，故朝鲜使臣称"因过花园"。结合李德泂和洪翼汉的记述，可以大致还原出孙给事花园的景象。自门而入，曲幽之径通往园内。小径旁皆为可赏之景，有亭阁台榭、"千芳万卉"和"茂林修竹"。丰富的植物和多样的建筑物增加了花园的空间层次，给人置身诗画之感。通往花园核心景观的小径和诸多造景皆以汉白玉铺砌或构筑。汉白玉质地纯白细腻，硬度较高，自古以来都是较为贵重的建筑材料。花园的核心景观有二：其一，"清涟洞"，其上有三座假石山。对此，李德泂认为"尤绝奇"，洪翼汉亦认为"尤为环奇"。其二，假石山之西高耸的阁楼与人工池塘。依洪翼汉的描述，孙给事花园中的池塘面积可能约有百亩之大。如依洪翼汉的记述，该池塘称为湖更为合适。湖中有数量众多的各色锦鲤，甚至在湖心建有人工岛，其上还有立石及阁楼。孙给事花园呈现出的景象让见过朝鲜景福宫（国王居住的宫殿群）亭阁池沼的李德洄发出了"重楼叠阁拟于皇居"的感叹，认为山水交融的孙给事花园的建筑规制可比拟朝鲜国王之居室。正因如此，李德洄和洪翼汉等朝鲜使臣对仅为给事中一职的花园主人怎会有如此的财力兴建"奇观异景，不可胜状"的花园感到极为疑惑，且当时花园主人对如此极尽奢靡之景并不满足，而是继续修筑、装饰，"役徒数百人，呼呀斧巨，雷动一巷，凡物骇瞩，不可具状"。

　　余私自怪之，心语于口曰："不可穷者，奢也；不可极者，丽也。天子尚然，而况于匹夫乎？昔李德裕，唐之良相，平泉一庄，竟贾子孙祸，人到于今笑之。给事何官，乃敢如是？"行到一处，遇士人，孤介人也。语及之，且问其世业贫富，士人笑曰"孙公善继曾为给事中，先皇朝受武人金①五万两，因得为富家翁，坐是沉屈，于今三十年，年垂八十，老无能为。而曩始除尚宝寺丞，将往京里"云。士人姓朱氏，延光其名。呜呼！古人云："人君怙侈，自丧其国，匹夫骄奢，自丧其身。"殆善继之谓欤！善继以清朝坐废之人，敢玷录用之籍，亦可以观世变矣。

　　　　　　　　　　　　　　　　　——洪翼汉《花浦先生朝天航海录》

　　盖孙给事善继曾受赂五万金，坐是沉屈，而人皆唾鄙。未知金谷之富，比此何如。大国官吏禄俸虽优，而能致甲第巨富者，不贪则不能焉，况我小国官吏乎。

　　　　　　　　　　　　　　　　　——李德洄《朝天录一云航海录》

对于孙给事营造如此奢华的花园，洪翼汉批判道"不可穷者，奢也；不可极者，丽也。天子尚然，而况于匹夫乎？"皇帝都无法随心而欲地"奢""丽"，平常之人就更不能如此。洪翼汉又联想到中唐时期著名的宰相李德裕（787—850）与其修建的平泉庄。据《旧唐书》记载，② 李德裕曾在唐东都洛阳的"伊阙南置平泉别墅，清流翠筱，树石

---

　　①　货币的计量单位，明代一两白银为一金。
　　②　参见《旧唐书》卷174《列传第一百二十四·李德裕》，百衲本二十四史景宋刻本配补明覆宋本，第12页 b。

幽奇",但"入相三十年不复重游"。因党争,李德裕相继被贬为潮州司马及崖州司户,至死未能再入平泉庄。洪翼汉认为就连唐朝名相李德裕在营造如此豪华的庄园后,都未能如其所愿在平泉庄内颐养天年,并给子孙带来了诸多祸患。平泉庄之事,时至今日仍为笑柄,更何况一个官职较低的给事中。当然,洪翼汉对偏居一隅的给事如何能营造如此规模的花园颇感兴趣。从孙给事花园游赏完后,在路上偶遇一位看起来较为耿直的儒生朱延光,洪翼汉便派译官上前询问有关孙给事的情况。据该莱州府儒生讲述,孙善继曾做过给事中一职,并在万历年间曾收受武将五万两的贿赂,一夜暴富。在孙善继"老无能为"的"年垂八十"之际,听说还前往京师,担任尚宝寺丞一职。洪翼汉在感叹"人君怙侈,自丧其国,匹夫骄奢,自丧其身。殆善继之谓欤",同时又认为贪污受贿如此之巨的孙善继都能"玷录用之籍",可以看出明朝的世道变了。与此同时,同行的李德泂推测"孙给事善继曾受赂五万金",故"坐是沉屈","人皆唾鄙",并认为"大国官吏禄俸虽优,而能致甲第巨富者,不贪则不能焉"。但值得注意的是,朝鲜使臣所转述莱州府儒生的介绍与方志中有关孙善继的记载相去甚远。

例一:

> 孙善继,字却浮。由进士出知蕲水,时值奇荒,善继设法以赈,所活无算。次年大熟,修城垣,葺学宫、公廨、谯楼,蕲人至今称之。入名宦,擢兵科给事中。疾诸词臣优游闲处,计日待迁,请定额数黜陟之法。……迁工科,岁省浮费数万缗。以与时龃龉,挂冠竟归。吏部纠擅去诸臣,遂与顾天峻等同削籍。起补行入司正,不赴。归而构园亭,辟别墅,极丝竹之娱。所著诗文亦华赡。

——乾隆《掖县志》①

例二:

① 乾隆《掖县志》卷4《政治》,乾隆二十三年刻本,第28页 b—29页 a。

孙善继，字却孚①……万历十七年冬，知县事。下车即值岁荒，与庠生杨永贯计，出积谷六千石，四门煮粥，以食城中饥者……乃登门拜请，黎为捐金千四百两，买湖南米发赈，民赖存活。任蕲七载，以艰去。

——乾隆《蕲水县志》②

如上述方志的记载，孙善继进士出身，在明万历十七年（1589）进士及第，并出任蕲水县（今湖北黄冈浠水县）知县。在任期间正遇荒年，民不聊生，孙善继为民请捐，以此款项买米赈灾，使诸多民众得以存活。在次年粮食丰收之际，孙善继又修葺了蕲水县的城墙、学宫等建筑，被民众称为名宦。万历二十四年（1596）升任兵科给事中，在任职期间颇有作为，"请定额数黜陟之法"。其后任工科给事中，"岁省浮费数万缗"，因"与时龃龉"，而上疏辞官，未经批准而罢官。其后与顾天峻等人被一同取消官籍，吏部为其补"行人司正"一职，孙善继并未赴任而返回掖县。弃官归乡的孙善继在掖县"构园亭，辟别墅，极丝竹之娱"，其"著诗文亦华赡"。挂冠，典出晋袁宏《后汉纪·光武帝纪五》："（逢萌）闻王莽居摄，子宇谏，莽杀之。萌会友人曰：'三纲绝矣，祸将及人。'即解衣冠，挂东都城门，将家属客于辽东。"③指为官之人不同流合污而辞官归隐。相较而言，乾隆《掖县志》与乾隆《蕲水县志》对孙善继的记载都极为正面，并未像洪翼汉与李德洞所听说的那样，孙善继贪污无数而挥霍无度。另外，据洪翼汉的转述，在其到达莱州之时，孙善继已"坐是沉屈"三十年，结合洪翼汉到达莱州的时间为天启四年，孙善继罢官归乡之时应为万历二十三年，这与史料中的记载相左。

此外，乾隆《莱州府志》还收录了孙善继《吴生窟室画松歌》④一诗。吴生，即吴义之，苏州人，善丹青，号金碧道人。曾客居掖县孙黄门善继家，为西石园窟室画松，孙善继为此做了《吴生窟室画松歌》

---

① 关于孙善继的字号，乾隆《掖县志》与乾隆《蕲水县志》的记载并不一致，存疑待考。
② 乾隆《蕲水县志》卷6《职官志》，清乾隆五十九年刻本，第26页a。
③ （晋）袁宏：《后汉纪》卷5，四部丛刊景明翻宋刻本，第9页b。
④ 参见乾隆《莱州府志》卷15《艺文（下）》，清乾隆五年刻本，第100页a。

一诗。此外，据相关方志记载，① 孙善继在莱州府城西门内的赵关祠前铸造高数尺的铁鼎；在莱州府城西关大道旁设数十亩黄门义田；在莱州府城西南的亚禄山之上，修筑亚禄亭；万历三十七年（1609），明朝廷还为赋闲在家的孙善继竖立了"清朝②谏议坊"。使行文献与方志的不同记载表明李德洞和洪翼汉等朝鲜使臣转述的内容，或带有较为浓重的主观色彩。但为何仅任给事中一职的孙善继有足够的财力营造令朝鲜使臣赞叹不已的园林，各种缘由存疑待考。对于如此奢华的中式园林，副使吴翻留下了《掖县，游孙给事花园》一诗。

掖县，游孙给事花园

傍海寻真足自娱，眼中楼观似玄都。

花檐日暖眠鹦鹉，水槛风微响辘轳。

竺岭飞来千仞蠹③，洞天深处一尘无。

兹游恐被儿曹觉，酒满仙人白玉壶。

——吴翻《燕行诗》

玄都，神话中仙人居住的地方。水槛，靠近水边的栏杆。儿曹，孩童。在孙给事花园中，作者见到"似玄都"的楼阁、秋日下睡眠的"鹦鹉"、临槛可望的人工湖、如"千仞蠹"的"竺岭"、"一尘无"的人造洞窟。这些美景让作者情不自禁地要"酒满仙人白玉壶"，举杯纪念这平生难以忘却的园林之游。依吴翻在诗中自注"石假山甚壮，上有亭舍，颇敞豁"，假山底部的土山应十分巨大。但其所去之洞窟并未言明在何处，只能推测所去洞窟应十分幽深。据乾隆《掖县志》记载，④此山为孙善继垒土而来，所用之土应为园内凿池之土，以此土所造之洞

---

① 参见乾隆《掖县志》卷1《古迹》，清乾隆二十三年刊本，第29页a；民国《四续掖县志》卷3《慈善》，民国二十四年铅印本，第31页b—32页a；乾隆《掖县志》卷1《山川》，清乾隆二十三年刊本，第13页b；民国《四续掖县志》卷5《坊表》，民国二十四年铅印本，第38页a。

② 清朝，指清明的朝廷。

③ 诗自注："石假山甚壮，上有亭舍，颇敞豁。"

④ 参见乾隆《掖县志》卷1《古迹》，清乾隆二十三年刊本，第28页b—19页a。

名为"窟室"，内有吴义之的画松。或因窟室幽深，无照明的火把，李德洞、吴翻、洪翼汉等朝鲜使臣并未见到此画。此外，天启六年圣节兼陈奏使金尚宪亦留有游览孙给事花园有感而发的一首诗作。

莱州孙给事花园①

辇石移花度几岑，舞台歌榭费千金。

十年京洛趋朝去，门掩秋风落叶深。

——金尚宪《朝天录》

　　辇石，用车载石。岑，山小且高。京洛，因东周、东汉皆在洛阳建都，故为洛阳的别名，后泛指一国之都。趋朝，位列朝班。全诗提及，用牛车搬运汉白玉，迁移花卉、林、竹都要长途跋涉，翻越诸多山头，目光所及用以观游的池台楼阁必定花费了千两白银。在京为官许多年的人，也难保家门一直富贵，正如这宅门内的落叶一样，在经历盛夏的辉煌后，都会落入尘埃之中。

　　如前所述，朝鲜使臣李德洞和洪翼汉等人在观赏孙给事花园时，花园还未完工，园内还有为数众多的工匠在"呼呀斧巨"，其声之大"雷动一巷"。同年，即天启四年，途经莱州府城的冬至兼圣节使臣团金德承在《天槎大观》中还记述，在孙给事"家之东亦创明楼、池阁"②，其同样"侈壮极巧"且"令人眩目"③。

　　（十月）初九日，晴。早发莱州，由城东门入，历谒吕东莱书院……西门内有孙给事善继林园，循长廊数百步而入，重门别院，书堂棋阁，名花异草，木假石假之类，穷极奢丽，不可胜记。

——申悦道《朝天时闻见事件启》

---

① 题注："给事，名善继。"

② ［朝鲜］金德承：《天槎大观》，《少痊公文集》卷2，韩国国立中央图书馆藏本，第26页a。

③ ［朝鲜］金德承：《天槎大观》，《少痊公文集》卷2，韩国国立中央图书馆藏本，第26页a。

相较于李德泂、洪翼汉等人的记载，申悦道不仅记述了花园内有"棋阁、名花异草、木假、石假"，还记述了"循长廊数百步而入重门"，以及"别院、书堂"等内容。重门，谓层层设门。别院，正宅之外的宅院。可见申悦道所曾游赏的孙给事花园更像是孙善继的府邸，而李德泂、洪翼汉、吴翻等人所去之处更像是供文人雅士观赏娱乐的私人园林。

前文分析吴翻《掖县游孙给事花园》一诗时提及，李德泂、洪翼汉、吴翻等人参观孙给事花园时，曾进入"洞天深处一尘无"的"窟室"。乾隆《掖县志》记载："窟室，（莱州）城西五里太仆毛渠石溪园，后归黄门孙善继。累土为山洞，曰'窟室'。歙人吴义之画松其中，有《黄门及渔阳山人画松歌》。"① 这说明两点：其一，李德泂、洪翼汉、吴翻游赏的孙给事花园并不是新建之园，而是在太仆毛渠石溪园基础之上扩建的花园。其二，李德泂、洪翼汉、吴翻游赏的孙给事花园位于莱州府城西五里，并不在莱州府城西门武定门内。据《渔洋山人自撰年谱注补》记载，② 清顺治十三年（1656）四月，王士祯③去掖县探望其伯兄。五月，游亚禄山林氏园，林氏别墅原为孙黄门家园，因"石几上有黄门画松歌，颇极奇伟，乃和之"④，即为《和窟室画松歌》。此诗的前两句为"黄门园中有窟室，背枕亚禄（山名）临沧溟"⑤。黄门，应为黄门侍郎的简称，即给事中。这说明李德泂、洪翼汉、吴翻游赏的孙给事花园应坐南朝北，背靠掖县亚禄山，南望大海。亚禄山在莱州府城西南五里，为今莱州市永安街道阳关村西侧的福禄山。由此可知，明末朝鲜李德泂、洪翼汉、吴翻及清初文人王士祯所游赏的孙给事花园，应在今莱州市永安街道阳关村附近。问题在于申悦道

① 乾隆《掖县志》卷1《古迹》，清乾隆二十三年刊本，第28页b—19页a。

② 参见（清）王士祯辑，（清）惠栋注补《渔洋山人（王士祯）自撰年谱注补》卷上，清惠氏红豆斋刻本，第13页b。

③ 王士祯，字子真，号阮亭，又号渔阳山人，山东新城人，清初著名的诗人、文人。

④（清）毛赟：《勺亭识小录》卷7上《识诗（上）》，民国二十三年掖县王桂堂曝经草堂钞本，载韩寓群主编《山东文献集成》第2辑第25册，山东大学出版社2007年版，第348页。

⑤（清）毛赟：《勺亭识小录》卷7上《识诗（上）》，民国二十三年掖县王桂堂曝经草堂钞本，载韩寓群主编《山东文献集成》第2辑第25册，山东大学出版社2007年版，第348页上栏。

记述的西门之内的私家园林是否是孙给事花园，抑或是误记？答案是否定的。可由下文郑斗源记载判断。

图2-29　今莱州市永安街道阳关村村碑

（莱州）府城外有尚宝寺卿孙善继者，文科也。置花园，朱楼彩阁风台月榭，相望于奇花异草之间者，殆将千余间。而楼前剩（盛）水开堂（塘），筑以粉石，造以游龙，镇在塘之四隅。塘南聚怪石为山，千峰屹立，立小亭于其上。塘北置石室，由垂虹门而入。臣闻善继曾以银十万两经营云。城内又有花园，与之甲乙，而所居之家，不与（于）此焉。

——郑斗源《朝天记地图》

依郑斗源的记载，可以还原出李德洞等人游赏的孙给事花园完工后的景象，亦可补充使行文献和中国方志未记载的史实。依郑文记述，在莱州府城西门外的孙善继花园，有千余间的朱楼、彩阁、风台、月榭，"相望于奇花异草之间"。赏湖的楼前凿以池塘，四周以粉色条石修砌，在四角分别放置石蛟龙以镇守池塘。在池塘南的是"千峰屹立"的假石山，并在其上建有小亭。此时假石山规模要远大于李德泂"尤绝奇"的"石假三峰"。在池塘之北，有"垂虹门"，即拱桥，其上有门，过此门后即可到吴翻和王士禛等人所曾游赏的"窟室"，内有吴义之的画松石刻，及刻有孙善继《画松歌》的石制几桌。

此外，郑斗源亦提及"闻善继曾以银十万两经营"，令人困惑孙善继之财从何而来。在最后部分，郑斗源阐明了其他朝鲜使臣在记述孙善继花园时出现差异的原因，即"城内又有花园，与之甲乙，而所居之家不与（于）此焉"。换言之，李德泂、吴翻、洪翼汉等朝鲜使臣游赏的私家园林应为莱州府城西南五里，且位于亚禄山之前、掖水西岸的园林，暂称其为"孙黄门善继花园"，而金尚宪、申悦道等朝鲜使臣游赏的私家园林应为莱州府城西门内的园林，暂称其为"孙黄门善继宅"。前者应为供孙善继与文人雅士"极丝竹之娱"的场所，后者则为孙善继居住的宅邸。不论如何，两处宅院"与之甲乙"，皆"穷极奢丽"。

> 孙黄门善继宅，在（莱州府城）西门内路北。黄门雅善营造，又尝官工科都给事。凡所布置，坚厚久远，备极壮丽，仑奂之美，甲于东莱。后售于故鸿胪王公元曦，后截售林太平文荐，今王城府仓，林亦仅有遗址，后统归翟氏。
>
> ——毛赟《勺亭识小录》①

如上文清乾隆年间莱州府掖县文人毛赟所述，孙黄门善继宅位于莱州府城西门内的路北，大致位置在今莱州市文昌路街道雷锋广场南侧一带。毛赟称其"布置坚厚久远，备极壮丽，仑奂之美，甲于东莱"。结合《渔阳年谱》中"五月，游亚禄山林氏园，林氏别墅原为孙黄门家园"②的记载，可知"孙黄门善继花园"和"孙黄门善继宅"应在清

---

① （清）毛赟：《勺亭识小录》卷1《识宅第》，民国二十三年掖县王桂堂曝经草堂钞本，载韩寓群主编《山东文献集成》第2辑第25册，山东大学出版社2007年版，第140页下栏。

② （清）王士禛著，惠栋、金荣注，宫晓卫、孙言诚、周晶、闫昭典点校整理：《渔洋精华录集注》上，齐鲁书社2009年版，第22页。

初被售于林文荐，① 即王士禛所称的"林氏别墅"。或许清乾隆前，当地对"孙黄门善继花园"和"孙黄门善继宅"并未区分命名，这也是除《朝天记地图》外，使行文献记述较为无序的原因。此后，该私家园林被多次转售。

图2-30　自今莱州市永安街道阳关村西侧的福禄山远眺莱州市区

综上所述，按照明代的称谓，从掖县朱桥铺到达莱州府城（掖县县城），朝鲜使臣途经地名依次为：（1）"琅琊上流"橛门；（2）宋辛次膺故里；（3）贾邓铺；（4）王河（汪河、万岁河、万岁桥、万岁沙、礼河）；（5）平里店（蓬里铺、蓬吕店、平利站、平里店铺）；（6）苏河（水古河、上官河、乾沙河、苏郭河）；（7）莱州（东）二十里铺（水古村）；（8）吕蒙正先迹（"蒙正故里"橛门、军寨子村）；（9）淇水铺（十里铺）；（10）义冢碑（11）侯侍郎墓（兵部左侍郎侯东莱之墓、侍郎侯东莱墓）；（12）莱州（府）城（莱城、齐东莱府、齐莱

---

① "林文荐，字潜之，明末清初掖县人。丰仪秀颀，九岁能书，真书行草冠时，以兄弟为师友。为文深沉刻挚，不染靡俗。中天启丁卯副贡，除知文安，再补赞皇，有能声。仕至太平守，励清节，民有止吸姑水之谣。解组归，日与二三知旧弹棋赋诗，登山临水，如是者十年。有墨藏前后二册，庋于家。"（乾隆《掖县志》卷4《文学》，清乾隆二十三年刊本，第60页a）

图 2 - 31　今福禄山山顶处疑似人工开凿的遗痕（水道）

州府、夜县、莱州府、莱州、莱州掖县城、齐东莱府掖县）；（13）吕东莱书院（东莱书院、吕东莱庙、吕祖谦读书堂、吕东莱读书处）；（14）孙给事（城内）花园（孙善继花园、孙给事善继花园）；（15）孙给事（城外）花园（即孙黄门善继花园）。综合考证、实地考察和采访记录可知，现在的称谓，依次是：（1）莱州市朱桥镇大琅玡村和小琅玡村；（2）莱州市朱桥镇大琅玡村和小琅玡村；（3）莱州市平里店镇贾邓战家村；（4）莱州市王河平里店镇段；（5）莱州市平里店镇平里店村；（6）莱州市苏郭河程郭镇段；（7）莱州市程郭镇前苏村；（8）莱州市程郭镇前苏村与莱州市港城路街道淇水村之间；（9）莱州市港城路街道淇水村；（10）莱州市文昌路街道明珠园东区至文昌广场一带；（11）莱州市港城街道东郎子埠村与西郎子埠村；（12）莱州市市区（南至文泉东路，北达文化东街，东到文昌南路，西至莱州南路）；（13）莱州市文昌路街道实验小学外东侧的空旷之地及莱州市国土局以东的居民区；（14）莱州市文昌路街道雷锋广场南侧一带；（15）莱州市永安街道阳关村附近。此外，依实地考察和采访结果推测，朝鲜使臣还曾途经今莱州市平里店镇柳行村。

第三章　莱州府城至掖县西界

（六月）二十八日，到<u>灰埠驿</u>。（自莱州府城发行）……自<u>登州</u>之东境，山势腾杳，撑突为峰，盘踞为岭，削立为岩嶅。西至于<u>黄县</u>之东，又南至于<u>夜（掖）县</u>之西二百余里，绵亘回拥，气势雄远。村落铺店，相望于三四十里之间。禾谷被野，虽欠杭稻，而黍、粟、稬稉发穟向熟，茬菽、木绵（通"棉"）处处盈畴，一望无际，盖其土田沃饶而然也。

——李民宬《癸亥朝天录》

此记载是对登州府蓬莱县至莱州府平度州灰埠驿区间的整体性记述。"登州之东境"，即隶属登州府的蓬莱县。在蓬莱县的使行沿途，朝鲜使臣所见之山、岭的数量较多，海拔较高，且十分陡峭，这与民国《蓬莱县志》中"蓬境多山，旧有官道，大都崎岖难行"①的记载一致。"黄县之东"，即登州府黄县城以东。"掖县之西"，即莱州府掖县西界以东。自蓬莱县通向黄县的驿道整体为西南—东北走向，且但大多较为平直，会给人以一路平直西行之感，故李民宬记载"西至于黄县之东"。自登州府招远县之新城铺，驿道的走向出现较为明显的变化，即驿道由平缓的东北—西南走向变为近乎垂直的南—北走向，故李民宬记载"又南至于夜（掖）县"。自黄县城以东，南至掖县西界，地势较为平缓，虽沿途所见诸山"绵亘回拥，气势雄远"。此段二百余里的驿道每隔三四十里，都会有村落或店铺。沿途土地肥沃，遍野的谷类作物虽未见粳稻，但黍、粟等作物颗粒饱满，丰收在即。田野中的大豆、木棉

---

① 民国《蓬莱县志》卷2《政治志·道路》，台湾青年进修出版社1961年版，第135页。

等农作物一望无边。腾沓，形容连续不断纷杂而来。岩，高耸的山崖。嶅，山体高耸的样子。禾谷，谷类作物。穄，即秫，指高粱。荏菽，大豆。因进入地势平缓的地带，自莱州府掖县起，朝鲜使臣每日所行路程逐渐增多。

图 3 - 1　今烟台市蓬莱区南关路（南尽头）北侧的西山远景

自莱州府城至掖县西界，朝鲜使臣记载的主要地名有泽沽处（泽民茔）、"东莱书院赡士田"石碑、朗村铺、三十里铺、沽村河、沙河、河沙店、"掖县西交界"石碑等。

第一节　泽沽处（泽民茔）、"东莱书院赡士田"石碑①、朗村铺

> （七月）初七日，早发（莱州城）。平郊之外，林树间多冢墓，立石处亦多有之，曰"泽沽处"，有泽民茔。二十里题石曰"赡学田"，又曰"赡士田"。
>
> ——安璥《驾海朝天录》

天启元年七月七日，安璥一行自莱州府城出发，在莱州府外旷野上，有许多坟墓存在于树林之间，驿道两旁亦竖有"泽沽处"石碑以明示坟墓所在之处为泽民茔。如第三章第五节所述，泽民茔，即义冢，

---

①　使行文献亦记载为赡士田、赡学田、学士田。

为古时安葬贫穷民众的墓地。据万历《莱州府志》记载,①明末莱州府城附近的泽民茔共有三处:一在莱州府城郭西南,二在莱州府阳关西侧,三在莱州府漏泽园以北,位于莱州府城郭西南和莱州府阳关西侧的泽沽处（或泽民茔）符合安璥的记述。莱州府城郭西南,即今莱州市文峰路街道阳关桥以北一带,而莱州府阳关西侧,则为今莱州市文峰路街道阳关村以西一带。道光《再续掖县志》记载:"阳关在(莱州府)西二里。成化二十二年,知府戴瑶建,为迎送之所。"②由此可知,阳关村始建于1486年,为迎送往来官员、客商的场所。杨曰明主任介绍,清初阳关村还有专门看守坟墓的住户。据相关方志记载,③阳关村,1935年,属掖县一区。1943年,属虎崖区。1948年,属掖城区。1956

图3-2　今莱州市文峰路街道阳关村村东的牌楼正面

① 参见万历《莱州府志》卷5《储恤》,明万历三十二年刻本,第46页b。
② 万历《莱州府志》卷5《宫室》,明万历三十二年刻本,第39页b。
③ 参见乾隆《莱州府志》卷2《乡社》,清乾隆五年刻本;民国《四续掖县志》卷2《乡社》,民国二十四年铅印本;莱州市人民政府地名办公室编《山东省莱州市地名志》,内部资料,1996年,第10—66、261页;山东省莱州市史志编纂办公室编《莱州市志》,齐鲁书社1996年版,第43—57页。

年，属城关镇。1958—1982 年，属南十里公社。1992 年，属南十里堡乡。2001 年至今，属文峰路街道。另据戴锡金主任介绍，沿通往京城的驿道自阳关出发会经过五里候旨村。五里候旨村距掖县县城（莱州府城）五里，每逢圣旨到，县官即在此候旨，故得名五里候旨村。五里候旨村位于阳关村西侧，1935 年，曾名五里堠子村，今为永安路街道五里候旨村。

图 3 – 3　今莱州市文峰路街道阳关村村东的牌楼背面

说明：远处是在朝鲜使臣曾途经的"阳关大道"之上扩建的莱州市阳关路。

此外，安璥还记载在七月七日当天，使臣团一行自莱州府西行二十里见到了驿道旁立有"赡学田""赡士田"石碑。赡，供给、供养。学，学校或学习之人。士，儒生、读书人。赡学田和赡士田又称为学田、府学田、县学田、供田、小学田。《清史稿》记载："学田专资建学及赡邮贫士。"[1] 学田为古代用于办学的官田或公田，将地租收益用于祭祀、塾师薪俸、资助读书人等学校方面。学田之制始于南唐时期，

---

① 《清史稿》卷 127《食货一》，中华书局 1977 年版，第 3497 页。

北宋时开始推广，历经南宋、元、明、清各代，一直延续至民国时期。学田的来源主要是各种废弃的官田、官绅捐赠的土地、地方政府拨款购置的土地。学田由专人管理，将田地租给佃户收取佃租。关于明代莱州府掖县境内的学田，乾隆《莱州府志》记载，① 明洪武十五年（1382），莱州府设置三等学田五顷六亩三分四厘，田赋征银十二两九钱七分，供给诸儒生。万历十九年（1591），掖县知县李日煦清出莱州府城正南隅等社的无税地二顷七十四亩，并拨为学田，田赋征银五两。明万历二十一年（1593），莱州府知府刘任先后捐俸银一百一两六分二厘，置学田三处，共二百三十八亩一分三厘，为贫穷的儒生供给生活所需。万历三十年（1602），知府龙文明捐俸置小学田，共九百六十五亩一分七厘，田赋征银供小学、社学及书院运行之费，儒学、寒士亦可取用。万历三十九年（1611），知府陈亮采捐二百六十两，置学田五顷三十五亩七分，储之府库供儒学诸生乡试、科贡之资。综上可知，自明初至明万历年间，莱州府掖县境内的各类学田面积共两千余亩，反映出明代莱州当地对教育的重视。

万历二十一年，莱州知府刘任以及万历三十年，莱州知府龙文明所置学田"皆俱近马邑铺，去城二十余里"②。位于莱州府城南二十余里的马邑铺③是莱州府掖县南通平度州的官方急递铺——二十里铺，今为莱州市柞村镇大马驿村、北马驿村、西马驿村。凤凰山位于莱州府城"西南二十里"④，今为莱州市柞村镇马邑村西侧的凤凰山，万历三十九年，莱州知府陈亮所"置赡士田多在其上"⑤。安璥在七月七日当天还记载，在经莱州府出发二十里后，见"赡学田""赡士田"石碑，行"三十里有馆，门外多盘石"⑥。据万历《莱州府志》记载，⑦ 明末莱州

---

① 参见乾隆《莱州府志》卷3《学校·学田》，清乾隆五年刻本，第3页b。

② 万历《莱州府志》卷3《学校》，明万历三十二年刻本，第110页a。

③ 自莱州府城"南十里至南十里铺，十里至马邑铺，十里至白沙铺，十里至夏邱铺，十五里至平度州高望山铺"（《钦定大清会典事例》卷662《兵部·邮政》，清光绪石印本）。

④ 乾隆《掖县志》卷1《山川》，清乾隆二十三年刊本，第14页b。

⑤ 民国《四续掖县志》卷1《山川》，民国二十四年铅印本，第20页b。

⑥ 参见［朝鲜］安璥《驾海朝天录》，美国哈佛大学燕京图书馆藏本，第28页b。

⑦ "掖县西路通昌邑、潍县，铺六：曰十里、曰朗村、曰杲村、曰英村、曰沙河、曰仪棠，以上各金铺司一名，兵夫三名。"（万历《莱州府志》卷5《驿传》，明万历三十二年刻本，第21页a）

掖县通昌邑县、潍县的急递铺自东向西依次是十里铺、朗村铺、呆村铺、英村铺、沙河铺、仪棠铺。安璥所记述的三十里馆应为掖县西南三十里的朗村铺（后文详述）。因此，安璥一行自莱州府城起程后，或许并未南去马邑铺，而是沿驿路西去经阳关、五里候旨村，过掖县西十里铺、朗村铺后，到达掖县三十里的呆村铺。安璥见到的"赡学田""赡士田"石碑，应在莱州府西南二十里的朗村铺附近，且关于此处学田的记载并没有出现在莱州府和掖县的方志中。除安璥外，天启三年（1623）奏闻（请封）兼辨诬使臣团书状官李民宬亦在来程记载了其途经莱州府城以西的"东莱书院赡士田"。

> （六月）二十八日，丁亥，到灰埠驿。朝……自（莱州府）东门，历城中出西门……过东莱书院赡士田，有碑树于道傍田界。
>
> ——李民宬《癸亥朝天录》

六月二十八日，自莱州府东门澄清门进入莱州府城，穿城而过，出西门武定门后，李民宬一行踏上前往平度州灰埠驿的使行之路。在此段路途中，李民宬应见到了刻有"东莱书院赡士田"的石碑，或是安璥所说的"赡学田""赡士田"石碑，并依各种所获信息，判断见到的"赡士田"为"东莱书院赡士田"。总之，"东莱书院赡士田"应确实存在过。此外，结合安璥的记述，李民宬所见的"东莱书院赡士田"也应位于朗村铺附近。关于东莱书院赡士田，李民宬留有《题东莱书院赡士田碑》和《白沙以余题东莱书院赡士田碑诗，为韵险而难和，遂再选以俟郢斤》两首诗作。

题东莱书院赡士田碑

恭惟大著吕先生，丽泽当时友考亭。

道学源流传后世，儒宫俎豆奉遗灵。

移家婺女瞻桑梓，嗣德东莱仰典刑。

赡士有田经久远，圣朝文治本惟馨。

——李民宬《燕槎唱酬集》

大著，即著作郎或著作佐郎，掌管国史资料及撰述之事的官员，始设于三国时期，明代废除。吕祖谦因曾任国史编修官一职，故称"大著吕先生"。丽泽，即丽泽书院为吕祖谦讲义研习及会友之所，此处亦指吕祖谦。考亭，即是朱熹之号，亦为朱熹曾生活过的地方，在今福建省建阳县西南，此处指朱熹。在考亭，朱熹曾建仓洲精舍并讲学育人，形成了"考亭学派"。吕祖谦与朱熹二人私交长达数十年，往来书信多达百余封，并常不远万里去见对方，谈学论道，结伴而游。重要文字面世前，朱熹都会征询吕祖谦的意见。可以说以吕祖谦为代表的吕学和以朱熹为代表的朱学，在某些部分是互摄互赖的。朱熹还将爱子送到吕祖谦处学习，期望有更大的成就。吕祖谦病逝后，朱熹为其撰写祭文。俎豆指摆放在吕祖谦塑像前的祭器。首联和颔联是说曾任大著郎的吕祖谦值得受人尊重，吕祖谦亦与南宋大儒朱熹交往甚密。吕祖谦的道德学问在其家乡莱州并未被遗忘，东莱吕先生书院的吕成公祠堂内还依旧摆设着各种祭祀的礼器，敬奉着吕祖谦的塑像。

婺女，亦名须女、务女，为二十八宿之一的女宿，此处是借天文上婺女位置指代地理上的婺州。婺州，"《禹贡》：扬州之域"①，"取其地于天文婺女之分，以为州名"②。如第二章第六节所述，吕祖谦之十世祖吕梦奇为莱州人，有龟图和龟祥二子，吕祖谦出自吕龟祥一脉。吕龟祥"（北）宋太平兴国二年（977），登进士及第，为殿中丞知寿州（今安徽省淮南市凤台县）。有惠政及民，民爱留之，不忍舍去，遂家。……其后子孙皆至显官"③。吕祖谦的六世祖吕公著因入朝为官，又举家迁徙至黄河南岸的北宋都城开封。"靖康之变"（1127）后，吕祖谦的曾祖吕好问"随（宋）高宗南渡，宦游婺州居焉"④。自此，吕好问一支便在婺州（今浙江金华）长期居住下来。桑梓，故乡的代称。嗣德，继承高尚的品德。典刑，一成不变的法规，此处指莱州建立东莱吕先生书院传承吕祖谦之学说及以学田维持书院持续发展的制度。颈联

---

① 《大明一统志》卷42《金华府》，明天顺五年内府刻本，第1页a。

② 《太平寰宇记》卷97《江南东道九·婺州》，清文渊阁四库全书本，第6页b。

③ 嘉靖《寿州志》卷7《人物纪》，明刻本，第26页a。

④ （南宋）朱熹：《吕氏世系谱序》，转引黄文翰、吕俊海主编《北宋吕氏八相国》，内部资料，2000年，第165页。

是说吕祖谦的先祖尽管在很久以前就已经南迁，后在婺州（今浙江金华）定居下来，但吕氏一脉仍对故土念念不忘。莱州的家乡父老也未曾忘记南迁的吕氏家族，并不断地传承吕氏家族的美德，而这种持续的传承正是倚靠像东莱吕先生书院和学田这样的制度。尾联是说倚靠赡士田的田赋征银，东莱吕先生书院可以一直存在下去，吕祖谦的学说亦会被乡人不断地传承。明朝以文教礼乐的方式来管理人民，可以使中华文明如德行馨香一般，传播四方。

白沙以余题东莱书院赡士田碑诗，
为韵险而难和，遂再迭以俟郢斤

路傍时雨润嘉生，阅尽长亭复短亭。
乡国遗风崇正学，圣朝祠典像英灵。
道同濂洛惟明理，术异申韩不尚刑。
培养人材知有自，菁莪方属至治馨。

——李民宬《燕槎唱酬集》

与李民宬同行的天启三年（1623）奏闻（请封）兼辨诬使臣团副使尹暄（字次野，号白沙）针对李民宬《题东莱书院赡士田碑》一诗，创作了一首和诗。① 但因和诗"韵险而难和"，李民宬又写下了上面这首诗，以待尹暄的斧削。俟，恭候，恭敬地等候。嘉生，苗壮成长的谷物。长亭短亭，古时设于驿道或路旁用以迎接和送别的建筑物。《白氏六帖事类集》："十里一长亭，五里一短亭。"② 乡国，家乡。祠典，即祀典，有关祭祀礼仪的制度。英灵，指杰出的人才。诗的前两联是说六月的雨水浸润了驿道旁的各类农作物，漫漫使行路已过大半。莱州当地保留着崇尚儒家正统的风俗教化，先贤吕东莱身后四百四十余年，莱州东莱吕

---

① 令人遗憾的是，现流传于世的尹暄《白沙公航海路程日记》为残本，其中并未保留自登州前往北京途中的相关记载，无法查找到该和诗的内容。天启七年（1627），后金军队入侵朝鲜，史称"丁卯之役"（韩国称"丁卯胡乱"）。在此次战争中，尹暄担任副体察使（战时任命且拥有军事指挥权的官职）一职，参加了对后金军队的作战，但因安州和平壤失守，而被问罪下狱并在江华岛斩首示众。在此过程中，《白沙公航海路程日记》散佚较多。

② （唐）白居易：《白氏六帖事类集》卷3《馆驿第十》，四部丛刊景宋本，第57页b。

先生书院的吕成公祠堂仍旧还供奉着吕祖谦塑像，其乡人世代拜谒，传承并推崇提倡着圣贤之道。

濂洛，为濂洛关闽的简称。濂、洛、关、闽是宋代性理学的主要学派，分别指濂溪的周敦颐，洛阳的程颢、程颐，关中的张载，闽中的朱熹。申韩，指战国时期法家代表人物申不害与韩非，主张循名责实，慎赏明罚，典出《汉书·司马迁传》："贾谊、朝错明申韩。"[①] 有自，有其原因。菁莪，典出《诗·小雅·菁菁者莪序》："菁菁者莪，乐育材也，君子能长育人材，则天下喜乐之矣。"[②] 指培育像蒿草一样茂盛繁多的人才。诗的后两联是说，吕祖谦的学说与程朱理学的学说一样，皆重视说教明理的文治之道，而不是像法家那样推崇苛刻的专制。只有不断培育如吕祖谦那样的人才，方能使中华文明广播四方。

明初，伴随着吕祖谦与朱熹合著的《近思录》东传，吕祖谦的学说亦随之受到朝鲜文人的重视。李民宬的《题东莱书院赡士田碑》和《白沙以余题东莱书院赡士田碑诗，为韵险而难和，遂再选以俟郢斤》两首诗反映出自明初至李民宬一行到访莱州的明末，吕祖谦之学说被朝鲜士大夫阶层广泛地接受与认同。正基于此，天启三年，奏闻（请封）兼辨诬使臣团的主要使臣李德泂、吴翽、李民宬一行在返程途经莱州府时，特意前往东莱吕先生书院参观，并拜谒吕祖谦塑像。此外，朝鲜使臣洪翼汉亦记载了"东莱书院赡士田"，只不过这些赡士田位于莱州府城的东侧，而不是安璥和李民宬所记述的莱州府西侧的赡士田。

> （九月）十五日，晴。渡<u>礼河</u>，中火平利站，宿莱州掖县城东<u>关里</u>。（是日行）六十里。……沿途多有<u>东莱书院赡士田</u>，州人之至今崇奉可见矣。
>
> ——洪翼汉《花浦先生朝天航海录》

上文是天启四年，谢恩兼奏请使臣团书状官洪翼汉来程时的记载。

---

① 《汉书》卷62《司马迁传三十二》，清乾隆武英殿刻本。
② 《毛诗》卷9《鹿鸣之什诂训传第十六》，四部丛刊景宋本，第1页b—2页a。

因沿途见到多处"东莱书院赡士田",让洪翼汉感叹四百四十余年后,故乡之人仍旧"崇奉"吕祖谦,设置赡士田以供书院的长久发展,传承吕祖谦的精神与学说。结合安璥与李民宬的记述,可以推断明末莱州府掖县境内,东莱吕先生书院赡士田的面积广大,这从侧面反映出彼时莱州当地对东莱吕先生书院的高度重视。

> (十月)初三日,晴。早发,行五十里,朝饭于朗村铺。午过莱州城外,不入。夕到平里店,宿徐姓人家。是日行百余里云。
>
> ——安璥《驾海朝天录》

上文是天启元年(1621),谢恩、冬至兼圣节使臣团书状官安璥归程中的记载。安璥一行完成使行任务后,自北京返程。十月三日,自莱州府平度州的灰埠驿出发,行五十里至莱州府西南二十里的朗村铺,并在此食用早膳。此后,经莱州府,行三十里,到达莱州府掖县之平里店铺。

图3-4　位于今莱州市虎头崖镇朗村南侧的村碑

明末的朗村铺为今莱州市虎头崖镇朗村。据笔者实地考察,现今朗村还留有大片的农田。另据相关方志记载，① 朗村，位于虎头崖镇镇政府西北 1 千米。聚落呈正方形块状。宋朝时，朗千、郎万居此立村，以姓氏取名朗村。明中后期至清末，为朗村铺，属储积乡。1935 年，属掖县二区。1943 年，属虎崖区。1948 年，属掖城区。1956 年，属虎头崖区。1958 年，属神堂公社。1968 年，属红卫公社。1982 年，属神堂公社。1992 年，属神堂镇。2000 年至今，属虎头崖镇。

图 3 - 5   位于今莱州市虎头崖镇朗村西端的大片农田

说明：据朗村村民介绍此路为西通呆村的老道，此路为古驿道原址的可能性较大。

第二节   （莱州府西）三十里铺②、沽村河

（六月）初十日，晴。……午时，到（莱州）南城外店……掖县知县名王应豫、分巡道张国锐、莱州知府薛国观即调夫马。……

───────────────

① 参见乾隆《莱州府志》卷 2《乡社》，清乾隆五年刻本；民国《四续掖县志》卷 2《乡社》，民国二十四年铅印本；莱州市人民政府地名办公室编《山东省莱州市地名志》，内部资料，1996 年，第 10—66、252 页；山东省莱州市史志编纂办公室编《莱州市志》，齐鲁书社1996 年版，第 43—57 页。

② 使行文献亦记载为三十里馆、三十里店、高村。

发行至三十里，有店，店头有公廨。知县定人设茶水、饭，下轿小歇，送谢帖，仍发行。乘月到<u>灰阜驿</u>，夜深二更矣。

——吴允谦《海槎朝天日录》

（十月）初九日，晴。……午憩<u>三十里铺</u>，所过学田皆立碑为表……夕抵<u>灰阜驿</u>。是日行七十里。

——申悦道《朝天时闻见事件启》

如第二章第六节所述，伴随着天启元年谢恩、冬至兼圣节使行团书状官安璥一行与莱州当地官员之间误会的消除，在得知天启二年登极使吴允谦一行到达莱州府城后，掖县知县王应豫、分巡道张国锐、莱州知府薛国观等莱州府当地官员，立刻为吴允谦协调、调集使行所用役夫和车马，使吴允谦一行较快地踏上前往北京的路途。据万历《莱州府志》的记载，[1] 自莱州府城西行三十里为掖县急递铺之一的杲村铺。六月十日，在莱州当地官员的帮助下，吴允谦一行在午时到达莱州府城稍作休整后，立刻踏上西去之路。当日下午，他们西行三十里到达莱州府掖县之杲村铺。掖县知县王应豫早已命人等候在三十里铺，即杲村铺内，并为吴允谦一行提前准备好了饮用之水、食物。吴允谦下轿休息，并向知县王应豫递送表示答谢的回帖。明月高悬时，吴允谦一行到达莱州平度州之灰阜驿，即灰埠驿。吴允谦六月十日的记载再次说天启元年安璥未能进入莱州府城之事确是一场误会。在误会消解后，掖县知县名王应豫在掖县之平里店铺为返程而未进莱州府城的安璥一行送去品种繁多且"味皆甚佳"的馔品，"以贡缱绻之意"[2]。崇祯元年冬至、圣节兼辨诬使臣团书状官申悦道所记述的"三十里铺"亦为杲村铺。杲村铺为今杲村。据戴锡金主任介绍，杲村位于沙河镇政府驻地东北7.4千米。九顶菊花山南麓，赵站公路东侧，海郑河自村南向西北注入渤海，聚落呈长方形块状。明初，杲姓由四川迁此立村，以姓氏取名杲村。杲村，明中后期至清末，为杲村铺，属储积乡。1935年，属掖县九区杲村乡。1943—1956年，属路旺区。1958—1968年，属徐家公社。1982年，属

---

① 参见万历《莱州府志》卷5《驿传》，明万历三十二年刻本，第21页a。
② ［朝鲜］安璥：《驾海朝天录》，美国哈佛大学燕京图书馆藏本，第68页b。

匡徐公社。1984 年，设杲村村民委员会，属路旺镇。2000 年，划归至
沙河镇。今属莱州市沙河镇。

图 3-6 今莱州市沙河镇杲村村碑

（七月）初七日，早发（莱州府城）……三十里有馆，门外多
盘石，有川曰"沽村河"。

——安璥《驾海朝天录》

（六月）二十八日，丁亥，到灰埠驿。……入自（莱州府）东
门，历城中，出西门。……过东莱书院赡士田……午抵高村，做中
火……抵灰埠，寓张家店。

——李民宬《癸亥朝天录》

如第三章第一节所述，天启元年七月七日，谢恩、冬至兼圣节使臣团书状官安璥一行自莱州府城起程，西行二十里，途经掖县急递铺之一的朗村铺，沿途见到诸多赡学田和赡士田。七月七日，安璥一行在经过朗村铺后，到达"门外多盘石"的三十里馆。盘石，厚而大的石头。馆，招待宾客或旅客食宿的房舍。据乾隆《掖县志》记载，[①] 掖水[②]，即掖县有"八景"[③]，其一为"呆村浪石"。民国《四续掖县志》在记述掖县呆村乡的呆村时，曾提及"呆村浪石在八竟（景）之一"[④]，故安璥曾见的盘石正是位于掖县西三十里急递铺——呆村铺内的"呆村浪石"。安璥还记述了他们一行曾途经呆村铺附近的"沽村河"。呆村附近仅有一条河流，即呆村河。嘉靖《山东通志》记载："呆村河在府城西三十里，自诸马社发源，西流入海。"[⑤] 在前往呆村进行实地考察时，笔者注意到当地村民将"呆村（gǎo cūn）"说为"gāo cūn"，又因莱州方言发音的原因，听话者易将"gāo"音误认为"gū"音。即安璥所记之"沽（gū）"字应为莱州方言"呆（gǎo）"的误记。在语言相异，口语交流存在障碍的情况下，朝鲜使臣对于地名的记述一般依据使臣团随行的通事，即译官的转述。当然，因同属中华文明圈，中朝两国"书同文"，故使臣也可能通过笔谈与当地人交流，从而获得相关信息。因此，"沽村河"误记的情况应是在转述记载的过程中，因莱州方言发音，即"呆（gǎo）"→"呆（gāo）"→"沽（gū）"的原因，安璥将"呆村河（gǎo cūn hé）"记述为"沽村河（gū cūn hé）"。天启三年奏闻（请封）兼辨诬使臣团书状官李民宬将"呆村"误记为"高村"的原因也源于此。

嘉庆《大清一统志》记载："呆村河在掖县西三十里。"[⑥] 另据呆村村民武夫集（男，68岁）的介绍，即当地人称海郑河为呆村河，故安

---

① 参见乾隆《掖县志》卷8，清乾隆二十三年刊本，第59页b—60页b。

② 掖县因掖水而得名，掖水今莱州市南阳河。

③ 清代的掖县八景分别为寒同仙洞、大基名泉、海神画壁、圣水丹霞、三山往潮、燕阜观射、幸台古字、呆村浪石。相关内容参见乾隆《掖县志》卷8，清乾隆二十三年刊本，第59页b—60页b。

④ 民国《四续掖县志》卷2《乡社》，民国二十四年铅印本，第33页a。

⑤ 嘉靖《山东通志》卷6《山川（下）》，明刻本，第35页b—36页a。

⑥ 嘉庆《大清一统志》卷175《莱州府一》，四部丛刊续编本，第12页b。

璿记述的"沽村河"为今呆村南侧的海郑河。据《莱州市地名志》和《莱州市志》记载,①位于莱州市西南的海郑河发源于虎头崖镇朱马王家村东、凤凰山北麓,向西南折西北流经虎头崖镇邵家村,沙河镇朱马、河赵、河刘家、武家、呆村、南河崖、北河崖、前高家、海郑等村,于大李家村北注入渤海。全长 16 千米,河床平均宽 25 米,属季节性河流。

据杨曰明主任和呆村村民武夫集介绍,在呆村的南部,即今呆村南北大街的东侧,曾有一片原生的岩石裸露于地表之上,岩石的高度为四五十厘米。岩石波澜起伏,黑白相间,纹理清晰。远观之,则如风起浪涌,气势磅礴。或因行程紧迫和劳顿之苦,朝鲜使臣在途经呆村铺时并未留下诗作,但通过中国古代诗人的相关诗作可以还原出彼时朝鲜使臣视域中"呆村浪石"的美景。

图 3-7　今位于呆村南侧海郑河旁的河长公示牌

① 参见莱州市人民政府地名办公室编《山东省莱州市地名志》,内部资料,1996 年,第420—421 页;山东省莱州市志编纂委员会编《莱州市志》,齐鲁书社 1996 年版,第 75 页。

图 3 - 8　今位于杲村南侧的海郑河

杲村浪石①

毛式谷②

无风千尺浪，带雨涌潮流。

喷薄蛟龙斗，参差岛屿浮。

酒帘孤锦帆，村屋几渔舟。

望里明禾黍，居然芦狄洲。

　　此诗为毛式谷所作《掖水八景》之一的《杲村浪石》。锦帆，由锦制成的船帆，指装饰华丽的船。首联和颔联描写了作者当时所见杲村浪石时之景。虽旱地无风，但远观高于地表四五十厘米的成片岩石亦有

---

　　①　乾隆《掖县志》卷 8《艺文·诗》，清乾隆二十三年刊本，第 60 页 b。

　　②　毛式谷，掖县人，清代文人，明代大学士毛纪后裔，字贻孙，号西亭，太学生，候选州同。其性格孤高狂傲，胸襟洒落，不治家产，从父毛贡随任天长、颍州，客居扬州、丹阳三十余年，年逾六旬重归掖县。精于诗歌及书法。参见崔文琪《明清时期毛纪及其家族文学研究》，山东大学，硕士学位论文，2018 年，第 14、70—71 页。

"千尺浪"之势，如同带雨之"潮流"浪涌排空。汹涌激荡的浪石犹如"蛟龙斗"，参差不齐的岩石在浪石中像浮萍的岛屿。颈联中，作者将视线由浪石转移到了杲村及杲村河上，即杲村铺内酒馆外悬挂的幌子、远处停靠在皋村河上的华丽之船、村内的民居、停靠在皋村河上的若干条渔船。尾联是说，北望明月之下的禾与黍，竟如同芦荻之洲，非常壮美。此外，清代曾任山东登莱青道（二品）的沈廷芳①在途经杲村时，留下《过杲村坐盘石》②一诗。诗中描述作者坐于盘石，即杲村浪石之上，烹茶暂闲，对于所见之景，作者感叹"置身真在画图间"③。

《识小录》记载："（杲村）山产石，形如龟背，高下层叠，又似激浪，掖县八景云，杲村浪石是也。文石隙中有金、银矿，未知然否？"④武夫集老人介绍，在 20 世纪六七十年代，村民不断开采杲村南侧的浪石用于修建民宅的地基，现在无法见到以前的浪石了。换言之，清代，杲村出产石料，且因浪石间存有贵金属的传闻，致使采掘甚多时至今日已无法再见到"高下层叠，又似激浪"的"杲村浪石"。在武夫集老人的带领下，笔者来到了"杲村浪石"的原址处，此处早已被成片的民居所占据。但令人欣慰的是，今杲村内还保留有旧时位于驿道旁的旅店。据武夫集老人介绍，在杲村内还留有一段旧时老官道（驿道），在老官道旁还有曾经供往来客商休息、住宿的驿店。据实地考察，因在原驿道基础之上进行固化和拓宽，杲村内的驿道仅能看出当时的驿道走向，古驿道应从东北—西南方向斜穿杲村。驿道旁的驿店原址位于杲村的西南端，面对海郑河。杲村浪石的原址位于驿店遗存的东南，如无民居遮挡，应可远观一览全貌。杲村内的驿站原址是否为朝鲜使臣曾停留

---

①　"沈廷芳，字椒园，仁和人。幼颖异，立志卓然。乾隆丙辰举博学宏词，授庶吉士，官编修，改山东道监察御史。奏毁智化寺明阉王振像，请免各关米豆税及米船船料，东南米贵，两请截留漕运，并蒙温旨允行。授山东登莱青道，擢河南山东按察使。所历剔弊除好，并著善绩。致仕终。著有《十三经注疏》《正字续经义考》《鉴古录》《隐拙斋诗文集》。"（《钦定大清一统志》卷219《杭州府四·人物》，清文渊阁四库全书本，第6页）

②　《过杲村坐盘石》："入秋行路又经月，选石烹茶且暂闲。东望莱城才顿舍，西来掖水镇迂环。几株叶坠闻疏树，一桁云深接远山。此景懒倪难写出，置身真在画图间。"（乾隆《掖县志》卷8《艺文·诗》，清乾隆二十三年刊本，第57页 b）

③　乾隆《掖县志》卷8《艺文·诗》，清乾隆二十三年刊本，第57页 b。

④　（清）毛贽：《勺亭识小录》卷1《识山》，民国二十三年掖县王桂堂曝经草堂钞本，载韩寓群主编《山东文献集成》第2辑第25册，山东大学出版社2007年版，第123页上栏。

的小憩之处，现已无从考证，但据前文朝鲜使臣吴允谦和安璥及清代掖县文人毛式谷的记述，其位置确与原杲村铺相近。

图 3 – 9 今杲村内驿站遗存侧面

图 3 – 10 今杲村内驿店遗存正门

说明：东北—西南走向的驿道从驿店遗存门前经过。

　　此外，在武夫集老人和马洪生（男，64 岁）老人的带领下，笔者还找到了两处位于杲村附近，且保留原貌的古驿道。第一处，位于杲村东北约 200 米处的农田内，原址大致呈东北—西南走向，宽约 3 米。因年久失修，该驿道与今蓬莱和黄县境内的现存的驿道的夯土路面不同，路面之上多坑洼之处，杂草丛生。第二处，位于今莱州市虎头崖镇姚家村南侧约 250 米处。据杲村村民马洪生老人介绍，自己小时经常利用杲村附近的老官道（驿道），往来自家和姑姑家，其姑姑家在姚家沟（莱州市虎头崖镇姚家村），故对这条老官道的印象非常之深，现知道位于姚家村南老官道原址的人已不多。老官道自姚家沟南向西南，经杲村、李村（杲村李家村）、东英村、杜家（东杜家村）南侧，到达沙河。在马洪生老人的带领下，我们找到这处驿道原址。通过实地探查，古驿道全长约 1 千米，路面为夯土路面，宽约 3 米，其两侧为高于路面 2—3米的夯土路堤。

图 3 - 11　杲村东北约 200 米处的古驿道原址

图 3 – 12　武夫集老人和马洪生老人给笔者介绍此段驿道的变迁

图 3 – 13　姚家村南侧的古驿道

说明：其路面明显低于两侧的路堤。

第三节　沙河、河沙店[①]、"掖县西交界"石碑[②]

据万历《莱州府志》和乾隆《掖县志》记载，[③] 自杲村铺西行十里为英村铺、英村河。英村铺位于莱州府城西南五十里，为今莱州市沙河镇东英村与西英村。据戴锡金主任介绍，东英村与西英村分别位于珍珠河的东、西两岸。明初，董、邢、姜、吴四姓由四川迁此立村，因曾有军队在此设过营地，故取名营村，明末，村名演变为英村，清代，属掖县储积乡。1935 年，属掖县九区英村乡，始有大、小英村之称。1943—1945 年，属路旺区。1945 年，以英村河为界分为两村，城东、西英村，属珍珠镇。2000 年至今，属莱州市沙河镇。

图 3 - 14　位于莱州市沙河镇东英村东侧的村碑

---

① 使行文献亦记载为沙河铺、沙河。
② 使行文献亦记载为夜县西界、"平度东界"坊表。
③ 参见万历《莱州府志》卷 5《驿传》，明万历三十二年刻本，第 21 页 a；万历《莱州府志》卷 2《山川》，第 122 页 a；乾隆《掖县志》卷 1《山川》清乾隆二十三年刊本，第 18 页 a—19 页 b。

英村河，一名凤河①，即今莱州市珍珠河，位于莱州市西南部。据《莱州市地名志》记载，②与海郑河（杲村河）相同，珍珠河亦发源于莱州凤凰山，向西流经夏邱镇寇家村、沙河镇周村、东张村、杨柳崔家、路旺孙家、东英村、西英村，由沙河镇大李家村西北注入渤海。珍珠河全长 20 千米，河床平均宽度 30 米，属季节性河流。

图 3－15　今位于东、西英村之间的珍珠河

　　（十月）初九日，晴。早发莱州。……午憩<u>三十里铺</u>……历<u>掖县</u>，度<u>沙河</u>，夕抵<u>灰皂驿</u>。是日行七十里。

——申悦道《朝天时闻见事件启》

　　崇祯元年十月九日，冬至、圣节兼辨诬使臣团书状官申悦道一行自莱州府城出发，在西三十里铺——杲村铺（今莱州市沙河镇杲村）短暂停歇后，横渡掖县沙河，在日暮时分到达平度州之灰皂驿（灰埠驿）。万历《莱州府志》记载："白沙河，在府城南三十里，西流经沙河入海。"③乾隆《掖县志》记载："沙河，城西南五十里，即白沙河之

---

　　①　"英村河，一名凤河，入海处经幸台村之西。"（民国《四续掖县志》卷 1《山川》，民国二十四年铅印本，第 7 页 a）

　　②　参见莱州市人民政府地名办公室编《山东省莱州市地名志》，内部资料，1996 年，第 421 页。

　　③　万历《莱州府志》卷 2《山川》，明万历三十二年刻本，第 122 页 a。

下流也。"① 说明申悦道一行途经的沙河是位于莱州府城西南五十里的白沙河下游。作为"掖南诸水之冠"② 的沙河，明清时期的称谓并未变化，民国时当地人亦称沙河为大河，③ 今称白沙河④或沙河。⑤ 据《莱州市志》和《莱州市地名志》记载，⑥ 白沙河为莱州市第二大河流，上游流经莱州市夏邱镇白沙村，故名；下游流经莱州市沙河镇沙河村，故名。白沙河发源于莱州市郭家店镇吴家村西侧的吴家大山南麓，流经莱州市柞村镇东关门村、西关门村、临疃河村、东朱旺村，夏邱镇白沙村、留驾村，沙河镇宋家村、沙河村等地，于沙河镇大东家村西北处注入渤海。白沙河全长45千米，属季节性河流。

图 3-16　今白沙河（沙河镇段）旁的河长公示牌

① 乾隆《掖县志》卷1《山川》清乾隆二十三年刊本，第18页b。
② 民国《四续掖县志》卷1《山川》，民国二十四年铅印本，第28页a。
③ 民国《四续掖县志》卷1《山川》，民国二十四年铅印本，第29页b。
④ 参见莱州市民政局编《莱州市地名图集》，内部资料，2012年，第29页。此外，"白沙河"的称谓与实地考察过程中所见的河长公示牌内容一致。
⑤ 参见莱州市民政局编《莱州市地名图集》，内部资料，2012年，第30页。
⑥ 参见莱州市人民政府地名办公室编《山东省莱州市地名志》，内部资料，1996年，第421页；山东省莱州市志编纂委员会编《莱州市志》，齐鲁书社1996年版，第75页。

图 3 - 17 今白沙河（沙河镇段）

（九月）二十三日，晴。晓起成服，（自深河店）行五十里，歇马河沙店。晚，雨雷大作，行六十里，过莱州城外，宿十里铺。

——吴允谦《海槎朝天日录》

天启三年，吴允谦一行在完成朝贺明熹宗即位的外交任务后，自北京返程。九月二十三日清晨，吴允谦自莱州府昌邑县与平度州交界的深河店（新河店）出发，在掖县沙河店短暂休整后，途经莱州府城，到达并夜宿莱州东十里铺，即今莱州市城港路街道淇水村。令人困惑的是吴允谦为何在九月二十三日当天，"晓起成服"后再赶路？成服，旧时丧礼大殓之后，死者亲属所穿的丧服。这要从下文来分析。

（九月）二十日，晴。过青州府城外，行三十里，到东馆店，逢圣节使李重卿。入驿馆，叙话，见家书。……始闻泥岘叔母讣。

——吴允谦《海槎朝天日录》

上文为吴允谦返程途中的记载。在九月二十日，吴允谦在青州府东三十里的东馆店，即大尹铺①内巧遇天启二年冬至兼圣节使李显英。李显英，②字重卿，号苍谷，故吴允谦称其为李重卿。在青州益都县的大尹铺内，吴允谦见到了由李显英自朝鲜带来的家书，得知居于朝鲜泥岘③的叔母，即叔父的妻子去世的消息。《礼记》："若未得行，则成服而后行。……三日成服，拜宾，送宾皆如初。郭注：'三日，三哭之明日也。'"④由此可知，远在中国的朝鲜使臣吴允谦在得知叔父妻子去世的消息，因难以返回朝鲜奔丧，故在得知消息后的第四天，按中朝共同遵循的传统礼仪（丧礼），身着孝服，为叔父妻子戴孝。这从侧面反映出当时朝鲜与明朝同属以"尚儒崇礼"为内涵的中华文明圈。

（三月）十七日，到沙河店。晓发王老店（属昌邑县），过昌邑县……至灰埠驲……夕宿于沙河店。行一百一十里。

——李民宬《癸亥朝天录》

（三月）十一日，晴，朝雾。（自新河店发行）至沙河店张居士家中火，到莱州西关……

——洪翼汉《花浦先生朝天航海录》

天启三年，奏闻兼辨诬使臣团书状官李民宬一行在三月十七日自莱州昌邑县东的王老店（"王耨店"的通假名，后文详述）出发，途经昌邑县城、平度州灰埠驿，夜宿掖县之沙河店。天启四年，谢恩兼奏请使臣团书状官洪翼汉一行在三月十一日，自新河店出发，在沙河店张居士家中午休用饭后，于午后到达莱州府城。朝鲜使臣金地粹在途经沙河时，留下了《沙河铺》一诗。据金地粹《朱桥村》一诗中"重阳已迫

---

① 参见咸丰《青州府志》卷27《驿传》，清咸丰九年刻本，第14页 b。
② 李显英（1573—1642），字重卿，号苍谷，谥号忠贞，祖籍韩山（今韩国忠清南道舒川郡韩山），朝鲜时期文臣。1595年文科及第，在丙子胡乱（1637）期间，担任吏曹判书（相当于吏部尚书）一职。因丙子胡乱期间，在京畿道一带组织义兵与清朝军队作战，李显英与金尚宪一同被抓至沈阳拘禁，在释放返回朝鲜的途中逝于朝鲜平壤。
③ 泥岘为朝鲜语词语"진고개[진（泥）+고개"的意译汉字词。此处的"泥岘"指自今韩国首尔南部的南山伸至首尔中区忠武路2街附近的山岭，亦名南山谷。
④ 《礼记》卷18《奔丧第三十四》，四部丛刊景宋本，第1页。

霜飞晓，万树名园未尽秋"① 的记述，结合朝鲜使臣自莱州府掖县朱桥铺到达掖县之沙河铺所需时间一般为两天，可以推测《沙河铺》一诗的创作时间应在重阳节前后。

沙河铺

野色轻黄木叶丹，水声南去绕长干。

夜来河上新霜落，万户楼台风景寒。

——金地粹《朝天录》

长干，古建康里巷名，此处指沙河铺内的街巷。典出《文选·左思〈吴都赋〉》："长干延属，飞甍舛互。"刘逵注："江东谓山冈闲为'干'。建邺之南有山，其闲平地，吏民居之，故号为'干'。中有大长干、小长干，皆相属。"② 此诗谈到，深秋，作者视野中的原野呈现出

图 3-18　深冬时节的白沙河（沙河镇段）

---

① ［朝鲜］金地粹：《朝天录》，《苔川集》卷2，韩国学中央研究院藏书阁藏本，第6页 b。
② 《文选》卷5，清刻本，第12页 b。

枯萎的淡黄色，树叶亦被染成红色。伴随着滔滔的水声，萦绕着沙河铺街巷的沙河渐渐远去。入夜后，沙河上的初霜刚刚降临，沙河岸边鳞次栉比的建筑笼罩在深秋的凉意之中。金地粹借景抒情，表达了其内心的孤寂和思乡之情。同时，此诗也从侧面说明明末的沙河铺人口兴旺，经济繁荣。

　　吴允谦、李民宬和洪翼汉记述的河沙店、金地粹记载的沙河铺皆为明代的掖县急递铺沙河铺。据万历《莱州府志》的记载，[①] 沙河铺为掖县急递铺之一，位于莱州府城西南五十里。清乾隆年间的《勺亭识小录》记载："沙河镇，（莱州府）城西南五十里，古当利县地。闾以外三面临河，故名。"[②] 闾，原指里巷的大门，后指人聚居处。河，即沙河。汉高帝四年（公元前203），汉高祖刘邦在今烟、威一带设置东莱郡，沙河镇所在的当利县即属东莱郡管辖。晋代，当利为侯国，属青州东莱郡，北魏属长广郡。其后，当利县被废除。武法四年（621），恢复当利县建制。干元元年（758），当利县并入掖县。据戴锡金主任介绍，沙河镇位于莱州市政府驻地西南21千米，G206国道（原烟潍公路）西侧，（白）沙河南岸。明初，李、张、曲三姓分别由四川迁此立村，因沙河流经村北而得村名沙河。清代称为西杜家村，[③] 属储积乡沙河社。1935年，称沙河，分属掖县九、十区。1943—1948年，属幸台区。1956年，以村中的五条大路为界，划分为沙河第一高级社、沙河第二高级社、沙河第三高级社、沙河第四高级社、沙河第五高级社，分属沙河镇和珍珠区。1962年，沙河五个高级社分别更名为长胜生产大队、和平生产大队、民主生产大队、交通生产大队、胜利生产大队，此后至1982年，属沙河公社。1984年，沙河五个生产大队改为长胜、和平、交通、民主、胜建五个自然村，至今属莱州市沙河镇。

---

　　① 参见万历《莱州府志》卷5《驿传》，明万历三十二年刻本，第21页a；万历《莱州府志》卷5《市集》，明万历三十二年刻本，第25页a。

　　② （清）毛赟：《勺亭识小录》卷1《识村镇》，民国二十三年掖县王桂堂曝经草堂钞本，韩寓群主编《山东文献集成》第2辑第25册，山东大学出版社2007年版，第125页上栏。

　　③ "掖城西五十里，驿曰沙河，附驿村曰西杜家。民户殷盛，商货阗咽。"（民国《四续掖县志》卷6《艺文》，民国二十四年铅印本，第6页a）

图 3 – 19　今莱州市沙河镇人民政府

（七月）初七日，早发（莱州城）。……五十里有涉河大村庄，立石曰"<u>掖县西交界</u>"，又立门曰"<u>平度东界</u>"。

——安璥《驾海朝天录》

（六月）二十八日，到<u>灰埠驿</u>。（自莱州府城发行）……午抵<u>高村</u>做中火，过夜（掖）<u>县西界</u>，渡<u>沙河</u>，过平度州北界，抵<u>灰埠</u>……是日行七十里。

——李民宬《癸亥朝天录》

如前所述，沙河铺位于莱州府城西南五十里，安璥记述的"五十里有涉河大村庄"亦应指沙河铺，即今莱州市沙河镇人民政府驻地的五个自然村一带。安璥记载的"掖县西交界"与李民宬记述的"夜县西界"为同一地理标识，即掖县最西侧的边界。为行文统一，后文统称"掖县西界"。两行使臣皆曾经过"掖县西界"石碑，但关于石碑的位置，安文与李文的记述并不相同。依安文的记载，"掖县西界"石碑应在沙河（今白沙河）以西，而依李文的记载"掖县西界"石碑应在沙河（今白沙河）以东。明万历《莱州府志》记载：掖县"西路通昌邑、

潍县（急递）铺六：曰十里，曰朗村，曰杲村，曰英村，曰沙河，曰
仪棠"①。清乾隆《莱州府志》、民国《山东通志》的相关记载②也与万
历《莱州府志》相同。这说明自明代中后期至民国初期，位于莱州府
城西南六十的仪棠铺③应在掖县境内。因此，安璥有关"掖县西界"石
碑方位的记述与相关中国方志中的记载一致，即"掖县西界"石碑应
位于沙河（今白沙河）以西。

图 3 - 20　今位于 G206 国道沙河镇驿塘村附近的"烟台界"指示牌
说明：即莱州市与青岛市平度市的交界标示牌。

此外，上述引文中还记述了安璥一行经过"平度东界"坊表。依
安璥的记载，"平度东界"坊表应在沙河铺附近，抑或离沙河铺不远。
据清光绪《掖县全志》中《掖县全境图》的描绘，④"掖县西界"石碑
和"平度东界"櫊门应指同一地理位置，即掖县与平度州接壤之处。
但从莱州府向西南通青州府的驿道，还应经过距莱州府城六十里的掖县

① 万历《莱州府志》卷5《驿传》，明万历三十二年刻本，第21页a。
② 参见乾隆《莱州府志》卷5《驿传》，清乾隆五年刻本，第2页a；民国《山东通志》
卷115《兵防·铺递》，民国七年铅印本，第40页a。
③ "仪棠，县西六十里。"（乾隆《掖县志》卷2《驿递》，清乾隆二十三年刊本，第86
页a）
④ 参见《掖县全志》卷首《舆图》，清光绪十九年刻本，第5页b—6页a。

急递铺——仪棠铺。据李民宬的记述，莱州府城至平度灰埠驿共七十里。即朝鲜使臣在经过仪棠铺后，还需再行十里才会到达灰埠驿。因此，"掖县西界"石碑和"平度东界"坊表应在相近的位置，即掖县仪棠铺附近，靠近灰埠驿一侧。

　　李民宬还记述了其一行在途经沙河铺，到达平度灰埠驿之前，见到了"平度州北界"标识。由于年代久远，且缺少相关史料记载，无法详细地考证出明末"平度州北界"标识的具体位置。若按清光绪《掖县全志》中《掖县全境图》的记载，清代末期平度州北界应在灰埠驿附近，靠近仪棠铺一侧。仪棠铺今称驿塘村。据戴锡金主任介绍，仪棠铺今为莱州市沙河镇驿塘村，位于沙河镇政府驻地西南3.9千米。清初，谢姓由四川迁此立村。村西北角有泉，长流成塘（湾），官府在此设有驿站，故取名驿塘。但如前所述，明万历年间仪棠铺就已存在。换言之，今莱州市沙河镇驿塘村实际出现的时间应更早。据相关方志记载，① 驿塘村，明代末期至民国二十四年（1935），称仪棠。清代，属

图 3 – 21　今位于 G206 国道沙河镇驿塘村附近的"青岛"指示牌

说明：即青岛市平度市与莱州市的交界标示牌。

---

① 参见乾隆《莱州府志》卷2《乡社》，清乾隆五年刻本；民国《四续掖县志》卷2《乡社》，民国二十四年铅印本；莱州市人民政府地名办公室编《山东省莱州市地名志》，内部资料，1996年，第10—66、285页；山东省莱州市史志编纂办公室编《莱州市志》，齐鲁书社1996年版，第43—57页。

储积乡。1935 年，属掖县十区杨院乡。1943—1948 年，属土山区。1956 年，属珍珠区。1958—1982 年，属土山公社。1992 年，属寨里徐家乡。2000 年至今，属莱州市沙河镇。

图 3 - 22　今位于莱州市沙河镇驿塘村北侧的村碑

在莱州府城至掖县西界段的使行途中，除上述使行文献中记述的地名外，崇祯三年陈慰、奏请兼进贺使臣团书状官郑斗源在《朝天记地图》之《莱州图》中还记述了其曾途经"童恢伏虎处"櫺门。

> （自莱州府城）行五十里，有櫺门，书之曰"童恢伏虎处"。汉童恢善治流民，归者二万，有咒伏虎。
>
> ——郑斗源《朝天记地图》

依郑斗源的上述记载，"童恢伏虎处"櫺门应在莱州府西五十里，即沙河铺附近。童恢伏虎，亦作童恢咒虎，即童恢责骂老虎。据《后汉书》的记载，[①] 童恢，字汉宗，汉代琅琊姑幕（今山东诸城附近）

----

① 《后汉书》卷 76《循吏列传第六十六》，百衲本景宋绍熙刻本，第 26 页 a—27 页 b。

人。在任不其县①县令期间，若境内官吏和百姓触犯了相关的法令，童恢会根据实情晓以法理使众人诚服。对行善事之人，则赏其酒肉，以示奖励。同时制定相关的条令，鼓励县内的农耕、纺织的发展。在童恢的治理下，不其县的监狱内"连年无囚"②，"比县流人③归化，徙居二万余户"④。不其县内有百姓被老虎所害，童恢命衙役设置笼子，捕获两只虎。童恢当面斥责并审问老虎："天生万物，唯人为贵。虎狼当食六畜⑤，而残暴于人。王法杀人者死，伤人则论法。汝若是杀人者，当垂头服罪；自知非者，当号呼称冤。"⑥一虎非常害怕地低头闭目，一虎则目视童恢吼叫跳跃。童恢命人杀死伤人之虎，释放无罪之虎。后人对于童恢的评价为"忠孝廉平，信及猛虎"⑦。

《齐乘》记载："不期山，即墨东南四十里，又名训虎山。后汉童恢为不期令，有虎食人，恢槛，获二虎训之。"⑧《大明一统志》亦载："不其山，在即墨县东南四十里，又名驯虎山，因童恢咒虎之事而名之也。"⑨不期山，通不其山。训虎山，通驯虎山。《齐乘》与《大明一统志》皆记载，即墨县的不其山与驯虎山为同一处山脉，是汉代童恢咒虎之处。除方位和里程不同外，万历《莱州府志》⑩、雍正《山东通志》⑪的记载内容与《齐乘》《大明一统志》相同。但清同治《即墨县志》中有着不同的记载，即"不其山，一名铁旗山，县东南二十里。驯虎山，县南十五里。府志将不其、铁旗分为二山，不其、驯虎合为一山，皆误"⑫。即不其山亦称铁旗山与驯虎山为两处山脉。不其山，今

---

① 汉置，北齐时废。隋改置即墨县。明清因之，属莱州府，范围大致为山东省青岛市市区。

② 《后汉书》卷76《循吏列传第六十六》，百衲本景宋绍熙刻本，第27页a。

③ 流人，离开家乡，流浪外地的人。

④ 《后汉书》卷76《循吏列传第六十六》，百衲本景宋绍熙刻本，第27页a。

⑤ 六畜指马、牛、羊、鸡、狗、猪。

⑥ 《后汉书》卷76《循吏列传第六十六》，百衲本景宋绍熙刻本，第27页a。

⑦ 雍正《山东通志》卷35《艺文志十九·记（上）》，清文渊阁四库全书本，第110页a。

⑧ 《齐乘》卷1《山川》，清乾隆四十六年刻本。

⑨ 《大明一统志》卷25《莱州府》，明天顺五年内府刻本，第15页a。

⑩ "不其山，在即墨县南二十里……又名驯虎山，后汉童恢为不其令，能驯暴虎故名。"（万历《莱州府志》卷2《山川》，明万历三十二年刻本，第70页b）

⑪ "不其山在（即墨）县南二十里，又名驯虎山，汉不其令童恢事详宦绩志。"（雍正《山东通志》卷6《山川志》，清文渊阁四库全书本，第41页b）

⑫ 同治《即墨县志》卷12《杂稽志·辩误》，清同治十一年刊本，第41页a。

为山东省青岛市崂山区铁骑山，而驯虎山今为青岛市即墨市西南的驯虎山。① 此外，清同治《即墨县志》亦载："（恢）童为不其令，其于墨为专，故民之思之也亦最深。城南十里有山岿然，世所传府君驯虎处也。"② 因此，据清同治《即墨县志》的记述，《齐乘》《大明一统志》、万历《莱州府志》、雍正《山东通志》等方志的相关记载皆有误，童恢咒虎之处应在今即墨市驯虎山。此外，即墨驯虎山与莱州沙河镇相去甚远，且途经沙河铺的朝鲜使臣对此皆无记载，故郑斗源对于"童恢伏虎处"欂门的记载属误记的可能性较大。退一步来说，是否有另外一种可能？即在将不其山和驯虎山混淆的明代末期，与掖县当地人将琅琊岭一带误认为是东莱琅琊皂乡一样，莱州当地人认为沙河铺附近的某座山为"驯虎山"，故在沙河铺附近立欂门以示纪念，存疑待考。

此外，洪翼汉在《花浦先生朝天航海录》来程中记载："（九月）十六日。早朝穿（莱州府）城。（自莱州府城发行）……中火云桥铺……宿灰埠驿。"③ 如前所述，自莱州府城西行六十里到掖县仪棠铺，再前行十里到平度州灰埠驿。朝鲜使臣一般会在一天行程的中间时段歇马进餐，修整后再前行。"云桥铺"仅见于洪翼汉的记载，故"云桥铺"应位于莱州府城西南三十里的呆村铺和五十里的沙河铺之间并靠近沙河铺一侧，且为民铺，待考。

按照明代的称谓，从莱州府城到达掖县西界，朝鲜使臣所经地名依次为：（1）泽沽处（泽民茔）；（2）赡学田（赡士田、学士田）、朗村铺；（3）三十里铺（三十里馆、高村）；（4）沽村河；（5）河沙；（6）河沙店（沙河铺、沙河）；（7）"掖县西交界"石碑（夜县西界、"平度东界"坊表）。综合考证、实地考察和采访记录可知，现在的称谓，依次是：（1）莱州市文峰路街道阳关村以西一带；（2）莱州市虎头崖镇朗村；（3）莱州市沙河镇呆村；（4）莱州市海郑河（呆村段）；（5）莱州市白沙河（亦称沙河，沙河镇段）；（6）莱州市沙河镇长胜、

---

① 参见青岛市史志办公室编《青岛市志·崂山志》，新华出版社1999年版，第185页。

② （清）周毓正：《重修童府君庙记》，同治《即墨县志》卷10《艺文》，清同治十一年刊本，第9页a。

③ ［朝鲜］洪翼汉：《花浦先生朝天航海录》卷1，韩国国立中央图书馆藏本，第25页b。

和平、交通、民主、胜建五个自然村一带；（7）莱州市沙河镇驿塘村附近。此外，依实地考察和采访结果推测，朝鲜使臣还曾途经今莱州市永安路街道五里候旨村、莱州市虎头崖镇姚家村、莱州市沙河镇东英村与西英村、莱州市沙河镇珍珠河（东英村与西英村段）。

第四章 掖县西界至新河铺

据相关方志记载，[①] 平度州，《禹贡》青州之域，商属营州，周属幽州。春秋为莱子国地，战国属齐。汉置平度县，属东莱郡。因界西有胶水，东汉更名为胶东县。晋为胶东县，属济南郡。后齐改设长广县，属长广郡。隋属莱州，仁寿元年（601），改长广县为胶水县。唐武德初，析置胶东县，属莱州，吴越天宝元年（908），复为胶水县，属东莱郡。元初属山东东道益都路总管府，后改隶盘阳路。明洪武初为胶水县，属登州府，洪武二十一年（1388），升胶水县为平度州，辖昌邑、潍县二县，属莱州府，隶山东承宣布政使司。清中期，由直隶州改为散州，不再领县。民国二年（1913），改为平度县。民国三年（1914）废莱州府，以县隶胶东观察使。民国十五年（1926），属胶莱道。1945 年秋至 1949 年秋，平度被划分为平度、平西、平南、平东四县。1952 年，属莱阳专署。1956 年，属昌潍专属。1980 年属潍坊专属。1983 年，平度县划属青岛市。1989 年，撤县设立县级市。今称平度市，属青岛市。

自掖县西界至新河段，即莱州府平度州境内，朝鲜使臣记载的途经地主要有灰阜驲、宰相里、独埠（杜阜河）、新河店、深河（新河）、昌邑东界（昌邑县东界）、平度州西界等。

---

① 参见嘉靖《山东通志》卷 3《建置沿革（下）》，明刻本；嘉庆《大清一统志》卷 175《莱州府一》四部丛刊续编本；康熙《平度州志》卷 1《沿革》，康熙五年刊行本；道光《重修平度州志》卷 2 上《沿革》，清道光二十九年刊刻本；光绪《平度志要》卷 1《沿革》，清光绪十九年手抄本；山东省平度县地方史志编纂委员会编《平度县志》，内部资料，1987 年，第 1—4 页；平度市民政局编《平度市地名志》，内部资料，2017 年，第 23—28 页。

第一节　灰阜驲[①]、宰相里[②]

（六月）初十日，晴。自朱桥到莱州府六十里。午时，到（莱州）南城外店……发行至三十里有店……下轿小歇……仍发行，乘月到灰阜驲，夜深二更矣。……灰阜距莱州七十里。

——吴允谦《海槎朝天日录》

（十月）十四日，晴。早发（莱州）至灰阜止宿，去莱州七十里。

——全湜《槎行录》

据天启二年（1622）登极使吴允谦和天启五年（1625）冬至兼圣节使全湜的记述，两行使臣从莱州府城出发，西行七十里，当天到达平度灰阜驲或灰阜，即灰埠驲。天启四年（1624），谢恩兼奏请副使吴翻在途经灰埠驲时，留下了名为《灰埠驲，次书状韵》的和诗。书状，即书状官，指与其同行的朝鲜使臣洪翼汉。据正使李德泂《朝天录一云航海日记》和洪翼汉的《花浦先生朝天航海录》的记载[③]，天启四年九月十六日，谢恩兼奏请使团的三位朝鲜使臣在莱州府城内参观东莱吕先生书院后，一同踏上前往皇京，即北京的路途，并于当天到达了莱州府平度州灰埠驲。由此推测，《灰埠驲，次书状韵》一诗应写于九月十六日。

灰埠驲，次书状韵

不愁羁旅鬓浑霜，鲁圣遗风夏禹疆。

岱岳蟠空寰宇小，黄河横派海门长。

---

① 使行文献亦记载为灰阜、灰埠、灰埠驲、灰埠里。

② 使行文献亦记载为壮元宰相里、壮元乡、宋龙图阁学士蔡齐故里、宋蔡齐旧里、学士里。

③ "（九月）十六日，宿灰埠驲。早朝，寻东莱书院……"（［朝鲜］李德泂：《朝天录一云航海日记》，载［韩国］曹圭益《朝天录一云航海日记》，《韩国文学与艺术》2008年第2辑，韩国崇实大学韩国文学与艺术研究所，第309页）；"（九月）十六日，晴。早朝穿（莱州府）城，入东莱书院……是日行六十里。宿灰埠驲。"（［朝鲜］洪翼汉：《花浦先生朝天航海录》卷1，韩国国立中央图书馆藏本，第25页a—26页b）。

清朝冠冕登多士，终古铜盐辏远商。

诗为采谣非漫兴，襜帷时复驻周行。

——吴翿《燕行诗》

　　鲁圣，鲁国的圣人，此处指孔子。夏禹，即夏禹氏，名文命，亦称伯禹、大禹，夏代开国之君。夏禹根据治水过程中掌握的相关地理知识，分中国为九州。①登州府和莱州府属九州的青州之域。岱岳，泰山的别称。《禹贡》中云："海岱惟青州。"②寰宇，天子所辖之境域，指天下。唐骆宾王有《帝京篇》："声名冠寰宇，文物象昭回。"③派，指江河的流水。海门，大陆之间的通海之道。冠冕，即冠和冕，借指官吏。辏，指车轮的辐条内聚于轮毂之上，引申为大量涌向一个地方，此处指商业贸易的发达。襜帷，古时挂于车的帷帐。首联是说，漫漫使行的劳顿使两鬓渐渐斑白，但作者对此并未耿耿于怀。原因正是来到了充满圣人孔子遗风余韵的古青州之域。颔联是说，齐鲁大地西部的泰山犹如盘绕于虚空之中，立于其上仿佛会感到天下变小。横贯齐鲁大地的黄河延绵不绝，东流入海。颈联是讲，清廉的朝廷在官员的选拔时会录用许多智贤之人。自古以来，山东就已是各类物品的流转之处，汇聚着很多天南海北的客商。尾联指出为作诗而采集民谣之事并非即兴而为，因沉迷于孔子遗韵之中，故在登、莱两地的使行途中，作者时常掀开所乘轿子④的帷帐，驻足于路边。以朝鲜使臣为代表的朝鲜士大夫阶层自幼受到中华儒家文化的熏陶和教化，对儒家文化的发源地山东有着天然的亲近之感。在踏足齐鲁大地之后，朝鲜使臣有机会近距离接触原来只能在典籍中阅读到的名胜，心中的喜悦与满足弥补了漫长而苦闷的劳顿之苦。

---

　　①　九州岛分别为冀州、兖州、青州、徐州、扬州、荆州、豫州、梁州、雍州。

　　②　《齐乘》卷1，清乾隆四十六年刻本，第1页a。

　　③　《唐诗选》卷2《七言古》，明闵氏刻朱墨套印本，第17页a。

　　④　"书状官自古于辽路，例以马坐赴京。于今不然，前后书状官无不乘屋轿，且中朝虽小官必乘屋轿。于华人所见处，骑马单行，似为埋没。"［朝鲜］洪翼汉：《花浦先生朝天航海录》卷1，韩国国立中央图书馆藏本，第23页a。上述内容为天启四年谢恩兼奏请使臣团上通事（译官）黄孝诚在使臣团自登州起程之前对书状官洪翼汉所说之话。据此可知，在天启元年至天启四年，不仅使臣团的正、副使皆乘坐轿子，就连书状官亦乘轿子。

灰阜驿，次去非韵

旅店鸡栖生暝烟，烟消月出店门前。

门前夜久行人绝，月落鸡鸣犹未眠。

——金尚宪《朝天录》

《灰阜驿，次去非韵》一诗，是天启六年（1626）圣节兼陈奏使臣团正使金尚宪针对"去非"，即书状官金地粹（字去非，号苔川、苔湖、天台山人）所作诗韵而写的和诗。如前所述，金尚宪与金地粹二人并未同行，而是分别离开登州，踏上前往北京的路途，故此诗创作的时间应晚于正使金尚宪在来程途经灰埠驿的时间。全诗以回忆的方式，描述了当时夜宿灰埠驿的场景。住宿条件极其简陋的灰埠驿馆内烟雾缭绕，烟雾消失后，深秋的月光照映在驿馆的门前。驿馆的门前因夜已深而无人经过，"月落鸡鸣"之时，心怀孤寂之感的作者仍未入睡。

（九月）十六日，丁卯，宿灰埠驿。早朝，（莱州城内）寻东莱书院……历状元乡，即宋龙图阁学士蔡齐故里，而有明状元牌榜。是日行七十里。

——李德泂《朝天录一云航海录》

（九月）十六日，丁卯，晴。早朝穿城，入东莱书院……中火云桥铺，历状元乡，乡即宋龙图阁学士蔡齐故里也。是日行六十里。宿灰埠驿。

——洪翼汉《花浦朝天航海录》

天启三年（1623）九月十六日，冬至、圣节兼谢恩使臣团正使李德泂和书状官洪翼汉等朝鲜使臣经过了"状元乡"，此"状元乡"是宋龙图阁学士蔡齐的家乡，故名。据《宋史》记载，[1] 蔡齐（988—1039），字子思，北宋胶水（明代莱州府平度州，今青岛市平度市）人，祖籍河南洛阳。其曾祖曾任莱州胶水县县令，后入籍胶水。少时成为孤儿的蔡齐投靠外祖父刘氏，后状元及第。宋真宗见到"仪状俊伟，举止端重"的蔡齐

---

[1]　参见《宋史》卷286《列传第四十五》，清乾隆武英殿刻本，第9页b—11页b。

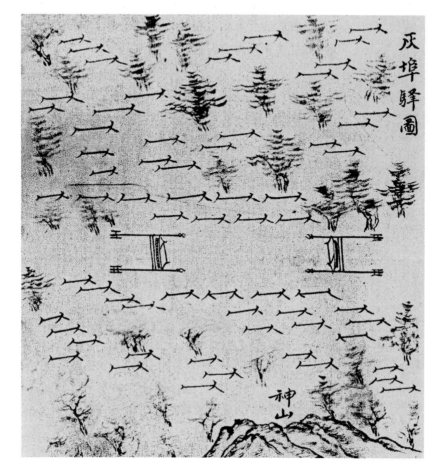

图 4-1　郑斗源《朝天记地图》之《灰埠驿图》

说明：图中标示的"神山"为今莱州寒同山。

后，曾对宰相寇准说"得人"，即获得了适宜之人才，并命令负责皇室仪仗之职的金吾给予蔡齐七马随从的礼遇，以示恩宠。自蔡齐后，状元始享"给驺"之礼。蔡齐历任将作监丞、兖州通判、潍州通判、秘书省著作郎、起居舍人①、翰林学士、礼部侍郎、参知政事等职。宋宝元二年（1039），蔡齐病逝于颍州（今安徽阜阳一带），时五十二岁，追

---

① 负责记录《起居注》，即皇帝言行的官员。

赠兵部尚书，谥号"文忠"。欧阳修为其撰写行状，称赞蔡齐"在大位，临事不回，无所牵畏，而恭谨谦退，未尝自伐，天下推之为正人，缙绅之士，以为朝廷重"[1]。

天启四年，谢恩兼奏请使臣团副使吴翻在《新河途中》一诗中提及朝鲜使臣曾途经状元乡，即蔡齐故里。诗题虽为《新河途中》，即该诗应创作于吴翻一行自灰埠驿至新河铺的途中，内容亦是描述了此段使行沿途的风景，但在题注中，吴翻记述在蔡齐故里内，有明代建立的"状元牌榜"，故收录在此。据随行书状官洪翼汉在《花浦朝天航海录》中的记述，[2]《新河途中》一诗应创作于天启四年九月十七日。

新河途中[3]

草树浮天气，云山衬水光。
当时学士里，今日状元乡。
筐果堪留客，尊醪报涤场。
悠然得句处，落雁带清霜。

——吴翻《燕行诗》

醪，酒的统称。涤场，指农作物丰收后，清扫院落。诗的前两联是讲沿途的草木凋谢零落，目光所及之处一片深秋的景象。高浮于蓝天的白云与陆地上的山峰相互衬托，倒映在水面之上。眼前的村庄是北宋蔡齐的故乡，今天人们称为状元乡。诗的后两联是说，在前往新河铺的沿路驿铺内，新鲜的水果让朝鲜使臣不禁驻足品尝。洁净的院落内，美酒可为往来于此的客商暂时疏解旅途的疲劳。在秋高气爽，风景宜人的沿路驿铺内，吴翻作诗的兴致高涨并觅得佳句，甚是欣慰，感叹即使南归的大雁亦在此停歇。状元乡历史悠久，传统文化积淀较为深厚，"鲁圣

---

① 欧阳修：《尚书户部侍郎赠兵部尚书蔡公行状》，《欧阳文忠公集》卷38，四部丛刊景元本，第4页。

② "（九月）十七日，晴。（从灰埠驿发行）中火新河店，渡新河、淮河，宿昌邑县东馆里。"［朝鲜］洪翼汉：《花浦先生朝天航海录》卷1，韩国国立中央图书馆藏本，第26页 b。

③ 题注："宋蔡齐旧里，有明状元牌榜。"

遗风夏禹疆"①的山东对朝鲜使臣有着极大的吸引力。那么李德泂、吴翮、洪翼汉等朝鲜使臣所提及的立有状元牌榜的宋蔡齐故里（蔡齐旧里）在何处呢？

康熙《平度州志》记载："状元坊，州治大街。明成化间，知州林恭为宋蔡齐建。崇祯十二年，知州杜志攀重修。"②可见此坐落在平度州城州治大街且修建于明中期的"状元坊"，与吴翮之"明状元牌榜"的记述相仿。但万历《莱州府志》亦记载："灰埠驿，在州西北七十里，为登莱通衢。"③此外，据前文所述的《灰埠驿》和《新河途中》两诗，可知吴翮所见的"明状元牌榜"并不位于平度州城内，而是位于平度州城北部七十里的灰埠驿与新河铺的"登莱通衢"之间。天启四年冬至兼圣节使臣团书状官金德承对此亦有记述。

> （昌邑县）界东有宋状元乡，乃胶水人蔡齐也。举进士第一，仪状后伟，举止端肃。真宗见之日："得人。"
>
> ——金德承《天槎大观》

上述引文出自金德承《天槎大观》的昌邑县部分。除"（昌邑县）界东有宋状元乡"外，其他内容与《宋史》中的记载大致相同。昌邑县之东为平度州，二者之间的交界应位于新河铺附近，相关内容在后文详述。总之，金德承有关状元乡的记述与李德泂、吴翮、洪翼汉等人相似，仅记载了状元乡的位置，即位于新河铺至灰埠驿之间某处。在《白沙公航海路程日记》中，天启三年奏闻兼辨诬使臣团副使尹暄明确地记载了状元乡以及吴翮所见的"明状元牌榜"的具体位置。

> （三月）十七日，晴。朝过昌邑县……灰埠中火，驲西有牌，

---

① ［朝鲜］吴翮：《燕行诗》，韩国学中央研究院藏书阁藏本。

② 康熙《平度州志》卷3《坊表》，清康熙五年刻本，第15页a。

③ 万历《莱州府志》卷5《驿传》，明万历三十二年刻本，第20页a。对于灰埠驿据平度州城的距离，嘉靖《山东通志》和康熙《山东通志》中记载，灰埠驿在"平度州西北八十里"。莱州府和平度州等当地政府纂修的方志中记载应更贴近事实。简言之，灰埠驿位于平度州七十里。

题曰"宰相里"，乃宋龙图阁大学士蔡齐旧里也。到沙河（店）刘姓人家宿。

——尹暄《白沙公航海路程日记》

天启三年，奏闻兼辨诬使臣团（正使李庆全、书状官李民宬）与冬至、圣节兼谢恩使臣团（正使赵濈，书状官任赉之）一同完成了请封的外交任务。奏闻兼辨诬使臣团的副使尹暄自北京返程前往登州的途中，于天启四年三月十七日，途经灰埠驿，在灰埠驿的西侧见到了刻有"宰相里"的坊表。此外，与尹暄同行的书状官李民宬亦留下相关记载。

（三月）十七日，到沙河店。……晓发王老店，过昌邑县，中火于卜庄店，过新河……至灰埠驲，州西八十里地，乃宋龙图阁大学士蔡齐故里也，表曰"状元宰相里"。夕宿于沙河店。行一百一十里。

——李民宬《癸亥朝天录》

三月十七日，李庆全、尹暄及李民宬一行灰埠驲，即灰埠驿的西侧见到了刻有"状元宰相里"的坊表，并得知此"状元宰相里"为"宋龙图阁大学士蔡齐故里"。傍晚时分，其一行到达了掖县的沙河店，即沙河铺。令人感兴趣的是，尹暄与李民宬二人同行，但对灰埠驿西侧坊表上所刻内容的记述并不相同，即尹暄记为"宰相里"，而李民宬记为"状元宰相里"。因现存相关方志内，并无相关记载，但结合李德洞、吴翾、洪翼汉等人有关状元乡的记述，李民宬"状元宰相里"的记述应更为符合史实。此外，据上述朝鲜使臣的记载，"状元宰相里"坊表上还应有"宋龙图阁大学士蔡齐旧里"等字样。李民宬在途经灰埠驿时，留有《过宰相里》一诗。

过宰相里①

盛宋兴文运，名符帝梦奇。

---

① 题注："宋龙图阁大学士蔡齐故里也，在平度州灰埠里。"

> 首登龙虎榜，身到凤凰池。
> 地属东莱郡，坊传宰相基。
> 风声今不泯，乡社有遗祠。

—— 李民宬《癸亥朝天录》

帝梦，即"蔡齐梦兆"。万历《莱州府志》记载："祥符八年，策进士，真宗梦一菜与殿基齐，及揭状元，乃蔡齐也。上喜，谓寇准曰：'得人矣。'"① 对此真宗十分高兴，故蔡齐亦称"符帝梦"。龙虎榜，唐贞元八年（792），欧阳詹、韩愈、李绛等二十三人同时及第，皆俊杰，时将该课榜单称为"龙虎榜"。后以谓科举甲科的合格者，或名士同时及第称为登龙虎榜。凤凰池指魏晋南北朝时期位于禁苑内的莲花池。其附近有辅佐君王、掌管国家机要的中书省，后指国家的权力中枢机构。东莱郡，明末平度州隶属莱州府，而莱州府在最早在东汉时为东莱郡，后人惯以东莱指代莱州，朝鲜使臣亦是如此。

诗的首联和颔联是说，宋代文运发达，人才辈出，真宗之梦可谓名副其实，状元出身的蔡齐在此后进入了掌管国家机要的机构。颈联是讲，平度灰埠里即灰埠驿坊间依旧流传着蔡齐的功业。尾联是说，在六百余年后的灰埠驿内，蔡齐的声望并没有随着时间的流逝而泯灭，在蔡齐故里的灰埠驿内仍旧还有供奉蔡齐牌位的古祠。

相较于李德泂、吴翻、洪翼汉、李民宬、尹暄等朝鲜使臣的记述，李民宬在《癸亥朝天录》中不仅明确地记载了"状元宰相里"坊表位于灰埠驿西侧，而且在《宰相里》一诗中，记录了彼时灰埠驿内的坊间依传颂着蔡齐的功绩，驿内亦保留有祭祀蔡齐的古祠堂。据万历《莱州府志》及康熙《平度州志》的记载，② 明成化年间，知州林恭在平度州城内为宋蔡齐建立了状元坊、蔡文忠公祠。相关的方志中，皆未记载灰埠驿内的古祠堂和驿西的"状元宰相里"坊表。依笔者愚见，出现此种情况的原因可能有二：其一，因平度州城所在之地"非冲

---

① 万历《莱州府志》卷6《外传》，明万历三十二年刻本，第52页 b。
② 康熙《平度州志》卷3《坊表》，清康熙五年刻本，第15页 a；万历《莱州府志》卷4《祀典》，明万历三十二年刻本，第4页 b。

要"①，且远离登莱通衢，为彰显平度之名，平度州的官绅在平度州城内修筑状元坊和蔡文忠公祠的同时，或相近的某个时段，在所辖的灰埠驿西侧亦修建了规模较小的状元坊，并在驿内修建了另一座小型的蔡文忠公祠或供奉蔡齐牌位的乡贤祠。其二，从撰修体例来看，明清登、莱两地的方志中鲜有记载府城或县城范围以外坊表的情况。因此，对于莱州、平度的地方志而言，朝鲜使臣关于"状元宰相里"坊表的记载具有较为重要的补充意义。

朝鲜使臣记载的灰阜驲、灰阜、灰埠、灰埠驲、灰埠里、状元乡、状元宰相里、宰相里皆指位于平度州西北七十里，且作为连接登莱官道重要枢纽的灰埠驿。灰埠驿始设于何时，相关方志②中并未有明确的记载。《大明会典》记载："莱州府，旧有平度州丘西、苏村，高密县密水各驿，俱革。……平度州，（仅留）灰埠驿。"③ 这说明在明万历年间灰埠驿就已存在，因所处冲，在明隆庆四年（1570）驿递改革中，使作为莱州府境内唯一一处驿站得以保留。这一点与登州府黄县境内的黄山馆驿相似。黄山馆驿始建于明洪武九年（1376），灰埠驿也极有可能同黄山馆驿的始建时间一致。据清道光《重修平度州志》民国《平度县续志》的记载，④ 直到清末，灰埠驿的驿站职能仍一直保留，只不过与明末、清初时相比，规模变小。至民国初年，灰埠驿的驿递职能逐渐被现代邮局取代。朝鲜使臣曾途经的灰埠驿为今青岛市平度市新河镇灰埠村。据相关方志记载，⑤ 其沿革如下：清康熙五年（1666），属平度州长乐乡。清道光二十九年（1849），属平度州灰埠镇。清光绪三年（1877），属平度县长乐乡灰埠区。民国二十年（1931），属第四区。民

① 民国《平度县续志》卷1《疆域志·沿革》，清道光二十九年刊本，第1页a。
② 万历《莱州府志》、乾隆《莱州府志》、康熙《平度州志》、道光《重修平度州志》、光绪《平度志要》、光绪《平度州乡土志》、民国《平度县续志》等。
③ 《大明会典》卷145《驿传一·水马驿（上）》，明万历内府刻本，第30页b。
④ 参见道光《重修平度州志》卷14《志七·兵防》，清道光二十九年刊印本，第3页；民国《平度县续志》卷5《政治志·邮政》，民国二十五年铅印本，第20页。
⑤ 参见康熙《平度州志》卷3《坊表》，清康熙五年刻本；道光《重修平度州志》卷九《志二·建置》；民国《平度县续志》卷2《乡镇》，民国二十五年铅印本；山东省平度县地方史志编纂委员会编《平度县志》，内部资料，1987年，第4—15页；平度市民政局编《山东省平度市地名志》，内部资料，2017年，第23—28、147页。

国二十四年（1935），属第五区。1945 年，属平西县。1953 年，属蓼兰县。1958 年，属灰埠公社。1984 年，属灰埠乡。1985 年，属灰埠镇。今属平度市新河镇。

图4-2　张永贵老人向笔者一行介绍古宅旁老官道的走向

图4-3　灰埠城郭西门原址

说明：许官春老人向笔者一行介绍相关历史。

　　在实地考察中，灰埠村村民张永贵（男，70岁）介绍，以前灰埠村的规模非常大，由三个城郭组成，当地人称为东郭、西郭、北郭。莱州府掖县至昌邑县的老官道（驿道）自东北向西南方向穿过灰埠村。解放战争时期，由于灰埠村的地理位置十分的重要，此地爆发过激烈的战争，灰埠村内的古宅大多毁于战火。但在今灰埠村内，早已没有古时的坊表遗存。在张永贵老人的带领下，笔者一行找到仅存且曾经坐落在驿道旁的古宅，古宅的建筑方位与驿道的走向（东北—西南方向）一致。此外，在灰埠村村民许官春（男，61岁）的带领下，笔者一行找到了原灰埠城郭的西门原址。该处已被民房所占据，因此无法再探究明末朝鲜使臣笔下"状元宰相里"坊表的具体位置。

图4-4　今青岛市平度市新街镇灰埠村村民委员会

第二节　独埠（杜阜河）、新河店①、深河（新河）、昌邑东界（昌邑县东界）、平度州西界

　　（六月）二十九日，到昌邑县。朝发灰埠，渡浊河，名曰"独

---

① 使行文献亦记载为深河店、官庄、官铺。

埠"，水不甚广而洼深。方物包子着筏而涉，轿夫高抬，水几没肩，仅免沾湿，又过名不知二浊河，盖一水而曲折屡渡者也。……做中火于新河店。

——李民宬《癸亥朝天录》

　　天启三年六月二十九日，李民宬一行自灰埠驿启程，渡过浑浊的河流——独埠河。独埠河河面并不宽阔，但河水几乎浸没轿夫的肩膀。为了不浸湿进贡的物品，朝鲜使臣命人将贡物包裹放置在木筏之上，以此渡过独埠河。其后，李民宬一行在新河店内短暂休息并食用午饭。据万历《莱州府志》的记载，① 新河店即新河铺为平度州所辖的急递铺之一，相关内容将在后文详述。李民宬提及的独埠河应位于灰埠驿与新河店之间。结合方志中的记载，与之相符的河流为位于平度州"北五十里"② 的药石河。药石河原名药石水，《太平寰宇记》记载："药石水，在（胶水）县西北五十里，源出明堂山，合石渎河。"③ 《读史方舆纪要》亦载："明堂山，在（平度）州东北四十里。产药材，有药石水出焉，流合石渎河而注于胶水。"④ 药石河，因药石水发源于盛产药材的明堂山（今平度市大姑顶），故名，今为平度市淄阳河。据相关方志记载，⑤ 药石河又名阳河、城子河、之阳河，是北胶莱河下游较大的支流，有大姑顶和大泽山南北两处源头。河流全长 44 千米，流域面积 267.6 平方千米，自东向西流经平度大泽山、长乐、店子、灰埠、新河等镇。相较独埠河，李民宬在描述二浊河时一笔带过，这从侧面说明二浊河的规模应小于独埠河。平度北部地势低洼，有许多季节性河流，且自古多洪涝灾害，河道变化较为频繁。李民宬所说的二浊河应在今淄阳河以西，平度市新河北镇村（明清时期的新河铺）以南，具体位置和

---

①　参见万历《莱州府志》卷 5《驿传》，明万历三十二年刻本，第 35 页 a。
②　康熙《平度州志》卷 1《山川》，清康熙五年刻本，第 8 页 a。
③　《太平寰宇记》卷 20《河南道二十》，清文渊阁四库全书本，第 21 页 a。
④　《读史方舆纪要》卷 36《山东七》，清稿本，第 5 页 b。
⑤　参见平度市民政局编《平度市地名志》，内部资料，2017 年，第 473 页；山东省平度县地方志编纂委员会编《平度县志》，内部资料，1987 年，第 263 页；青岛市水利志编委会编《青岛市水利志》，青岛出版社 1996 年版，第 17 页。

名称待考。

图4-5　今平度市淄阳河（平度市新城镇独埠陈家村段）

图4-6　阴历八月初的淄阳河（平度市新城镇独埠陈家村段）

（昌邑县）界东有宋状元乡⋯⋯西有杜阜河，村烟极盛。

——金德承《天槎大观》

　　依金德承所言，杜阜河在宋状元乡，即平度州灰埠驿以西。在今韩语的发音中，"阜（fù）"与"埠（bù）"皆发同一音，即"부（bu）"。15世纪前，朝鲜半岛各朝代使用的书面文字为汉字。5世纪末，即朝鲜半岛的三国时期，虽出现了借用汉字的音和韵来标记本土实际使用语言的吏读，① 但仍难以达到口语与书面语的统一。直至明正统八年（1443），李氏朝鲜第四位国王——世宗（李祹，1418—1450）依据《洪武正韵》等典籍，结合朝鲜语（韩语）的发音特点，创制了韩民族使用至今的文字——韩字。此后，尽管朝鲜朝廷大力推进韩字的教育和使用，可是朝鲜王朝的大部分士大夫依旧使用汉字。因彼时言文不一致，故金德承所记述的"杜阜河"与李民宬记载的"独埠河"应皆指位于平度州北五十里的药石河，即今平度淄阳河。使行文献提及的"独埠河"在中国古代方志中被称为药石河，这说明"独埠河"之名应为民间的称谓。乾隆《莱州府志》记载，② 昌邑至掖县急递铺之中，有名为独埠铺的急递铺。结合地理位置，清代昌邑县所辖的独埠铺所在之处应是金德承所言杜阜河旁"村烟极盛"之所，但"独埠"的称谓并未出现在万历《莱州府志》、康熙《平度州志》等方志③中。这或说明因独埠④在明末就已有一定的人口和经济基础，且地理位置重要，自清代中期，官方便在独埠设立了急递铺。此外，吴翿在《新河途中》一诗中，记述了朝鲜使臣自灰埠驿至新河铺的沿途所见所感，据地理位置来推断，"筐果堪留客，尊醪报涤场"⑤ 所描述的村落也应是独埠，而这样的记述也与金德承"村烟极盛"的记载一致。

---

　　① 吏，书吏；官吏。吏读语出"吏读文"一词，即书吏所读之文。

　　② "昌邑县（急递铺）……东北路六：黑埠、夏店、陆庄、卜庄、新河、独埠。"（乾隆《莱州府志》卷5《驿递》，清乾隆五年刻本，第2页 b）

　　③ 参见万历《莱州府志》卷5《驿传》，明万历三十二年刻本，第20页 a；万历《莱州府志》卷5《市集》，明万历三十二年刻本，第25页；康熙《平度州志》卷1《乡社》，清康熙五年刻本，第9页 a—24页 b；康熙《平度州志》卷3《驿传》，清康熙五年刻本，第10页b—11页 b。

　　④ 由于明末清初的相关方志中并无有关"独埠"的记载，仅依据李民宬与金德承有关独埠河的记述，无法断定明末独埠铺（清代）所在村庄的名称是独埠村。但仅从地名的渊源来看，清代"独埠铺"之名极有可能是源自"独埠村"之名，待考。为严谨起见，本书以"独埠"指代清中期独埠铺所在之处。

　　⑤ ［朝鲜］吴翿：《燕行诗》，《天坡集》卷2，韩国学中央研究院藏书阁藏本，第22页 a。

据《平度市地名志》记载，[①] 1965 年，平度为治理因大泽山雨季山洪而导致的严重内涝，开凿了人工河——泽河。开凿过程中，在灰埠镇下刘家村附近，将淄阳河截为上游和下游两段。上游故道为泽河的一段，下游故道仍称淄阳河。以李民宬和金德承为代表的朝鲜使臣曾渡过的独埠河（杜阜河），即为今平度市淄阳河（平度市新城镇独埠陈家村段）。此外，金德承所言"村烟极盛"之处，即清代中期出现的独埠铺，为今平度市新河镇独埠陈家村。独埠陈家村村民陈义农（男，51岁）告诉笔者，在独埠陈家村村北有一座土堆，当地村民称为埠，"独埠"之名源于此。在埠的北侧便是以前莱州府通往京城的老官道。往返驿道的人都会在独埠陈家村留宿。自独埠陈家村到新河的路程为 6 千米。在陈义农的指引下，笔者一行找到位于独埠陈家村村北的古驿道。该驿道原址大致为东西走向，宽约 3 米，为夯土路面。

图 4 – 7　位于平度市新河镇独埠陈家村北的"埠"
与驿道原址（自西向东拍摄）

---

① 参见平度市民政局编《平度市地名志》，内部资料，2017 年，第 473 页。

图 4 - 8 位于平度市新河镇独埠陈家村北的驿道原址（自东向西拍摄）

图 4 - 9 平度市新河镇独埠陈家村居民委员会

（七月）初七日。早发（莱州城）。……中火于灰阜驲，再渡深河，有门曰"昌邑东界"。

——安璥《驾海朝天录》

（九月）二十二日，晴。乘月晓发（汉亭店），行五十里，到昌邑城外五里店歇马。行六十里，宿深河店。

——吴允谦《海槎朝天日录》

（六月）二十九日，到昌邑县。朝发灰埠……过昌邑县东界，做中火于新河店，迤南店舍枊比，人物甚伙。到新河岸，与副使同船摆渡……

——李民宬《癸亥朝天录》

如安文所述，七月七日，安璥一行自东向西途经的地名依次是灰阜驲（灰埠驿）→深河→昌邑东界（坊表）。吴文中，天启三年九月二十二日，吴允谦一行返程途中，自西向东途经的地名依次是汉亭店（寒亭铺）→昌邑城外五里店→深河店。据万历《莱州府志》和康熙《平度州志》的记载，① 明末清初，朝鲜使臣在途经平度州北部时，仅有灰埠驿和新河铺两处官方驿站。另据万历《莱州府志》、万历《潍县志》、康熙《昌邑县志》的记载，② 汉亭店，即潍县寒亭铺西去六十里为昌邑县城，再西去五十里为新河铺。换言之，除却里程数的差异，吴允谦记载的"深河店"应为"新河店"，而这样的通假记述与安璥将"新河"记为"深河"的情况一致。当然，安璥记述的"深河"并不是吴允谦所言的"深河店"，而是位于深河店，即新河店西侧附近的大川——新河。出现这种误记的原因或有二：其一，在莱州方言中，"新（xīn）"与"深（shēn）"的发音近似，易混淆；其二，在记录行程时，朝鲜使臣往往会在当天或相邻的几天内，通过回忆的方式记录关键信息，待条

---

① 参见万历《莱州府志》卷5《驿传》，明万历三十二年刻本，第20页a；万历《莱州府志》卷5《驿传》，明万历三十二年刻本，第21页a；康熙《平度州志》卷3《驿传》，清康熙五年刻本，第10页b—11页b。

② 参见万历《莱州府志》卷5《驿传》，明万历三十二年刻本，第21页b；万历《潍县志》卷2《急递铺》，明万历二年刻本，第5页a；康熙《昌邑县志》卷3《公署》，清康熙十一年增刻本。

件允许时，再将其补全。在此过程中，出现如吴允谦将新河铺里程数颠倒记述的情况亦不足为奇。

依李文的记述，六月二十九日，李民宬一行经过昌邑县东界（坊表），在新河店，即新河铺内午休用饭。在新河铺的南侧密密地排列着诸多旅店，往来客商络绎不绝。稍作休整后，李民宬到达新河岸边，与副使尹暄一同乘船渡过新河。这说明新河铺处于平度州与昌邑交界，为连接登莱通衢的重镇，是进入登莱的门户。因往来客商众多，至少自明代末期起，以旅店为主的新河商业就已十分繁荣。据李文记述，六月二十九日，李民宬一行自东向西途经的地名依次是灰埠驿→昌邑县东界→新河店（新河铺）。对比安文和吴文的途经地名，安璥和李民宬对"昌邑县东界"及"新河"位置的记述并不相同。即安璥一行先通过深河（新河）后，再过昌邑县东界，而李民宬一行则是先过昌邑县东界，到达新河店后，再渡新河。

例一：

平度州（急递铺）西北路通昌邑县，铺五：曰周家，曰大场口，曰张舍，曰新河，曰房家庄。①

例二：

昌邑县（急递铺）东北路通莱州府，铺五：曰黑埠，曰夏店，曰抚安，曰卜庄，曰新河。②

例三：

平度州（急递铺）……西北路通昌邑，铺五：曰周家店，曰大杨召，曰张舍，曰新河，曰房家庄。③

例四：

① 万历《莱州府志》卷5《驿传》，明万历三十二年刻本，第21页a。
② 万历《莱州府志》卷5《驿传》，明万历三十二年刻本，第21页b。
③ 康熙《平度州志》卷3《驿传》，康熙五年刻本，第11页a。

新河铺，在（昌邑）县东北五十里，废。①

例五：

平度州……又西北路二：灰埠、三埠。以上共铺司二兵、夫六。②

例六：

昌邑县（急递铺）……东北路六：黑埠、夏店、陆庄、卜庄、新河、独埠。③

例七：

新河铺，在（昌邑）县东北五十里，废。④

例八：

（昌邑县）新河铺，铺兵九名。东至平度之房家铺十里。⑤

据例一至例四的记载，自明末万历三十二年（1604）至康熙五年（1666），新河铺为平度州和昌邑县共管的急递铺。康熙十一年（1672），新河铺被废。例五及例六是则表明自清乾隆五年（1740），新河铺由平度州划归为昌邑县管辖。例七、例八表明在清乾隆七年（1742），新河铺被废，而在光绪三十三年（1907），新河铺又被重新启用，且为昌邑县管辖。简言之，新河铺的沿革兴废十分杂乱，难以通过新河铺的隶属关系，确定明末登莱驿道横穿平、昌交界之处。这或与平度州的行政建置从直隶州变更为散州有直接关系，具体原因待考。天启三年冬至、圣节兼谢恩使赵濈在《燕行录—云朝天录》中不仅记载了"昌邑县东界"，还记载了"平度州西界"。

---

① 康熙《昌邑县志》卷3《公署》，清康熙十一年刻本。
② 乾隆《莱州府志》卷5《驿递》，清乾隆五年刻本，第2页b。
③ 乾隆《莱州府志》卷5《驿递》，清乾隆五年刻本，第2页b。
④ 乾隆《昌邑县志》卷4《驿递》，清乾隆七年刊本，第99页b。
⑤ 光绪《昌邑县续志》卷4《驿递》，光绪三十三年刻本，第17页b。

　　（十月）十四日，晴。早发（灰埠驿），过**平度州西界**，过**昌邑县东界**。路逢暴雨，入**官铺**歇。北风卷地，尘雾涨天，海上若逢此风，未知何以得生道也。雨歇，过**新河**，有桥有舟，轿夫等舍舟而桥。桥甚危狭，仅以过去，若至颠坠，事将不测。悚身悚身！恨不步涉也。

　　十月十四日，赵濈一行在经过平度州西界、昌邑县东界后，遇到暴风雨。当时天气十分的恶劣，北风呼啸，尘雾遮天。赵濈感叹如若在海上遭遇此等风暴，难以生还。这也从侧面说明，朝鲜使臣对"十生九死"海路使行的刻骨铭心。因遭遇暴风雨，赵濈一行进入一官铺暂避，天气转晴后，从舟桥上渡过新河。明末自灰埠驿至新河之间，仅有新河铺这一处官方急递铺，故赵濈此处所说的官铺为新河铺。据此，十月十四日，赵濈一行自东向西途经的地名依次是灰埠驿→平度州西界→昌邑县东界→新河铺→新河。通过赵濈的记载，可以明确两点：其一，安璥关于昌邑东界，即昌邑县东界坊表所在位置的记述应为误记；其二，新河铺位于昌邑县境内。依赵濈的记述来推测，平度州西界与昌邑县东界两处标识应相去不远，但两处标识到底在何处呢？

　　《元和郡县志》记载："胶水，东去（北海）县八十五里，与莱州胶水县中分为界。"[1] 胶水 "源出密州、诸城东卷山……西流经掖县入海"[2]，即今胶莱河，至今仍为青岛平度市与潍坊昌邑市的界河。北海为今潍坊在唐时的行政区划名称，相关内容将在后文详述。此后，因区划变动十分频繁，平度州东北部与昌邑县西北部接壤处多为"犬牙相错之地"[3]，但结合清代方志和明末使行文献的相关记载，可以推出明末平度州西界与昌邑县东界两处标识的大致位置。光绪《昌邑县续志》："在城铺……东至独埠铺六十里，东北至新河铺五十里。……独埠铺……东至平度之三埠铺十里。"[4] 即昌邑县新河铺在昌邑县城东北

①　《元和郡县志》卷11《河南道》，清武英殿聚珍版丛书本，第23页a。
②　《太平寰宇记》卷20《河南道二十》，清文渊阁四库全书本，第21页a。
③　民国《续平度县志》卷1《疆域志》，民国二十五年铅印本，第1页a。
④　光绪《昌邑县续志》卷4《驿递》，光绪三十三年刻本，第17页。

五十里，独埠铺在昌邑县城东北六十里，平度州三埠铺在昌邑县东北七十里。崇祯三年（1630），陈慰、奏请兼进贺使郑斗源在《朝天记地图》中亦记载："灰埠驿，属平度州。自灰埠西至昌邑县八十里程也。行三十里，有新河。"[①] 即灰埠驿至昌邑县城八十里，灰埠驿向西南行十里为三埠铺，再十里为独埠铺，再十里为新河铺（新河）。据此，结合李民宬、金德承以及吴翿对"独埠"的记载，可推断明末平度州西界与昌邑县东界两处标识约在清代独埠铺，即今平度市新城镇独埠陈家村附近。

图 4-10　今位潍坊昌邑市与青岛平度市界河——胶莱河上的
"胶莱河大桥"标识牌（G309 国道）

民国《续平度县志》记载："新河，在西北，距（平度）城七十五里，西接昌邑界半里，南至南崖一里。"[②] 南崖，即今平度市新河镇南镇村旧名。据南镇村村碑记载，南镇村位于新北镇南侧，胶莱河东岸。明洪武初年，刘姓与周姓由四川迁此立村，刘姓居沟南，周姓距沟北，

---

①　［朝鲜］郑斗源：《朝天记地图》，韩国成均馆大学尊经阁藏本。
②　民国《续平度县志》卷1《疆域志》，民国二十五年铅印本，第9页 b。

故名南崖村和北崖村。南崖村和北崖村今称南镇村与北镇村。因此，可以推测朝鲜使臣曾途经的新河铺应是今平度市新河镇北镇村。据《大明会典》记载，[①] 新河铺原为昌邑县新河桥递运所（一作新河递运所[②]），嘉靖二十九年（1550）革。另据相关方志记载，[③] 明末万历三十二年至康熙五年，新河桥递运所变更为新河铺，是平度州和昌邑县共管的急递铺，属昌邑县仁信乡新河社。清康熙十一年（1672），新河铺被废。自清乾隆五年（1740）起，新河铺由平度州划归为昌邑县管辖。乾隆七年（1742），新河铺再次被废，光绪三十三年（1907），新河铺又被重新启用，在此期间为昌邑县管辖，属昌邑县居信乡新河社。至民国十七年（1928），属昌邑县居信乡新河社。民国十七年，区社制改为乡镇制，属平度县第五区新河镇。1945 年，属平西县新河镇。1953 年，

图 4-11　今胶莱河大桥东侧的"青岛界"标识牌（青岛平度市西界）

①　《大明会典》卷 147《兵部三十·地理二》，明万历内府刻本。
②　嘉靖《山东通志》卷 15《公署》，明刻本，第 25 页 a。
③　参见万历《莱州府志》卷 5《驿传》，明万历三十二年刻本，第 37 页 b；道光《重修平度州志》卷 14《志七·兵防》，清道光二十九年刻本，第 3 页 a；光绪《昌邑县续志》卷 4《驿递》，清光绪三十三年刻本，第 17 页；民国《平度县续志》卷 2《乡镇》，民国二十五年铅印本，第 21 页 a；平度市民政局编《平度市地名志》，内部资料，2017 年，第 26—29 页。

图 4 – 12　今胶莱河大桥西侧的"潍坊界"标识牌（潍坊昌邑市东界）

图 4 – 13　今平度市新河镇北镇村村碑

属蓼兰县第五区新河镇。1956 年，属平度县新河区新河镇。1976 年，属平度县新河人民公社。1984 年，属平度县新河镇。2012 年至今，属平度市新河镇。

图 4 – 14   原新河镇镇政府旧址①

新河，抑或深河，初名胶水。《汉书》载："胶水，东至平度入海。"② 胶水亦为《史记》载"晋世家所谓伐齐东至胶"③ 之处。《水经注》载："胶水，出黔陬县胶山，北过其县西。"④ 黔陬县，指胶州，即明代莱州平度州。《元和郡县志》："胶水，东去（北海⑤）县八十五里。"⑥《齐乘》载："胶水……出胶州西南铁橛山也。……又北径高密县东……北出注新河，由河北入于海。其东北入海者，胶水之故

① 现新河镇镇政府已迁往灰埠镇。因政府驻地有较大的时间和空间惯性，故此处为原新河铺原址的可能性极大。但较为遗憾的是，在笔者的采访过程中，因时间久远，当地被采访人皆对此表示不知情。

② 《汉书》卷 28 上《地理志八（上）》，清乾隆武英殿刻本，第 34 页 a。

③ 民国《平度县续志》卷 1《山川》，民国二十五年铅印本，第 8 页 a。

④ 《水经注》卷 26《胶水》，清武英殿聚珍版丛书本，第 31 页 a。

⑤ 北海县，即明末潍县，相关内容将在后文详述。

⑥ 《元和郡县志》卷 11《河南道》，清武英殿聚珍版丛书本，第 23 页 a。

道差浅，而新河为经流。新河者，至元初莱人姚演建言，首起胶西县东陈村海口，自东南趋西北凿陆地数百里，欲通漕直固海口，数年而罢。余尝乘传过之，询土人云，此河为海沙所壅，又水潦积淤，终不能通。"① 元朝至元初年，元为打通南北运粮通道，动用庞大的人力挖掘较浅的胶水下游故道，所开之人工运河改称为"新河"②，今名北胶莱河。明末平度之新河的名称变化如下：（汉代至元代正元年间）胶水→（元代正元年间至民国）新河、胶水、胶河、胶莱河③→（今）北胶莱河。另据《平度市地名志》记载，④ 北胶莱河源出诸城五弩山，是平度市与高密市、昌邑市的界河，在莱州市土山镇海仓村西北注入渤海莱州湾，平度市境内长 77 千米，流域面积 1914.06 平方千米，流经万家、

图 4 – 15　今位于北胶莱河东岸的河长公示牌

① 《齐乘》卷 2 《益都水》，清乾隆四十六年刻本，第 9 页 b。

② 据平度市新河镇北镇村和南镇村的记载，明洪武初年，周、刘两姓的川籍移民落户此地建村，周姓居沟北，刘姓居沟南，故称南、北崖。后因沟窄水涨常泛滥为害，居民将沟开挖成河，得名新河。此种新河说与史料中的记载相左，应属以讹传讹。

③ 参见万历《莱州府志》卷 2 《山川》，明万历三十二年刻本，第 74 页 b—75 页 a；万历《莱州府志》卷首《图》，明万历三十二年刻本，第 26 页 a；乾隆《莱州府志》卷 1 《山川》，清乾隆五年刻本，第 3 页 a；道光《重修平度州志》卷 8 《志一·山川》，清道光二十九年刻本，第 8 页 b—9 页 b；民国《平度县续志》卷 1 《山川》，民国二十五年铅印本，第 8 页 a。

④ 参见平度市民政局编《平度市地名志》，内部资料，2017 年，第 471—472 页。

崔家集、明村、马戈庄、张舍、新河镇，主要支流有泽河、淄阳河、双山河、龙王河、现河等。种种证据表明，朝鲜使臣曾渡过的新河为今平度市北胶莱河（新城镇北镇村段）。

图 4－16　深冬时节的北胶莱河

此外，据赵濈记载，当时渡过新河有两种方式，即船渡和桥渡。赵濈一行并未同李民宬和尹暄一样选择船渡，而是利用新河桥来渡过新河。两行朝鲜使臣团分别在农历十月中旬和六月末渡新河，渡河方式的不同，应与新河水量的大小有关。登莱通衢上的新河桥，位于平度州城西北八十里，昌邑县东北五十里。据相关方志记载，[①] 嘉靖十年（1531），海道副使王献欲通海运，联舟为桥，"后海运不行，乃散舟以渡"[②]。清康熙九年（1670），平度人李昌明募修新河石桥，该桥有

① 参见万历《莱州府志》卷 5《桥梁》，明万历三十二年刻本，第 17 页 b；康熙《昌邑县志》卷 3《建置志·桥梁》，清康熙十一年刊印本；乾隆《莱州府志》卷 2《桥梁》，清乾隆五年刻本，第 10 页 b；（清）张文车《重修新河桥碑记》，光绪《昌邑县续志》卷 8《艺文》，光绪三十三年刻本，第 11 页 b—13 页 a；民国《续平度县志》卷 5《政治志·桥梁》，民国二十五年铅印本，第 13 页 a。

② 乾隆《昌邑县志》卷 2《桥梁》，清乾隆七年刊本，第 64 页 a。

110 个洞涵，坚固平稳。雍正元年（1723），位于登莱通衢之上的新河桥日渐倾颓。嘉庆十三年（1808），昌邑人张廷瑞捐修新河石桥。光绪三十四年（1908），沙河杜向荣捐钱两万，修建新河大石桥。在今 G309 国道胶莱河大桥旁（大桥位于平度市新河镇北镇村东北），笔者一行采访了与平度市新河镇北镇村一河之隔的昌邑市卜庄镇新胜村村民贾秀令（男，78 岁）。贾秀令告诉笔者，现在的胶莱河大桥并不是在原新河大石桥原址上建造的。古老的新河石桥原址在今胶莱河大桥以南约 0.5 千米处，20 世纪 70 年代，在老新河石桥的原址之上建造了一座未名新桥，现平度政府正对该桥进行翻修。

图 4 - 17　贾秀令老人所说的今北胶莱河上的未名新桥

　　此外，虽然使行文献及明末方志中并未出现有关三埠铺的记载，但该铺位于登莱驿道旁，朝鲜使臣亦应从此经过，故在此一并论述。三埠铺，今为平度市新河镇三埠村。据《平度市地名志》记载，[1] 三埠村位于镇政府驻地灰埠西南 5 千米。村势低洼，东南为平原，西、南、北为埠。明洪武年间，川籍孙姓迁此立村，因村周围有三个土埠，故名。在实地考察的过程中，笔者在三埠李家村村民冯光志（男，96 岁）的指

①　参见平度市民政局编《平度市地名志》，内部资料，2017 年，第 148 页。

图 4 – 18　今北胶莱河与位于其上的 G309 胶莱河大桥

图 4 – 19　三埠李家村村南的驿道原址

引下，在三埠村西临的三埠李家村南找到了一段古时的驿道原址，大致为东北—西南走向，路宽约3米，为夯土路面，长度约1千米。

综上所述，按照明代的称谓，从掖县西界到达新河铺，朝鲜使臣所经地名依次为：（1）灰阜驲（灰阜、灰埠、灰埠驲、灰埠里）、宰相里（状元宰相里、状元乡、宋龙图阁学士蔡齐故里、宋蔡齐旧里、学士里）；（2）昌邑东界（昌邑县东界）、平度州西界；（3）独埠（杜阜河）；（4）新河店（深河店、官庄、官铺）；（5）深河（新河）。综合考证、实地考察和采访记录可知，现在的称谓，依次是：（1）青岛市平度市新河镇灰埠村；（2）平度市新河镇独埠陈家村；（3）平度市淄阳河（独埠陈家村段）；（4）平度市新河镇北镇村；（5）平度市北胶莱河（新城镇北镇村段）。此外，依实地考察和采访结果推测，朝鲜使臣还曾途经今莱州市新城镇三埠李家村。

第五章　新河铺至昌邑县城

据相关方志记载，[1] 昌邑县，周代，为鄑城，《左传》："庄公元年，齐师迁纪于鄑城。"西汉初，为都昌国，又名芙蓉。西汉中期，属北海郡。唐，并入北海县，属青州北海郡。宋建隆三年（962），开始使用"昌邑"一名，为昌邑县，属北海军。宋乾德三年（965），属潍州。明洪武初年，随潍州属青州。洪武九年，伴随莱州府的设置，昌邑县改属莱州府。其后，因胶水升为平度州（直隶州），昌邑县属山东承宣布政使司莱州府平度州。民国三年（1914），裁府留道，属山东省胶东道。民国十四年（1925），改属胶莱道。1945 年 8 月，分置昌邑、昌南两县，属胶东区西海专区。1950 年 4 月，属昌潍专区。1956 年，昌南县并入昌邑县，仍属昌潍专区。1994 年 6 月，裁撤昌邑县，设立昌邑市（县级市），属潍坊市。至今仍属潍坊市。

关于新河与昌邑县之间的地名，使行文献记载如下：福店、泽水、牛庄村、昌邑东三十里（店）、潍河、新福堡、（昌邑县东）十里铺、昌邑城外五里店、昌邑县城、陆山、四知庙、高重山等。

第一节　福店[2]、泽水、牛庄村、昌邑东三十里（店）

（十月）十四日，辛未，晴。早发（灰埠驿），过平度州西界，

---

① 参见《史记》卷 92《淮阴侯列传》，清乾隆武英殿刻本；《齐乘》卷 3《郡邑》，清乾隆四十六年刻本，第 7 页 b—8 页 a；万历《莱州府志》卷 1《封建沿革》，明万历三十二年刻本，第 33 页；山东省昌邑县志编纂委员会编《昌邑县志》，内部资料，1987 年，第 37—40 页；昌邑县地名志编纂委员会编《昌邑县地名志》，内部资料，1987 年，第 5—12 页。

② 使行文献中亦记载为卜庄、卜庄店、福庄店。

过昌邑县东界……过新河……四十里到福店中火……入昌邑县城东
铺王姓人家宿。

——赵濈《燕行录－云朝天录》

天启三年十月十四日，赵濈一行从平度州灰埠驿行四十里后，在
"福店"内暂歇吃午饭，并在当日入住昌邑县东铺。如第四章第二节所
述，明末"平度州西界"与"昌邑县东界"两处标识大致应在清代独
埠铺，即今平度市新城镇独埠陈家村附近。这说明"福店"应位于灰
埠驿至昌邑县的驿道旁，且属昌邑县。明万历《莱州府志》记载，[①] 明
代昌邑县通往莱州府（掖县）的急递铺有五个，自西向东依次为黑埠
铺、夏店铺、抚安铺、卜庄铺、新河铺。清康熙《昌邑县志》中有更
为明确的记载，[②] 黑埠铺在昌邑县东北十里，夏店铺在昌邑县东北十五
里，抚安铺在昌邑县东北三十里，卜庄铺在昌邑县东北四十里，新河铺
在昌邑县东北五十里。由此可知，明末清初，自新河铺渡新河，沿登莱
青通衢，行十里为卜庄铺，行二十里为抚安铺，行三十五里为夏店铺，
行四十里为黑埠铺，行五十里到昌邑县城。在前往北京的此段路途中，
大部分朝鲜使臣的日行路程应是从灰埠驿出发，行三十里到新河铺，行
四十里到卜庄铺，行五十里过抚安铺，行六十五里过夏店铺，行七十里
到黑埠铺，行八十里至昌邑县城。这样的里程推算与郑斗源在《朝天
记地图·灰埠驿图》中"自灰埠西至昌邑县，八十里程也"[③] 的记载一
致。因此，仅依据上述推算，赵濈记述的"四十里到福店"的"福店"
应为昌邑县急递铺之一的卜庄铺。

（十月）初十日。早发（灰埠驿），渡新河……中火于福庄店……
夕抵昌邑县东馆驲。是日行八十里。……闰四月初一日，早发昌邑县，
午憩卜庄店。渡新河，抵掖县之沙河店。是日行一百里。

——申悦道《朝天时闻见事件启》

---

① 万历《莱州府志》卷5《驿传》，明万历三十二年刻本，第21页。
② 参见康熙《昌邑县志》卷3《公署》，清康熙十一年刻本。
③ ［朝鲜］郑斗源：《朝天记地图》，韩国成均馆大学尊经阁藏本。

崇祯元年十月十日，冬至、圣节兼辨诬使申悦道一行渡过新河，在"福庄店"内吃午饭，并夜宿昌邑县城东馆驲（东关驿），当天共走了八十里的路程。回程时，即崇祯三年闰四月一日，申悦道一行途经"卜庄店"，渡过新河，夜宿掖县沙河店（沙河铺）。回程时的"卜庄店"应与去程中的"福庄店"为同一地名，即昌邑县卜庄铺。此处出现通假记述的原因可能有二：其一，昌邑方言中，卜（bǔ）与福（fǔ）发音相似。其二，朝鲜语（韩语）中，卜与福皆记为"복"，国际音标为"bok"。即因当地人的发音或由随行翻译官的传达过程，出现了同一地点的不同记述。当然，这也从侧面反映出汉字与韩字之间较为密切的渊源。结合前文有关"福店"的里程推算，赵濈记述的"福店"应是福庄店即卜庄店的缩略记述形式。此外，天启三年奏闻（请封）兼辨诬使臣团副使尹暄在回程途经此段路途中，还路过"官庄"。

> （三月）十七日，晴。（自昌邑境王禄店发行）朝过昌邑县，舟渡淮河，到官庄朝饭，灰埠中火……到沙河（铺）刘姓人家宿。
>
> ——尹暄《白沙公航海路程日记》

> （三月）十七日，辛未，到沙河店。晓发王老店，过昌邑县……船渡淮河……中火于卜庄店，过新河……至灰埠驲……夕宿于沙河店。行一百一十里。
>
> ——李民宬《癸亥朝天录》

天启四年三月十七日，尹暄一行自昌邑境王禄店（昌邑县至潍县急递铺之一的王耨铺，后文详述）出发，途经昌邑、淮河（昌邑县之潍河，后文详述），在一官庄内暂歇食用早餐，经灰埠驿后，到达掖县沙河铺暂宿。官庄，国家或地方行政机构经营的田庄。此"官庄"应为官铺，即官方设置的急递铺。潍河以东的昌邑县急递铺有夏店铺、抚安铺、卜庄铺、新河铺。结合同日书状官李民宬的记述，尹暄记载的"官庄"应为"卜庄店"，即卜庄铺。但关于卜庄的记述，二人略有不同，尹暄一行在"官庄朝饭"，而李民宬一行"中火于卜庄店"。这也表明同属天启三年奏闻（请封）兼辨诬使臣团的副使尹暄和书状官李民宬到达卜庄铺的时间不同。朝鲜使臣团的正使、副使、书状官出于安全的考量,有时会各自先后出发,故出现了尹暄和李民宬在卜庄铺内先后用餐的记载。此外,使行文献中"官庄"的表述说明明代末期的卜庄规模应该并不小。

图5-1 今昌邑市卜庄镇前卜村村民委员会

明末昌邑县急递铺卜庄铺今为昌邑市卜庄镇前卜村和后卜村。令人感兴趣的是卜庄铺在明末清初被废置过一段时间。如前文所述,明万历年间卜庄铺就已为昌邑县急递铺之一。申悦道在《朝天时闻见事件启》的记述为明末海路使行文献中最后一次关于卜庄铺的记载。这至少说明截至申悦道到访中国的崇祯元年,卜庄铺一直存续,并隶属昌邑县。据康熙《昌邑县志》记载,[①] 昌邑县知县党丕禄购买了徐化的民宅,创建卜庄铺。党丕禄,合阳人(今陕西合阳人),"由举人顺治十四年(1657)任(昌邑知县)"[②]。据此可知,1628—1657年,卜庄铺可能曾

---

① 参见康熙《昌邑县志》卷3《建置志·公署》,清康熙十一年刻本。
② 康熙《昌邑县志》卷5《官制志·县官》,清康熙十一年刻本。

被废止。① 简言之，至少在崇祯元年前，昌邑县东北四十里曾有急递铺—卜庄铺，顺治十四年，卜庄铺重置。清咸丰六年（1907）前，作为急递铺的卜庄铺早已被废。② 据相关方志记载，③ 卜庄曾名徐家庄子、卜庄街等，分前卜、后卜两个村民委员会。明永乐年间，徐姓立村，后居民为避难，卜卦择此立村，故名。因处青莱驿道两侧亦称卜庄街，后复名卜庄。清康熙十一年（1672）至光绪三十三年（1907），属崇德乡卜庄社。民国十二年（1933），属昌邑县第五区胶西乡。1950 年，属昌邑县第六区。1955 年，属卜庄区。1958 年 2 月，属卜庄乡，9 月，属跃进人民公社，12 月，属卜庄人民公社。1983 年 8 月，属卜庄乡。1994 年至今，属昌邑市卜庄镇。

> （七月）初七日。早发（莱州城）……中火于灰阜驲，再渡深河……四十里又有泽水，乱流而渡。暮投牛庄村马姓人家宿。通共百十余里……
>
> ——安璥《驾海朝天录》

天启元年七月七日，谢恩、冬至兼圣节使臣团书状官安璥一行横渡"深河"即新河后，又途经了"泽水"。如前所述，自灰埠驿西去四十里为卜庄铺，故"泽水"应是位于卜庄铺附近的某条河流。据万历《莱州府志》记载，④ 符合条件的河流应为昌邑县媒河。媒河在"昌邑

---

① 卜庄铺被废的具体时间可能是崇祯十七年，即 1644 年。据康熙《昌邑县志》记载，"曹养素，米脂（今陕西榆林市米脂县）人，由贡士，伪顺永昌元年任（昌邑县知县），半月，值改革，缢死"。崇祯十七年一月，明末农民起义领袖李自成（1606—1645）在西安建立大顺政权，年号永顺。在李自成攻陷北京的当年 3 月后，大顺政权便向山东各地派遣官员，官员到任后实行了一系列有利于农民的改革。在此背景下，曹养素任昌邑县知县。因自明代中后期开始，驿递制度给当地百姓带来较为沉重的税负和劳役负担，故曹养素任职期间，裁革昌邑县急递铺的可能性较大。

② 参见光绪《昌邑县续志》卷 4《驿递》，光绪三十三年刻本。

③ 参见康熙《昌邑县志》卷 2《地理志·乡社》，清康熙十一年刻本；乾隆《昌邑县志》卷 2《乡社》，清乾隆七年刊本，第 3 页 a—9 页 b；光绪《昌邑县续志》卷 2《乡社》，光绪三十三年刻本，第 3 页 a—9 页 b；民国《昌邑县志》，民国二十六年刊本；山东省昌邑县志编纂委员会编《昌邑县志》，内部资料，1987 年，第 46 页；昌邑县地名志编纂委员会编《昌邑县地名志》，内部资料，1987 年，第 155—157 页。

④ 万历《莱州府志》卷 1《山川》，明万历三十二年刻本，第 73 页 b—74 页 b。

县东四十里，东通胶水（今胶莱河），西通潍水（今潍河），俗传胶翁、潍母此河交连二水，故名"①。"泽水"有可能是明末昌邑县当地人对媒河的俗称。康熙十一年（1672），媒河称谓变为媚河，② 自清乾隆七年（1742）至民国二十六年（1937）称媒河，③ 今为昌邑市漩河（柳家村段）。据相关方志记载，④ 媒河古河道西起夏店镇，向东经刘庄、卜庄汇入胶莱河。新中国成立后，因流水量变小，河道渐废。1964 年，当地政府将漩河下游引入漩河，此后，两河通称漩河。渡过泽河后，安璥一行在傍晚时分入住昌邑县牛庄村的马家，因"有士群集，各求题扇，忙甚难拒"⑤，故为村中读书人题写了名为《题人扇》的扇诗。

图 5 - 2　昌邑市卜庄镇后卜村西侧的昌邑市漩河（柳家村段）

题人扇

田园村巷邃，城市邑居宽。

① 万历《莱州府志》卷 1《山川》，明万历三十二年刻本，第 74 页 b。

② 康熙《昌邑县志》卷 2《地理志·山川》，清康熙十一年刻本。

③ 参见乾隆《昌邑县志》卷 1《山川》，清乾隆七年刊本；民国《昌邑县志》，民国二十六年刊本。

④ 参见山东省昌邑县志编纂委员会编《昌邑县志》，内部资料，1987 年，第 58 页；昌邑县地名志编纂委员会编《昌邑县地名志》，内部资料，1987 年，第 297 页。

⑤ ［朝鲜］安璥：《驾海朝天录》，美国哈佛大学燕京图书馆藏本。

远客停车处，青衿挟路观。

——安璥《驾海朝天录》

　　七月七日，牛庄村的读书人见到朝鲜使臣后都十分激动，纷纷请求朝鲜使臣题扇诗。虽停宿牛庄村的朝鲜使臣非常忙碌，但一一应允了题扇诗的请求。通过此诗，可以还原出朝鲜使臣见到的牛庄村景象和当地书生对朝鲜使臣亲近友善的场景。青衿，青色交叠衣领的长衫，古代读书人日常穿着的服饰。《诗·郑风·子衿》："青青子衿，悠悠我心。"毛传："青衿，青领也。学子之所服。"①"田园村巷遂，城市邑居宽"，是说道路宽阔纵横的牛庄村人丁兴旺，民众富足，村内民居众多，错落有致。"远客停车处，青矜挟路观"说的是在朝鲜使臣的住宿之处，村内的读书人纷纷围观来自异域的使臣队伍，并上前请求朝鲜使臣为自己题写扇诗留念。

　　请求朝鲜使臣题扇诗的行为至少说明了两点。其一，明朝和朝鲜之间休戚相关的关系以及朝鲜文人有着较高汉诗造诣的心理认知，早已在明末登莱较为偏远地区的读书人心中普遍存在。如第二章第三节和第六节所述，以万历年间的抗倭援朝战争为契机，身处登莱中心之一——莱州府（掖县）城的官员和知识分子对明朝关系和朝鲜有了更进一步的认识。依安璥的记述可知，不仅在莱州府城，而且在较为接近山东腹地的牛庄村，普通知识分子依旧对朝鲜有着较为深入的了解。

　　其二，作为莱青驿道旁的村落，牛庄村不仅有为数不少的读书人，还具备接待人数庞大的使臣团随行人员的能力。这说明彼时牛庄村规模较大，人口众多，生活较为富足，且建村时间较早，有一定的文化传承。笔者在相关的方志中并未查询到有关牛庄村的记载。安璥并未言明牛庄村的具体位置，从其次日横渡潍河的记载②来看，明末牛庄村应位于媒河与潍河之间。

　　（七月）初七日，丙午，晴。朝启（莱州城外）……到灰埠驿

---

① 《毛诗》卷4《王黍离诂训传第六》，四部丛刊景宋刻本。

② 参见［朝鲜］安璥《驾海朝天录》，美国哈佛大学燕京图书馆藏本。

徐姓人家中火，夫马交递。行三十里许，深河又渡舟，行十五里，牛庄村马姓人家止宿……

——崔应虚《朝天日记》

如引文所述，与书状官安璥一同使行明朝的正使崔应虚在当日的使行文献中，详细地记载了牛庄村的具体位置，即西距灰埠驿四十五里（东距昌邑县城三十五里）。由此可以推断，朝鲜使臣崔应虚、安璥曾途经的牛庄村聚落应位于昌邑县卜庄铺与抚安铺之间，且符合上述条件的村落为今昌邑市卜庄镇刘庄村。刘庄村在卜庄西3千米，曾名陆庄店，"店"即为驿道旁为往来客商提供食宿的店铺。据相关方志记载，① 刘庄村或始建于东汉，初称陆庄店。其后，刘、苏、姚、马、吴、张等姓逐渐迁入，民国二十六年（1937）后，因刘姓居多，改称刘庄。村内主街呈东西走向，街道宽阔，房舍成排，绿树成荫。自清康熙十一年

图 5-3　今昌邑市卜庄镇刘庄村村民委员会

---

① 参见康熙《昌邑县志》卷2《乡社》，清康熙十一年刻本；乾隆《昌邑县志》卷2《乡社》，清乾隆七年刊本，第3页 a—9 页 b；光绪《昌邑县续志》卷2《乡社》，光绪三十三年刻本，第3页 a—9 页 b；民国《昌邑县志》，民国二十六年刊本；山东省昌邑县志编纂委员会编《昌邑县志》，内部资料，1987年，第46页；昌邑县地名志编纂委员会编《昌邑县地名志》，内部资料，1987年，第162页。

（1672）至清末光绪三十三年（1907），属昌邑县崇德乡陆庄社，称陆庄村。民国二十六年（1937），属昌邑县第五区陆庄乡辛农镇，仍称陆庄村，今属昌邑市卜庄镇。虽自清代起称为陆庄店或陆庄村，但因村民中刘姓占大多数，当地人称其为刘庄店或刘庄村的可能性较大。又因莱州方言中，刘和牛发音近似，这或许是崔应阶与安璥将"刘庄村"记为"牛庄村"的原因。

图 5－4　今昌邑市卜庄镇刘庄村内宽阔的街道

说明：即安璥所说的"田园村巷邃，城市邑居宽"之处。

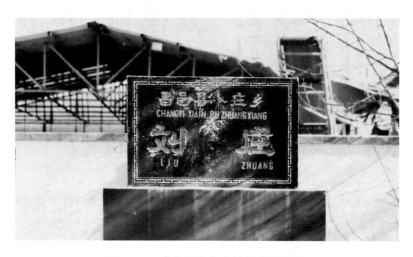

图 5－5　今昌邑市卜庄镇刘庄村村碑

　　（六月）二十九日，戊子，到昌邑县。朝发<u>灰埠</u>……过<u>昌邑县</u><u>东界</u>，做中火于<u>新河店</u>……到<u>新河岸</u>，与副使同船摆渡。抵<u>昌邑东</u><u>三十里</u>，遭雨。……夕到<u>昌邑</u>城外之<u>东馆驲</u>，约行八十里。

——李民宬《癸亥朝天录》

　　如前所述，抚安铺在昌邑县东北三十里，故昌邑县东三十里店应指昌邑县之抚安铺。据相关方志和抚安镇村村碑记载，① 抚安镇曾名抚安震、抚安庄、永安寨。东邻卜庄，西邻夏店村。元代立村，取抚安之嘉言，故名。清康熙十一年（1672）至光绪三十三年（1907），属崇德乡抚安社。民国十二年（1933），更名为抚安镇村，属第五区抚安乡。1950 年，属昌邑县第四区。1955 年，属夏店区。1958 年 2 月，属夏店乡，9 月，属先进人民公社，12 月，属夏店人民公社。1983 年 5 月，属夏店乡。今名抚安镇村，属昌邑市卜庄镇。

　　朝鲜使臣由抚安铺继续向西使行，会途经位于昌邑县东北十五里的夏店铺。夏店铺，原为夏店马驿明初设，② 因"过客分外索求"，且"一年糜费不下三四千金"，当地民众"凡遇此差（役），无不倾家"③。隆庆二年（1568），都御史姜廷顺"见本县去驿茂近既有支应，可达灰埠驿，实为滥费，遂奏请裁革一切供应，俱在县治，邑人如解倒悬"。④虽然隆庆四年（1570），夏店马驿被裁革，⑤ 但是明万历三十二年（1604）至清乾隆七年（1742），作为急递铺的夏店铺一直存续。清乾隆七年，昌邑县东北十五里的新庄铺代替夏店铺成为昌邑县急递铺。⑥

---

　　① 参见康熙《昌邑县志》卷 2《乡社》，清康熙十一年刻本；乾隆《昌邑县志》卷 2《乡社》，清乾隆七年刊本，第 3 页 a—9 页 b；光绪《昌邑县续志》卷 2《乡社》，光绪三十三年刻本，第 3 页 a—9 页 b；民国《昌邑县志》，民国二十六年刊本；山东省昌邑县志编纂委员会编《昌邑县志》，内部资料，1987 年，第 45—46 页；昌邑县地名志编纂委员会编《昌邑县地名志》，内部资料，1987 年，第 176 页。
　　② 参见嘉庆《大清一统志》卷 176《莱州府二》，四部丛刊续编本。
　　③ 万历《莱州府志》卷 5《驿传》，明万历三十二年刻本，第 20 页。
　　④ 参见万历《莱州府志》卷 5《驿传》，明万历三十二年刻本，第 20 页。
　　⑤ 参见《明史》卷 80《地理二》，清乾隆四年武英殿校刻本。
　　⑥ 参见乾隆《昌邑县志》卷 4《驿递》，清乾隆七年刊本。

图 5 - 6　今昌邑市卜庄镇抚安镇村村民委员会

图 5 - 7　今昌邑市卜庄镇抚安镇村村碑

光绪三十三年（1907），久革。① 明末至清中期的夏店铺，今为昌邑市卜庄镇夏店村。不愿意透露姓名的夏店村村民告诉笔者，现在的夏店古街便是在以前的老官道（驿道）原址上硬化改建的，往潍河方向走会到达王家庄（今昌邑市卜庄镇西王家村）。据相关方志记载，② 夏店村曾名英武寨，位于昌邑市区东北8千米处。元代建村，因临古道，夏姓在此开店而得名。清咸丰年间曾筑寨，名英武寨。清末复称今名。夏店村自清初清康熙十一年（1672）至清末光绪三十三年（1907），属昌邑县崇德乡，民国二十六年（1937），为昌邑县第四区夏店乡夏店镇夏店村。1950年，属昌邑县第四区。1955年，属夏店区。1958年2月，属夏店乡，9月，属先进人民公社，12月，属夏店人民公社。1983年5月，属夏店乡。今属昌邑市卜庄镇。

图5-8 今昌邑市卜庄镇夏店村内在古驿道原址上硬化的夏店古街

---

① 参见光绪《昌邑县续志》卷4《驿递》，民国二十六年刊本。

② 参见康熙《昌邑县志》卷2《乡社》，清康熙十一年刻本；乾隆《昌邑县志》卷2《乡社》，清乾隆七年刊本，第3页a—9页b；光绪《昌邑县续志》卷2《乡社》，光绪三十三年刻本，第3页a—9页b；民国《昌邑县志》，民国二十六年刊本；山东省昌邑县志编纂委员会编《昌邑县志》，内部资料，1987年，第45页；昌邑县地名志编纂委员会编《昌邑县地名志》，内部资料，1987年，第169—171页。

第二节 潍河①

　　（七月）初八日，丁未，晴。晓（自牛庄村）启程，行二十里许，渡舟<u>潍河</u>，乃<u>古韩信囊沙壅水之所</u>也。

　　　　　　　　　　　　　　　　　　　——崔应虚《朝天日记》

　　（七月）初八日，晴。（自牛庄村发行）再渡<u>潍河</u>，<u>韩信囊沙水</u>也，远见上流尚有沙痕。

　　　　　　　　　　　　　　　　　　　——安璥《驾海朝天录》

　　（十月）十四日，晴。早发（灰埠驿）……船渡<u>潍河</u>。又二十里，入<u>昌邑县</u>城东铺王姓人家宿。主人颇知文字，说称"午后所渡<u>潍河</u>，一名淮河，乃韩信囊沙之水"云。

　　　　　　　　　　　　　　　　　——赵濈《燕行录一云朝天录》

　　在昌邑县东铺王姓人家住宿时，通过主人的介绍，赵濈了解到当日下午渡过的河流为潍河，当地人亦称淮河。结合前文所述之牛庄村和夏店铺位置的推论，可知以崔应虚和安璥为代表的朝鲜使臣途经潍河之处，应西距灰埠驿约六十多里，东距昌邑县十余里。潍河，又名潍水、淮水、淮河，流经昌邑县城东三里。②《大明一统志》记载："潍水，自密州诸城县界流入高密县境，经昌邑潍县界东北入海。汉韩信伐齐，囊沙壅潍水，以破楚将龙且，即此。"③ 此外，《禹贡》所载"潍、淄其道"④ 的"潍"亦指此水。

---

　　① 使行文献中亦记载为潍水、古韩信囊沙壅水之所、淮涉水、囊沙处、背囊河、韩信囊沙水、韩信囊沙之水、韩信伐龙且囊沙处、淮河、怀河、淮水。

　　② 参见万历《莱州府志》卷1《山川》，明万历三十二年刻本，第75页b—76页a；光绪《昌邑县续志》卷1《山川》，清光绪三十三年刻本，第5页；民国《山东通志》卷4上《道县汇志》，第38页a；《大明一统志》卷25《莱州府》，明天顺五年内府刻本，第16页b。

　　③《大明一统志》卷二十五《莱州府》，明天顺五年内府刻本，第16页b。

　　④ 参见《太平寰宇记》卷24《河南道二十四》，清文渊阁四库全书本，第11页b；《潍县乡土志》，清光绪三十三年潍县县署石印本，第75页a。

据《汉书》《资治通鉴》等史书记载，[1] 韩信，淮阴（今江苏省淮安市淮阴区）人。西汉高祖四年（公元前203），韩信领军攻破齐国的临淄城，齐王东逃，"项羽闻韩信破齐，欲击楚，使龙且救齐"[2]。十一月，韩信带领的汉军追至潍河。汉军在东岸，齐楚联军在西岸"夹潍水而陈"。韩信连夜命人用万余个盛满沙子的袋子堵住潍河的上流，并佯装带领军队通过水流较少的潍河河床，攻击龙且的军队。在两军交锋时，汉军假装不敌，转身而逃。楚将龙且大意轻敌，带领军队渡潍河追击汉军。在龙且军队到达潍河中央时，韩信派人挖开用沙袋做成的堤坝，汹涌的水流使"龙且军大半不得渡"，汉军立即对楚军展开猛烈的击杀，杀死了楚将龙且。留在潍河东岸的楚军和齐王纷纷奔逃，韩信带领汉军追至"城阳，虏齐王"，楚国的士兵全部投降。自此一役后，汉军平定了齐国。其后，韩信派人向汉王刘邦上书，称齐国是言而无信的国家，南边靠近楚国，自己的权力太小，无法镇守齐国故土，请求刘邦封其为"假王"，即代理齐王。彼时，汉王刘邦正被楚军围困于荥阳（今河南郑州荥阳附近），对不积极营救只想请封为齐王的韩信颇有微词，但在张良等人的劝说下，刘邦派遣张良前往齐地，封韩信为齐王，并征调韩信的军队去攻打楚军。但这样的持功自傲成为其日后"天下已定，我当固烹"[3] 悲剧的隐患之一。

渡潍河之一[4]

韩信龙且事，潍沙几万囊。
早知功不伐，何用假齐王。

——《驾海朝天录》

此诗是安璥在天启元年七月八日，途经潍河时，得知此河正是"韩信囊沙之水"后，有感而发所作。囊，类似于口袋的东西，此处用作

---

① 参见《汉书》卷1《高纪第一（上）》，百衲本二十四史景宋景佑刻本，第28页a—30页b；《资治通鉴》卷10《汉纪二》，四部丛刊景宋刻本，第11页a—13页b。
② 《汉书》卷34《高纪第一（上）》，百衲本二十四史景宋景佑刻本，第28页a。
③ 《资治通鉴》卷11《汉纪三》，四部丛刊景宋刻本，第9页b。
④ 诗题为本书作者添加。

量词。伐，自我夸耀，典出《周易》："劳而不伐，有功而不德，厚之
至也。"孔颖达疏："劳而不伐者，虽谦退疲劳而不自伐其善也。"① 假，
代理，非正式。旧时官吏代理政事，正式授官之前称假。全诗是说，秦
末汉初时，韩信曾率领的汉军与龙且率领的齐楚联军曾在此激战，韩信
军队使用大量盛有河沙的口袋截断了潍河，最终打败了齐楚联军。虽潍
河之战的战功显赫，但韩信夸耀自己功劳，向汉王刘邦请封代齐王，为
其悲惨的结局埋下了伏笔。伴送官张弘骠②对此诗称赞不已，"又呼韵，
恳诣不已，更题七言一首"③。

渡潍河之二④

不耻屠中众辱之，谁怜城下钓鱼饥。
谋深潍水囊沙日，计拙齐王请假时。
四海未平权亦重，万邦才定执还危。
英雄事去将安适，鸟尽弓藏悔莫追。

——《驾海朝天录》

屠中，即"淮阴屠中"，指韩信故里淮阴屠市（宰杀牲畜的市场）
之中嘲讽、戏弄韩信的年轻屠夫，典出《史记·淮阴侯列传》。⑤ 年轻
时的韩信穷困潦倒，但喜欢随身佩剑。屠中少年讥讽韩信为怯懦之人。
因"杀之无名"，故韩信选择忍让，并从其胯下爬过，受到了周围人的
嘲笑。钓鱼饥，钓鱼充饥，典出《史记·淮阴侯列传》。⑥ 饥寒交困时
的韩信曾在淮阴城前的河流旁钓鱼充饥。河边有一洗衣服的老妇看到挨
饿的韩信，心生怜悯，连续数十天给他带饭吃。在韩信承诺以后会报答
其恩情时，老妇却表示自己并未期待报答，帮助韩信仅仅是出于同情之

---

① 《周易注疏》卷7《击辞（上）》，清嘉庆重刊宋十三经注疏本，第18页b。
② "（七月）初三日，晴。登府造送轿子，以纸涂其内面。伴送张指挥，名弘骠也，备
送盛馔。迟快手，名国升也。"［朝鲜］安璥：《驾海朝天录》，美国哈佛大学燕京图书馆藏本，
第26页b。
③ ［朝鲜］安璥：《驾海朝天录》，美国哈佛大学燕京图书馆藏本，第28页b。
④ 诗题为本书作者添加。
⑤ 参见《史记》卷92《淮阴侯列传》，清乾隆武英殿刻本，第1页b—2页a。
⑥ 参见《史记》卷92《淮阴侯列传》，清乾隆武英殿刻本，第1页b。

心。四海，古人认为中国被海环绕四周，即"东海""南海""西海"
"北海"，在此指天下。

　　首联和颔联是说，韩信并不以淮阴屠市中当众受辱的事为羞耻，忍
辱负重而终成大事。有谁怜悯在淮阴城前垂钓解饥的落魄少年，为其送
去果腹的食物。在潍河同齐楚联军的交战时，采用了"囊沙之计"，这
是深远而周密的谋划。在取得潍河之战胜利并平定齐国后，夸示自己的
功劳，向汉王刘邦请封代齐王，这是较为拙劣的计策。颈联和尾联是
讲，虽然韩信在楚汉争霸中能取得胜利固然重要，但在大局已定的情况
下，韩信仍手握重兵，这对刘邦而言是危险的事情。伴随着需要英雄平
定乱世的时代过去，安定和平的时代到来，功臣韩信在被杀时，会感叹
没有听从蒯通三分天下的计策，后悔莫及。此诗表达了作者对韩信容忍
屈辱，终成一代名将的钦佩，在潍河之战使用囊沙之计战胜齐楚联军的
赞叹以及持功自骄最终导致"鸟尽弓藏"悲剧的惋惜。据安璥记述，[①]
在听闻此诗后，伴送官张弘骉对身为朝鲜人的安璥能够对中国历史如数
家珍，心中钦佩之极，不由得向安璥行拜礼，以此来表达恭敬之情，并
称赞安璥才智过人，所作之诗格高意远。天启二年十月初二日，在归程
再次途经潍河时，伴送官张弘骉为安璥等使臣遥指囊沙处，对安璥说：
"去时有咏，可续一诗。"[②] 在长达三个月[③]的朝夕相处中，安璥使臣与
伴送官张弘骉等护送官员结下了深厚的友谊，爽快地应允，为张弘骉题
写了下面这首扇诗。

题张伴送扇[④]

胜败潍水决，沙痕万古堆。
屠中销壮气，袴下航奇才。

---

　　①　"伴送再拜，曰：'高才妙格'。"［朝鲜］安璥：《驾海朝天录》，美国哈佛大学燕京
图书馆藏本，第28页b。再拜，拜了又拜，表示恭敬。古代的一种礼节，语出《论语·乡
党》："问人于他邦，再拜而送之。"
　　②　［朝鲜］安璥：《驾海朝天录》，美国哈佛大学燕京图书馆藏本，第65页a。
　　③　天启二年十月二日，崔应虚、安璥等使臣自北京返程再次途经潍河。此时距与伴送官
张弘骉结识的天启元年七月三日已近三个月。
　　④　诗题为本书作者添加。

> 传檄燕徒靡，闻风楚可摧。
>
> 英雄同逝水，一去不曾回。
>
> ——安璥《驾海朝天录》

"传檄燕徒靡"，典出《史记·淮阴侯列传》。[1] 秦末汉初，天下未定，韩信率领汉军击败赵国军队，打算北攻燕国，东击齐国。在此过程中，韩信听从了赵国俘虏广武君的建议，派人将写有汉军拥有战无不胜优势和战场形势分析的书信送至燕国，燕国随即闻风而降。传檄，宣布檄文。徒，泛指兵卒。西晋潘岳《关中诗》："翘翘赵王，请徒三万。"[2] 靡，顺服，典出《庄子·人间世》："凡交，近则必相靡以信。"[3]"闻风楚可摧"，典出《史记·淮阴侯列传》："楚已亡龙且，项王恐，使盱眙人武涉。"[4] 诗的首联谈到，诗人伫立在潍河岸边，凝望涛涛潍河水，不禁感叹韩信带领汉军取得对齐楚联军胜利的关键在于使用"囊沙之计"，但历经千年，潍河之战后的河沙不断地堆积，现已无迹可寻。颔联提及，淮阴屠市中的少年当众羞辱韩信，使之遭受胯下之辱，即使如此，韩信含垢忍耻，终成一代名将。后两联谈及，韩信仅凭檄文就使燕国的兵士顺服，凭借骁勇善战的传闻亦可打败楚国军队。曾辉煌一时的英豪好似流水，一去不返。与《渡潍河之一》《渡潍河之二》相比，此诗除了感叹韩信的骁勇善战，英勇无敌外，还表达了对英雄消逝和岁月流逝的感慨。这样的差异或许源于使臣团即将到达登州，随后便会乘船返回朝鲜，作者心中充满分离的悲伤心情有关。

（六月）二十九日，戊子，到昌邑县。朝发灰埠……做中火于新河店……抵淮河东岸……又与副使摆船过河，正使已次西岸矣。按：淮河本不相通，太宗文皇帝命凿通漕河，在今南圻之淮安府。淮清而河浊，故有清河、浊河之别焉。今指此为淮河，恐讹传，抑

---

① 参见《史记》卷92《淮阴侯列传》，清乾隆武英殿刻本。

② 《文选》卷20，清刻本，第8页b。

③ 《庄子》卷2，四部丛刊景明本，第17页b。

④ 《史记》卷92《淮阴侯列传》，清乾隆武英殿刻本，第13页a。

或名偶同耳。

——李民宬《癸亥朝天录》

　　天启三年六月二十九日，奏闻（请封）兼辨诬书状官李民宬在途经潍河时，阐述了对"潍河为何称淮河"这个问题的见解。圻，京畿。古称天子直辖之地，亦指京城所领的地区。《尚书》："申画郊圻，慎固封守，以康四海。"① 据《大明一统志》记载，② 淮安府始设于明初，直隶京师。南圻，指南京（明太宗朱棣迁都北京后，又称南京为南直隶）。李民宬认为，永乐年间，明太宗朱棣命人在南京淮安府地域开凿以供漕运的河道。原本存在淮河之水清澈，而后挖掘的漕河河水较为浑浊，因此有清河和浊河之别。昌邑当地人将潍水（潍河）称为淮河应该是误传，或是名称上巧合而已。明代河道水利工程专著《河防一览》记载："永乐年间，平江伯陈瑄创凿清江浦一带以通淮、黄两河，始以河为运矣。"③ 依《齐乘》的记述，昌邑县当地人称潍河为淮河的原因在于"《汉志》（即《汉书》中）潍或作淮，故俗亦名淮河"④。因此，同李民宬的推测一致，昌邑县的淮河与淮安府的淮河之间没有必然的联系，仅仅是名称相同而已。当然，这也反映了朝鲜使臣在中国地理方面的知识储备极为丰富。此外，在天启四年自北京返程时，李民宬再次途经"淮河"（即潍河）。

　　（三月）十七日，辛未，到沙河店。晓发王老店，过昌邑县，抵县东十五里。乘船渡淮河，一名淮涉水，源出即墨县石城山，经县治西一里许，北流复西南流入海云。

——李民宬《癸亥朝天录》

　　李民宬一行抵达昌邑"县东十五里"，即朝鲜使臣横渡"淮河"之处。这与前文所述朝鲜使臣途经潍河之处，应西距灰埠驿六十多里，东

---

① 《尚书》卷12《毕命第二十六》，四部丛刊景宋刻本，第2页a。

② 参见《大明一统志》卷13《淮安府》，明天顺五年内府刻本，第1页b—3页a。

③ （明）潘季驯：《河防一览》卷11，清文渊阁四库全书本。

④ 《齐乘》卷2《益都水》，清文渊阁四库全书本，第2页a。

距昌邑县十余里的推论相近。这说明李民宬在归程中舟渡的"淮河",即是潍河。但问题在于李民宬又从其他人那里听说淮河又名淮涉水,"源出即墨县石城山"。当然,这样的说法应属以讹传讹。据《大明一统志》记载,① 淮涉水源发即墨县石城山,西南流经(即墨)县治西一里许,北流三里复西南流入海。淮涉水今为青岛市即墨市的墨水河。换言之,潍河(潍水)别名淮河,此昌邑县淮河与即墨县淮涉水仅仅是名称上都有一个"淮"字而已,李文中"淮河,一名淮涉水"的相关记载应为误记。

图 5-9 今昌邑市潍河冬景

说明: 远处为校园街大桥。

据相关地方志记载,② 潍河的名称变化如下:(战国末至西汉初)潍→(北魏至元)潍水→(元至民国)潍水、淮河、潍河→(今)潍

---

① 参见《大明一统志》卷 25《莱州府》,明天顺五年内府刻本,第 16 页 b。
② 参见乾隆《昌邑县志》卷 1《山川》,清乾隆七年刊本,第 41 页 b;山东省昌邑县志编纂委员会编《昌邑县志》,内部资料,1987 年,第 55 页;昌邑县地名志编纂委员会《昌邑县地名志》,内部资料,1987 年,第 291—292 页。

河。潍河发源于日照市莒县箕屋山，向北流经日照市五莲县，由安丘市入昌邑市境，向北流经太保庄、蚱山、饮马、石埠、宋庄、围子、南逢、都昌、李家埠、柳疃、夏店、东冡、青乡和下营 14 个乡镇，在昌邑市下营镇北入海。流经 86 千米，流域面积 300 平方千米。潍河是昌邑市内最大的一条水系，两岸为平原沙质土。因昌邑市地处潍河下游，河床迂回多曲，每逢汛期，常泛滥成灾。新中国成立后，昌潍专区曾统一组织 13 万民工进行修筑堤防、疏浚河道等水利工程，解决了潍河长期存在的水患。1958 年，为开发利用潍河水利资源，昌邑又在潍河中游修建了峡山水库。

> 　　昌邑……大明属莱州，在府西百二十里也。……潍水堤，在东五里。宋时筑，以防潍滥。新河……其前是潍水之上流，亦用木道也。韩信伐龙且囊沙处，俗呼淮河。
>
> 　　　　　　　　　　　　　　　　　　——金德承《天槎大观》
>
> 　　灰埠驿，属平度州。自灰埠西至昌邑县八十里程也。……行七十里，渡潍水。汉韩信伐齐，挟潍水而陈，即此也。其水大如新河，有木桥跨水。
>
> 　　　　　　　　　　　　　　　　　　——郑斗源《朝天记地图》

　　如金文和郑文所述，昌邑县"潍水之上流"在"新河"之西，其上有"木道"抑或"木桥"供人往来过河。据明万历《莱州府志》记载："石湾桥在县东北十五里，跨潍水。"[①] 这很可能是金德承和郑斗源所记述的木桥。另据万历《莱州府志》[②]、民国《昌邑县志》记载，[③] 每年十月和次年的五月，潍河水位较低时，昌邑县会要求沿河民众建造名为"石湾桥"的木桥。石湾桥的名称和建造方式自嘉靖四十五年

---

① 万历《莱州府志》卷 5《桥梁》，明万历三十二年刻本，第 18 页 a。

② "每年十月兴造，各社所费不赀，及曰五月拆桥，料物一切无落，至秋仍费如前，大为民累。嘉靖四十五年（1566），知县李天伦将拆过木料收贮草来，令居民领去，修造时加息偿之，量添官银为朽壤，助勤石河边，永为定式，民用息肩矣。"（万历《莱州府志》卷 5《桥梁》，明万历三十二年刻本，第 18 页 a）

③ 参见民国《昌邑县志》不分卷，民国二十六年刊本。

（1566）一直延续到民国二十六年（1937）。虽然金德承和郑斗源并未言明彼时渡过潍河时采用何种方式，但是结合前文崔应虚、安璥、赵濈、李民宬等使臣的记述可知，大部分使臣采用了舟渡。通过古代史料记载和实地考察的结果，笔者一行初步确定了朝鲜使臣横渡"淮河"之处，即今昌邑市卜庄镇西王庄村与昌邑市奎聚街道蔺家庄村之间。据潍河西侧的蔺家庄村村民蔺贵宗（男，65 岁）介绍，以前曾有连接昌邑市卜庄镇王家庄村和昌邑市奎聚街道蔺家庄村一座石桥。此石桥据说早年间是连接老官道的，几年前由于潍河河水泛滥，已被冲毁。曾经供行人往来的石桥，现在已被昌邑市一中西侧的校园街大桥代替。另据昌邑市奎聚街道花园村村民董书亮（男，56 岁）介绍，直到 20 世纪五六十年代，在昌邑市奎聚街道蔺家庄村段附近，仍旧有以摆渡为生的人，但现在摆渡这种职业早已在当地消失多年了。在蔺贵宗老人的指引下，笔者找到了在石湾桥原址上建造的石桥遗存和蔺家庄村北侧——潍河西岸的石湾桥（今当地称为潍河桥）纪念碑文。

图 5-10　远处潍河岸堤上的石碓即为蔺贵宗老人所说的石桥遗存

金德承所提及的潍水堤，一名红崖堤，在昌邑县东南五里，是潍河

图 5 – 11　今潍河西岸蔺家庄村旁的石湾桥（今当地称为潍河桥）纪念碑文

沿岸众多堤坝之一。据相关方志记载，① 潍水堤始建于宋初，用以防止
潍河泛滥。明隆庆三年（1569），潍水堤红崖北决口，给当地百姓造成
了巨大的损失，时县令李天伦增修潍水堤。此后，清顺治十八年、康熙
五十二年、康熙五十五年、雍正十年、光绪元年、光绪十七年、光绪三
十二年、民国十五年、民国二十三年，有当地官员或士绅筹款屡加修
筑。因潍河在雨季水涨流急，再加上潍河水自东南方向直冲潍水堤，新
中国成立前此处时常发生决堤。1951 年，昌潍专区对红崖堤进行了大
规模的加固、修葺、裁垮，时至今日，潍水堤（潍河大堤）仍是昌邑
市险要堤口之一。潍水堤（潍河大堤）位于今奎聚街道南、北庄头村
之间，长 1.5 千米，封顶宽约 8 米，呈南北走向。

---

① 　参见万历《莱州府志》卷 5《堤堰》，明万历三十二年刻本，第 27 页 a；嘉庆《大清
一统志》卷 176《莱州府二》，四部丛刊续编本，第 3 页 a；山东省昌邑县志编纂委员会编
《昌邑县志》，内部资料，1987 年，第 55 页；昌邑县地名志编纂委员会编《昌邑县地名志》，
内部资料，1987 年，第 343—344 页。

图5-12 今潍河（奎聚街道蔺家庄村段）大堤

据实地考察的结果，朝鲜使臣在西渡潍河后，会途经今昌邑市奎聚街道蔺家庄村和昌邑市奎聚街道花园村。据蔺家庄村村民蔺修普（男，83岁）介绍，蔺家庄村西侧连接花园村的小道，为古代往来昌邑和平度的老官道。另据昌邑市奎聚街道花园村村民董书亮介绍，在今花园村东侧有一条连接花园村和蔺家庄村的土路，乃是村中最早的路，也就是老官道（古驿道）。在很早以前，这条路自花园村中穿过，向南通向黑埠村。但是花园村内的古驿道已经在原址基础上进行了拓宽、硬化。在董书亮的带领下，笔者一行找到了古驿道原址。在此过程中，发现花园村内较为老旧的民居皆沿已硬化的古驿道原址两侧分布。此外，在实地考察的过程中，笔者发现蔺修普与董书亮所说的老官道实为同一条道路。此古驿道宽约3米，为夯土路面，长度约600米。

据相关方志记载，① 蔺家庄村东北临潍河。明末，蔺姓由今昌邑市卜庄镇广刘村迁此定居，取名蔺家庄。村庄沿潍河大堤西侧南北分布。明末至清代属昌邑县崇德乡陶埠社。民国十七年（1928），属昌邑县第一区幸福镇黑埠乡。1950年，属昌邑县十一区。1955年，属道照区。1956年，属城关区。1958年2月，属道照乡，9月属红旗人民公社，12月属城关人民公社。1982年，属城关镇。1984年10月，属李家埠

---

① 参见康熙《昌邑县志》卷3《建置志·隅社》，清康熙十一年增刻本；乾隆《昌邑县志》卷2《乡社》，清乾隆七年刊本，第53页b—56页a；光绪《昌邑县续志》卷2《乡社》，光绪三十三年刻本，第3页a—9页b；民国《昌邑县志》，民国二十六年刊本；山东省昌邑县志编纂委员会编《昌邑县志》，内部资料，1987年，第40—47页；昌邑县地名志编纂委员会编《昌邑县地名志》，内部资料，1987年，第188页。

乡。今属昌邑市奎聚街道。

图 5 - 13 位于昌邑市奎聚街道蔺家庄村和花园村之间的驿道原址

图 5 - 14 今昌邑市奎聚街道蔺家庄村村碑

　　花园村北临潍河。崇祯年间，王姓从今昌邑市奎聚街道邰家辛庄迁此立村。其后杜姓迁入，以杜姓在此建一花园而得名。明末至清代，属昌邑县崇德乡陶埠社。民国十七年，属昌邑县第一区幸福镇黑埠乡。1950年，属昌邑县十一区。1955年，属道照区。1956年，属城关区。1958年2月，属道照乡，9月，属红旗人民公社，12月，属城关人民公社。1982年，属城关镇。1984年10月，属李家埠乡。今属昌邑市奎聚街道。

图5-15　今昌邑市奎聚街道花园村村民委员会

第三节　新福堡、(昌邑县东)十里铺、昌邑城外五里店

　　(九月)十七日，晴。(自灰埠驿发行)中火新河店，渡新河、淮河，宿昌邑县东馆里。县在淮水西一堠余，官柳十里，云屋万家，益见其殷富甲于山东……是日行八十里。

——洪翼汉《花浦先生朝天航海录》

　　(十月)初十日，晴。早发(灰埠驿)，渡新河……渡淮河，夕抵<u>昌邑县</u>东馆驲。是日行八十里，所过大道如砥，村落铺店，在在相望，槐柳掩映于左右。县属<u>平度州</u>。

　　——申悦道《朝天时闻见事件启》

　　天启四年九月十七日，奏闻（请封）兼辨诬使臣团书状官洪翼汉一行自平度州灰埠驿出发，在新河店午休用饭后，依次西渡新河、淮河，到达昌邑县城。洪翼汉对于昌邑县城的印象是"淮水（潍河）西一堠①余"，即五里左右。在从潍河西岸通往昌邑县城的大道两旁，种植着十余里的柳树。驿道两侧村落极多，放目望去有万余座云屋（即高大的民居房屋）。高楼为家境殷实的象征，这里描述的是昌邑县社会经济繁荣，民众生活富足的场景。故洪翼汉发出了昌邑县"殷富甲于山东"的感叹。崇祯元年十月十日，冬至、圣节兼辨诬使申悦道亦记述，在当日途经此处时所走的驿道皆为平直的大道，驿道旁坐落着许多村落，抑或急递铺、旅店。此外，驿道两旁还植有槐树、柳树等树木，为往来的行人遮阴蔽日。在申悦道的记述中，彼时的昌邑县隶属于莱州府平度州。据万历《莱州府志》和民国《山东通志》等志书记载，② 明洪武元年（1368），昌邑属山东行中书省青州府。明洪武九年（1376），伴随"行中书省"变为"承宣布政使司"以及莱州升为府，昌邑属山东承宣布政使司莱州府。洪武十九年（1386）胶水升为平度州，昌邑与潍县皆属平度州。故与申悦道的记述一致，昌邑县在明末时隶属于平度州。天启元年谢恩、冬至兼圣节使臣团正使崔应虚、书状官安璥及亦记述了此段路程的所见所感。

　　（七月）初八日，丁未，晴。晓启程，行二十里许，渡舟<u>潍河</u>……行十里许，到<u>昌邑县</u>城外郝姓人家朝饭。自河边到邑内，路边左右古柳千株森列，树荫浓绿。到（昌邑）县，知县李凤送下程饼物若干矣。

　　——崔应虚《朝天日记》

---

　　① "堠，胡适切，牌堠，五里一堠。"（五代）顾野王撰，（宋）陈彭年重修：《大广益会玉篇》，清同治十二年粤东书局刻本，第19页b。

　　② 参见万历《莱州府志》卷1《沿革封建》，明万历三十二年刻本，第30页a；民国《山东通志》卷12《疆域志第三》，民国七年铅印本，第21页a；昌邑县地名志编纂委员会编《昌邑县地名志》，内部资料，1987年，第6—9页。

（七月）初八日，晴。……未到昌邑十里，有新福堡，义妇冢，榆柳桑柘，狭路拥翠。知县送下程食物。……暮入潍县城北隅，宿王姓人家。

——安璥《驾海朝天录》

依崔应虚的记载，自潍河西岸至昌邑县城共行了十余里，在此路程中见到了驿道两侧粗壮的柳树"千株森列"，枝叶繁茂，绿树成荫。安璥记述了此段驿路两旁不仅有数量众多的柳树、榆树，还有少量柘树（属桑科）夹杂其中，这为在酷暑之中赶路的使臣团带来了些许的凉意。此外，安璥一行在"到昌邑（东）十里"前，经过了新福堡、义妇冢。昌邑县东十里为昌邑县急递铺之一的黑埠铺，即今昌邑市奎聚街道黑埠村，相关内容在后文详述。据民国《昌邑县志》记载，[①] 在黑埠村所属的黑埠乡毗邻的乡镇中，有名为"幸福镇辛庄镇台家辛庄"的村庄。"台家辛庄"为今昌邑市奎聚街道邰家辛庄村。邰家辛庄村位于花园村西南0.7千米，位于黑埠村西北2.5千米，即邰家辛庄村正处于花园村和黑埠村之间。这说明邰家辛庄村所在的位置与新福堡位于潍河西岸至黑埠铺之间的记载相吻合。另据《昌邑县地名志》记载，[②] 邰家辛庄村，原名邰家新庄。明隆庆年间，邰姓由诸城迁此立村，因西邻黄家辛庄，遂取名邰家新庄，后演称今名。"新福堡"或许是明末当地人对"辛庄"或"新庄"的俗称，因此安璥所记述的"新福堡"，有可能指今昌邑市奎聚街道邰家辛庄村。关于"义妇冢"，笔者并未在相关方志中找到相关的线索，但据安璥的记述，义妇冢所在的位置也应与"新福堡"相距不远，具体位置待考。据相关方志记载，[③] 邰家辛庄村，明末至清代，属昌邑县崇德乡陶埠社。民国十七年（1928），属昌邑县第一区幸福镇黑埠乡。1950年，属昌邑县为十一区。1955年，属道照

---

① 参见民国《昌邑县志》，民国二十六年，昌邑市档案局藏本。
② 参见昌邑县地名志编纂委员会编《昌邑县地名志》，内部资料，1987年，第188页。
③ 参见康熙《昌邑县志》卷3《建置志·隅社》，清康熙十一年增刻本；乾隆《昌邑县志》卷2《乡社》，清乾隆七年刊本，第53页b—56页a；光绪《昌邑县续志》卷2《乡社》，光绪三十三年刻本，第3页a—9页b；民国《昌邑县志》，民国二十六年刊本；山东省昌邑县志编纂委员会编《昌邑县志》，内部资料，1987年，第40—47页；昌邑县地名志编纂委员会编《昌邑县地名志》，内部资料，1987年，第188页。

区。1956 年，属城关区。1958 年 2 月，属道照乡，9 月，属红旗人民公社，12 月，属城关人民公社。1982 年，属城关镇。1984 年 10 月，属李家埠乡。今属昌邑市奎聚街道。

过昌邑县，道中偶吟

垂柳浓阴①十里程，软沙芳草马蹄轻。

联鞭相映碧丝去，正似寻春游冶行。

——《朝天诗》

　　此首七绝为天启二年六月十一日，登极使吴允谦在前往北京途中，路过此段驿路时所作。联鞭，谓并骑而行。碧丝，染成青绿色的蚕丝，此处指驿道旁的青草。寻春，游赏春景。游冶，指追逐声色。宋欧阳修《蝶恋花》："玉勒雕鞍游冶处，楼高不见章台路。"② 诗的前两句是说，自潍河西岸至昌邑县长约十里的驿道旁，柳树绿叶成荫，平坦的道路、柔软的细沙、路旁的香草让作者所骑的马儿轻快地跑了起来。诗的后两句是讲，宜人的天气、优美的风景不禁令作者与同行的使臣团成员策马挥鞭，驿道旁的绿草飞快地落于身后，好像踏春出游一样。此诗充满欢快的色调，表现了吴允谦一行前往北京途中较为难得的愉快心情。据《朝鲜王朝实录》记载，天启元年，在自登州归国的海路上，朝鲜陈慰、进香使臣团遭遇了海难，仅有少数人得以生还返回朝鲜，"自此之后，水路赴京人，百般图递③"④。但"才局甚优"⑤ 的吴允谦（1559—1636）以 63 岁高龄欣然领命，并最终完成使行任务。即便如此，在经历九死一生的海路使行后，见到登州时，仍然发出了"方信人间此路难"⑥ 的感叹。此外，因登州府蓬莱县、黄县等地多山丘、高地，使行过程异常的艰辛。进入昌邑县境内后，由于地势平坦，再加上风和日

① 通"荫"。

② （宋）欧阳修：《欧阳文忠公集》卷 132《近体乐府卷二》，四部丛刊景元刻本，第 3 页 a。

③ 图递，私自谋求官职的变动。

④ 参见《朝鲜王朝实录·光海君日记》卷 61，光海十四年五月十四日。

⑤《朝鲜王朝实录·光海君日记》卷 14，光海三年三月一日。

⑥ ［朝鲜］吴允谦：《朝天诗》，《楸滩集》，韩国首尔大学奎章阁藏本，第 17 页 a。

丽，才让作者有了恰似赏春游玩之感。

> （六月）十一日，晴。午时，发灰阜，到昌邑八十里。知县李凤送名帖于十里外，先定歇馆，即供饭膳、酒果。
>
> ——吴允谦《海槎朝天日录》
>
> （六月）二十九日，戊子，到昌邑县。朝发灰埠……到新河岸……又抵淮河东岸……过县东十里铺……夕到昌邑城外之东馆驲，约行八十里。夜，知县李凤送帖请见，辞以所寓窄陋，不敢奉辱麾从，知县答以多拜谢。
>
> ——李民宬《癸亥朝天录》

天启二年六月十一日，昌邑县知县李凤在得知吴允谦一行即将到达昌邑县后，派官差在十里铺等候，送上自己的名帖，并为朝鲜使臣一行安排住宿，又提供早已准备好的饭菜、酒肴、瓜果等。天启三年六月二十九日，奏闻（请封）兼辨诬使臣团书状官李民宬途经昌邑县东十里铺后，在傍晚时分到达昌邑"东馆驲"（昌邑县东关的住宿之处）。知县李凤在得知李民宬一行到达昌邑县后，不顾时间已晚，亲自递送名帖，想要与朝鲜使臣见面。吴允谦与李民宬提及的昌邑县东十里铺，为距昌邑县东北十里的黑埠铺。

据现存方志记载，① 黑埠铺存在的确切时间为明万历三十二年至清乾隆七年。根据昌邑县夏店马驿设置的情况来看，黑埠铺设置的时间应早于万历三十二年。清乾隆七年，位于昌邑县东北十里的黑埠铺被移改为距县城东五里的东山铺。康熙《昌邑县志》记载："黑埠，在城东北十里铺。其地近潍沙碛，人多种柳，望之黯然，故名。"② 黑埠铺，即东十里铺，因靠近潍河积沙较多，且当地人偏好种植柳树，墨绿色的柳枝远远望去呈现黑色的样子，故名。这样的记载与朝鲜使臣崔应虚"古柳千株森列，树阴浓绿"等的记述一致。明清时期的黑埠铺，今为

---

① 参见万历《莱州府志》卷5《驿递》，明万历三十二年刻本，第21页；乾隆《昌邑县志》卷4《驿递》，清乾隆七年刊本，第98页a—99页b；光绪《昌邑县续志》卷4《驿递》，光绪三十三年刻本，第17页。

② 康熙《昌邑县志》卷2《山川》，清康熙十一年刊本。

昌邑市奎聚街道黑埠村。据相关方志记载，① 明末至清代，属昌邑县崇德乡陶埠社。民国十七年（1928），属昌邑县第一区幸福镇黑埠乡。1950 年，属昌邑县为十一区。1955 年，属道照区。1956 年，属城关区。1958 年 2 月，属道照乡，9 月，属红旗人民公社，12 月，属城关人民公社。1982 年，属城关镇。1984 年 10 月，属李家埠乡。今属昌邑市奎聚街道。据黑埠村村民孙氏（女，93 岁）介绍，今当地人称为"中道"的路便是以前的老官道。

图 5 - 16　今昌邑市奎聚街道黑埠村村民委员会

　　（九月）十七日，（自灰埠驿发行）宿昌邑县。……路遇新及第王应豸，始拜工部侍郎观政，往京云。金鞍翠舆，呵卫塞路，一微官行色，如彼其盛。中朝之优对士夫，据此可知。……是日行八十里。

　　　　　　　　　　　　　　——李德泂《朝天录一云航海录》

① 参见康熙《昌邑县志》卷 3《建置志·隅社》，清康熙十一年增刻本；乾隆《昌邑县志》卷 2《乡社》，清乾隆七年刊本，第 53 页 b—56 页 a；光绪《昌邑县续志》卷 2《乡社》，光绪三十三年刻本，第 3 页 a—9 页 b；民国《昌邑县志》，民国二十六年刊本；山东省昌邑县志编纂委员会编《昌邑县志》，内部资料，1987 年，第 40—47 页；昌邑县地名志编纂委员会编《昌邑县地名志》，内部资料，1987 年，第 190 页。

图 5-17　孙氏老人与其所说的黑埠村内老官道原址——"中道"

上文记述了李德泂在前往昌邑县途中，偶遇赴京任职工部侍郎观政的王应豸的场景。观政，在旁观摩并见习相关政事处理。观政始于明初，是派遣进士到各部进行实习的一种惯例。① 王应豸②一行，或骑着配有金色器具的骏马，或乘坐多人肩抬的轿子，且伴随的护送侍卫之多，已达到充塞道路的程度。翠舆，指颜色艳丽的篮舆。篮舆，与椅子类似，无盖，是古人乘坐的一种交通工具。在彼时的朝鲜，只有承旨和参议以上的官员才可以乘坐篮舆。参议，朝鲜时期六曹（相当于明朝的六部）内设立的正三品官职。承旨，朝鲜时期隶属于政承院，负责传达国王命令的正三品官员。承旨额设六名，分别为都承旨、左承旨、右承旨、左副承旨、右副承旨、同副承旨。在等级制度森严的封建时

---

① "诸进士，上以其未更事，欲优待之，俾之观政于诸司，给以所出身禄米，候其谙练政体，然后擢任之。其在翰林院、承敕监等近侍衙门者，采《书经》：'庶常吉士'之义，俱称为庶吉士；其在六部及诸司者，仍称'进士'。"（《明实录·明太祖实录》卷172，台湾"中研院"历史语言所1962年校印版，第2627页）

② "王应豸，字惠文，掖（县）人。由进士授户部主事。黔南乱，发帑金十万犒军，命应豸往，至则授方略。黔乱平，晋郎中，治永平饷，迁关内副使。首劾贪弁巢丕昌，浚关城外濠，凿山成渠，环数十里。崇正初，擢蓟门巡抚。仓卒索饷而哗，参将徐从治已为□（缺字）散讹传，应豸置毒饭中，将诱而尽杀之，诸军复大乱。帝命巡按方大任廉得其克饷状，速系论死。"（乾隆《莱州府志》卷10《人物》，清乾隆五年刻本，第26页 b）

代，官员的出行工具及随从人数皆有着严格规定，无正式职称的观政便可以使用如此高规格的出行规模，这让同样是进士出身，曾历任应教（正四品）①、同副承旨（正三品）等职，且以崇政大夫（从一品）身份出使明朝的李德泂不禁感叹明朝给予知识分子的超高待遇。与李德泂同行的书状官洪翼汉更为详细地记载了当时令其惊异的场景。

> （九月）十七日，戊辰，晴。（自灰埠驿发行）中火<u>新河店</u>……宿<u>昌邑县</u>东馆里……路遇新及第王应爻，<u>莱州</u>人也。始拜工部观政，往京里云。金鞍翠舆，腾沓系路，武夫前呵，从者塞道。一微官威仪如彼其盛，怪甚。问于驿吏，则答曰"自前新登科第者，兵部即给夫马勘合，多寡低仰，惟其任意，之东之西，无所拘碍"云。中朝之优待士大夫，据此可知，而亦可见文物繁华也。
>
> ——《花浦先生朝天航海录》

洪翼汉询问驿站的官吏，为何仅是工部侍郎观政就可以享受如此高规格的待遇。对此，驿站的官吏回答道，自以前就有这样的惯例。兵部会给科举考试中脱颖而出的人以役夫、马匹及勘合。② 使用的役夫、马匹物等的数量则取决于实际使用勘合的人。对于勘合使用的地域范围并无限制，同样取决于及第之人。在同样感叹明朝厚待读书人的同时，洪翼汉认为明朝礼仪的使用之物品和规格非常奢华。当然，这种奢华铺张的场面无疑反映了在经历万历年间张居正改革后，明末驿递再次陷入冗滥的情形。崇祯年间对驿递制度的改革（主要是驿递费用的裁减），导致驿站弃废和驿卒的生活难以为继，有人指出这亦是明朝灭亡的原因之一。③ 腾沓，接踵沓来。系路，络绎不绝。文物，指车舆、礼服、旌旗、仪仗之类。南朝谢庄《宋孝武帝哀策文》："文物空严，銮

---

① 朝鲜时期，在艺文馆里负责撰写国王命令及编纂史书的官职。

② "勘合，是乘驿人员所执持的一种公文书，其上开载乘驿人员的级职姓名，到达地点，往还日期，及应得的夫马、车船、禀给等数量，以便经过的驿站照数应对。"（苏同炳：《明代驿递制度》，中华丛书编审委员会 1969 年版，第 358 页）

③ 参见于宝航《明代国内交通运输的嬗变》，载葛志毅主编《中国古代社会与思想文化研究论集》第 3 辑，黑龙江人民出版社 2008 年版，第 247—250 页。

和虚卫。"① 繁华，犹奢华。唐宋之问《桂阳三日述怀》诗："始安繁华
旧风俗，帐饮倾城沸江曲。"② 这里需要留意的是，洪翼汉询问的"驿
吏"，即驿站的官吏。因一般人不易直接接触朝鲜使臣，并且该人还熟
悉驿递的相关情况，故此"驿吏"很可能是驿站的负责人——铺司。③
结合前后路程分析，此"驿吏"所属的驿站应是昌邑县东十里的急递
铺——黑埠铺。换言之，李德泂和洪翼汉等朝鲜使臣偶遇王应豸之处，
很可能是昌邑县黑埠铺，即今昌邑市奎聚街道黑埠村附近。

图 5 - 18　今黑埠村内的驿道原址

（九月）二十二日，晴。乘月晓发（汉亭店④），行五十里，到
昌邑城外五里店歇马。行六十里，宿深河店。

——吴允谦《海槎朝天日录》

吴允谦所言的昌邑城外五里店，今为昌邑市奎聚街道五里村。据相

① （唐）欧阳询辑：《艺文类聚》卷 13《帝王部三》，宋绍兴刻本，第 14 页 b。
② （唐）宋之问：《宋之问集》卷上，四部丛刊续编刻本，第 24 页 b。
③ "司兵总铺司一名、兵四名。王耨、胶河、夏店、抚安、北逄、黑埠、卜庄八铺，每
铺司一名，银五两；兵三名，每名银六两七钱。"（万历《莱州府志》卷 3《徭役》，明万历三
十二年刻本，第 29 页 a）
④ 即潍县之寒亭铺，此记载为通假记述，后文详述。

关方志记载，① 五里村曾名五里堠、五里堠子，位于在昌邑市城区东北2.5千米，南依文山。五里村始建于明代，处于昌邑通往莱州府的官道旁。古时曾有"十里一铺，五里一堠"一说，五里村位于县城东五里，故名五里堠，别名五里堠子。其后因"堠"字不雅，1961年，改称五里。五里村，明末至清末，属昌邑县崇德乡隅庄社。清光绪三十三年（1907），属崇德乡文山社。民国十七年（1928），属昌邑县第一区文山乡。1950年，属昌邑县一区。今属昌邑市奎聚街道。据五里村村民董志民（男，60岁）介绍，现在的新五里村是1988年村里修路时搬过来的新建村。在老五里村东北的旧房子旁边还保留着一段老官道。老官道为东北—西南走向，往东北到建设村（建设村为1950年被河水冲毁后重建的新村），折往西南到昌邑县城。依董志民的指引，笔者一行找到位于老五里村东北的老官道（即驿道）原址。

图 5 – 19　今位于昌邑市奎聚街道老五里村东北的古驿道原址

① 参见康熙《昌邑县志》卷 3《建置志·隅社》，清康熙十一年增刻本；乾隆《昌邑县志》卷 2《乡社》，清乾隆七年刊本，第 53 页 b—56 页 a；光绪《昌邑县续志》卷 2《乡社》，光绪三十三年刻本，第 3 页 a—9 页 b；民国《昌邑县志》，民国二十六年刊本；山东省昌邑县志编纂委员会编《昌邑县志》，内部资料，1987 年，第 40—47 页；昌邑县地名志编纂委员会编《昌邑县地名志》，内部资料，1987 年，第 33 页。

第四节　昌邑县城①、陆山、
四知庙②、高重山

　　（十月）十四日，辛未，晴。早发（灰埠驿）……入<u>昌邑县城</u>东铺王姓人家宿。主人颇知文字，说称"午后所渡<u>潍河，一名淮河，乃韩信囊沙之水</u>"云。……今日行八十里，所宿村乃王无功云云。十五日，壬申，晴。书状辞病不行。如此风日甚稳之日，缩坐一处，深怪！深怪！……夕，史姓称名人来，言及我国风俗，似是东征时来过我国者也。……（三月）十五日，己巳，晴。朝发（寿光县流饭桥）……过<u>潍县</u>……向晚，投<u>昌邑</u>地<u>王无功村</u>李姓人家宿。始尝广鱼，乃<u>黄县</u>所产云。今日行一百里。

——赵濈《燕行录一云朝天录》

　　天启三年十月十四日，赵濈在王姓人家中，得知了当天下午所渡之河为"韩信囊沙之水"的潍河。次日，因同行的书状官任赍之③称病，使臣团未能按时出发前往京师，故便在王姓人家中又休息了一天。④ 十五日的日暮时分，有一史姓人在得知朝鲜使臣途经昌邑县城的消息后，

---

　　① 使行文献中亦记载为昌邑、昌邑城、昌邑县。
　　② 使行文献中亦记载为杨伯起祠、关西夫子庙、四知祠。
　　③ 任赍之（1586—?），字良辅，朝鲜丰川（今朝鲜黄海南道松禾郡一带）人。明万历四十年，即朝鲜光海君四年（1612）进士，历任县令、都事（从五品）等职。
　　④ 对"如此风日甚稳之日"，任赍之"缩坐一处"不能赶路这件事，赵濈觉得非常奇怪。自八月二十三日，赵濈和任赍之自朝鲜宣沙浦起航，在经历"十生九死渡黄域"（［韩国］赵冕熙编：《朝天日乘及燕行录及酬唱录》，韩国同光出版社2002年版，第191页）后，九月二十五日，到达了登州蓬莱县砣矶岛。当天，漫长的海路使行已使"书状官到昏不起"（［朝鲜］赵濈：《燕行录一云朝天录》，［韩国］林基中编《燕行录全集》第12册，韩国东国大学出版部2001年版，第277页）。十月五日，因入住登州开元寺的房间较为简陋，赵濈与任赍之"气甚不平，鼻液淋漓，一身寒栗"（［朝鲜］赵濈：《燕行录一云朝天录》，［韩国］林基中编《燕行录全集》第12册，韩国东国大学出版部2001年版，第255页）。十月八日，二人又"连日感冒，头痛声澌"（［朝鲜］赵濈：《燕行录一云朝天录》，［韩国］林基中编《燕行录全集》第12册，韩国东国大学出版部2001年版，第287页）。十月十四日，朝鲜使臣团自蓬莱县至昌邑县共走了三百九十里，这让年近七十的任赍之无法再坚持赶路，故"缩坐一处"，并"辞病不行"，这也从侧面反映了朝鲜使臣海路使行的异常艰辛。

前去拜访。通过谈话，赵㵩认为此人较为了解朝鲜的风俗，貌似壬辰战争期间去过朝鲜之人。如第二章第三节所述，登莱地区为明万历年间抗倭援朝战争的最终胜利提供了包括粮食、银两以及兵源等诸多支援。[①]天启四年三月十五，在时隔五个月后，赵㵩一行自北京返程途经昌邑县，再次入住昌邑县东关的王无功村。在入住李姓人家后，赵㵩平生初次品尝了黄县所产海鲜——广鱼。笔者翻阅相关方志，并未找到关于"广鱼"的记载。"广鱼"为朝鲜人对今比目鱼，即俗称偏口鱼的特有称谓。时至今日，韩国人仍旧使用"광어"（此词为韩语中的汉字词，对应的汉语为广鱼）一词来指代比目鱼。据康熙《黄县志》的记载，[②]偏口鱼即彼时黄县特产之一。能够品尝驿道沿途的美食，这或许能为饱受旅途坎坷的朝鲜使臣带来些许慰藉。

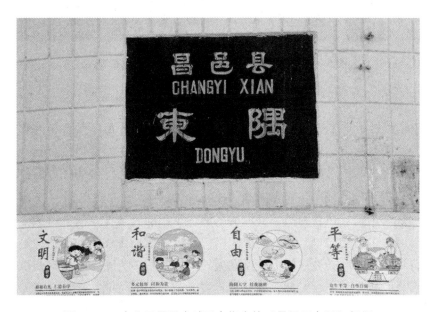

图5－20　今位于昌邑市城里东街旁的"昌邑县东隅"标识

① 但在相关的方志中，尚未找到与之相符的昌邑县人或莱州府人，待考。

② 康熙《黄县志》卷3《物产·鳞类》，清康熙十二年刻本，第13页b。此外，同治《黄县志》亦记载："偏口鱼，长尺余，阔五六寸，一面白，一面青，口目俱偏。"（同治《黄县志》卷3《食货志》，清同治十年刻本，第8页b）

图 5-21　本书研究团队与张述智研究员（左二）
在昌邑市方志馆前合影留念

　　据昌邑市地方史志办公室的张述智研究员介绍，昌邑县古城大致范围为北至昌邑市广播电视管理局宿舍南侧未名道路，南至昌邑市利民街南侧少许，西至昌邑市天水路，东至昌邑市文昌南路。原明代昌邑县城东门（明末称映瑞门，乾隆后称承德门，清顺治后称永顺门）往东为昌邑县城东关，往西为昌邑县城的东隅。东门的原址在今昌邑市文昌南路与城里东街交叉口，即北海公园南门附近。依据张述智的介绍，笔者一行找到了昌邑县城东门旧址所在处。昌邑县东关为大多数朝鲜使臣途经昌邑时暂住之处。对此，朝鲜使臣有"昌邑县城东铺""昌邑城外之东馆驲""昌邑县东馆"等记述。赵澂所提及的"昌邑县城东铺"之"王无功"村也应该位于昌邑县城东门一带，即今文昌南路与城里东街交叉口——北海公园南门附近。因时间较久，使行文献记载的内容较少，且通过实地考察并未获得相关有价值的端序，故赵澂所记之"昌邑县城东铺""王无功"村具体为今何处，待考。

昌邑县①

税我羸骖昌邑东，店名何事号无公。

树连远野天疑尽，路近登州地亦穷。

此去长安知几里，当年霍氏建奇功。

若无骖乘媒深祸，司马将军可令终。

——赵濈《燕行酬唱录》

此诗是赵濈在返程途经昌邑县时，于天启四年三月十五日所作。税，租借。唐白行简《李娃传》："闻兹地有隙院，愿税以居，信乎？"② 骖乘，也作参乘，陪同乘车之意。《汉书》："乃令宋昌骖乘。"颜师古注："乘车之法，尊者居左，御者居中，又有一人处车之右，以备倾侧。是以戎事则称'车右'，其余则曰骖乘。"③ 令终，谓尽自然寿命而自然死亡，为"五福"④ 之一。南朝刘勰《文心雕龙》："君子令终定谥，事极理哀，故宾之慰主，以至到为言也。"⑤ 诗的尾联，典出东汉班固《汉书·霍光传》："威震主者不畜，霍氏之祸，萌于骖乘。"⑥ 昌邑王刘贺被废后，汉宣帝登基乘马车前往宗庙祭拜，途中，霍光与汉宣帝同坐一辆马车，汉宣帝感觉"若有芒刺在背"。车骑将军张安世⑦代替霍光后与其同乘，汉宣帝感觉身体方伸展自如，非常舒适。在霍光去世后，霍氏一族被汉宣帝灭族，故便有功高震主的人不会被容留，霍家的灾难开始于陪乘一说。

诗的前四句是讲，作者一行在昌邑县东关附近的王无功村内，租借了瘦弱的马匹，用于完成剩余的陆路路程，令作者感到不解的是，入住的村舍为何称为"无公"（一作"无功"）。排列在驿道旁的树木

----

① ［韩国］赵冕熙编：《朝天日乘及燕行录及酬唱录》，韩国同光出版社 2002 年版，第229 页。

② 《太平广记》卷 484《杂传记一·李娃传》，明嘉靖刻本，第 7 页 b。

③ 《汉书》卷 4《文纪第四》，百衲本二十四史景宋景佑刻本，第 2 页 b。

④ 儒家认为人生的五福，即寿、富、康宁、攸好德、考终命。

⑤ 《文心雕龙》卷 3《哀吊十三》，四部丛刊景明嘉靖刻本，第 5 页 b。

⑥ 《汉书》卷 68《霍光金日磾传第三十八》，百衲本二十四史景宋景佑刻本，第 20 页 b。

⑦ "张安世，字子儒，昭帝时为右将军，始封富平侯。"（《后汉书》卷 35，百衲本二十四史景宋绍兴刻本，第 9 页 a）

伸向远方，连接着位于大海之滨的登州（今山东省烟台市蓬莱区），也就到达齐鲁大地的东端。后四句是说，昌邑县与长安相距千里，彼时远在长安的霍光迎立昌邑王刘贺为皇帝，建立了不朽的功勋。假如没有霍光乘车陪驾汉宣帝成为巨大灾难的诱因，司马大将军霍光一族是否能善终？

为何朝鲜使臣赵㵢会在来程途经昌邑时未提及霍光，而在归程时提及并发出"若无骖乘媒深祸，司马将军可令终"的感叹，原因或有二：其一，在归程再次途经昌邑东关王无功村时，得知昌邑之陆山为博陆侯霍光的封地，赵㵢感触颇多。据《汉书》记载，[①] 霍光，字子孟，西汉名将霍去病的同父异母之弟。因霍去病的提携，霍光在汉武帝时已位居人臣，并在汉武帝驾崩后，奉诏成为辅政大臣。因后元年间（公元前163—前157）平乱有功，霍光被封为博陆侯。《齐乘》："陆山，昌邑县南四十里，潍水东岸。汉封霍光为博陆侯，食邑北海河东。师古曰：'盖乡聚之名，非县也'。此博陆聚之山耳，故名陆山，（唐）天宝六年敕改霍侯山。"[②] 万历《莱州府志》亦记载："陆山，在昌邑县南四十里。汉封霍光为博陆侯，食邑于此。颜师古曰：'博陆古乡聚之名'，故山以陆名。唐天宝六载赐名霍侯山。"[③] 暂不论霍光被封之地即"北海河东"具体为今何地，但仅依元明两代的方志记载而言，莱州府昌邑县陆山一带当为西汉博陆侯霍光的封地，且"陆山"也因此而得名。

其二，古人对"昌邑"称谓混淆。据《汉书》《汉纪》等史书记载，[④] 汉武帝四年四月，皇子刘髆被封为昌邑王，封地在昌邑国。后元元年（公元前163），昌邑王刘髆去世，谥号衰王，其子刘贺继承昌邑王之位。汉昭帝驾崩后，因霍光的拥立，昌邑王刘贺受皇帝印玺，承袭皇帝位。刘贺在位二十余天期间，昏庸无道，行事荒唐。霍

---

① 参见《汉书》卷68《霍光金日磾传第三十八》，百衲本二十四史景宋景佑刻本，第1页 a—2 页 b。

② 《齐乘》卷1《山川》，清文渊阁四库全书本，第13页 a。

③ 万历《莱州府志》卷2《山川》，明万历三十二年刻本，第112页 a。

④ 参见《汉书》卷27《五行志》，百衲本二十四史景宋景佑刻本，第14页；《汉书》卷68《霍光金日磾传第三十八》，百衲本二十四史景宋景佑刻本，第5页 b—12 页 a；《汉纪》卷14《前汉孝武帝纪五》，四部丛刊景明翻宋刻本，第17页；《汉纪》卷15《前汉孝武帝纪六》，第11页 b。

光认为其"恐危社稷",故废昌邑王刘贺,又拥戴汉宣帝刘勋即位。刘髆的初始封地——昌邑国位于"金乡县西北四十里"①,而西汉之"昌邑国"在今山东省菏泽市巨野县一带。如前所述,西汉时,明末莱州府昌邑县称为都昌,自宋建隆三年(962)起,正式称"昌邑",故彼时昌邑王的封地并不在山东的中部,而是在山东的西南部。伴随着"昌邑"称谓的混同,亦出现了与"昌邑"相关的名人事迹主观混淆的情况。

> 昌邑县,属莱州。……陆山,在县南四十里。汉封霍光食邑于此,故名。臣望见一眉残峰,横点云际。县西门外有庙,栅门书之曰"四知庙"。汉杨震为东莱太守,道经昌邑,故所举王密为昌邑令,怀金遗震曰:"暮夜无知者。"震曰:"天知,神知,我知,子知。"密惭而退,昌邑人慕而立庙。
>
> ——郑斗源《朝天记地图》

郑斗源亦记载了陆山之名源自博陆侯霍光封地之名。这样的记述不仅与前文所述的万历《莱州府志》的记载一致,而且也与《大明一统志》的记载②一致。因距离昌邑县城较远,郑斗源仅能远眺陆山。据相关方志记载,③此山在唐天宝六年(747)称霍侯山,元代至民国时称陆山、霍侯山,今为昌邑市博陆山,俗称驴山子山。博陆山位于昌邑市市区南22千米,潍河东岸,海拔88.05米。

此外,郑斗源还记述了其一行出昌邑县西城门后,见到了当地人为祠祀东汉名臣杨震而建的庙宇,即"四知庙"。据万历《莱州府志》的记载,④四知庙,又称四知祠,位于昌邑县城南,其中祭祀着东莱太守杨震。明宣德五年(1430),昌邑县人黄福增修四知祠。明嘉靖三十年(1551),昌邑县人李源洁、孙梦豸重修四知祠。万历三十年,知县李惟中改建。改建后的四知祠规模较之前有所扩大,外观更为壮丽。据

---

① 乾隆《大清一统志》卷146《济宁州·古迹》,清文渊阁四库全书本,第10页b。
② 参见《大明一统志》卷25《莱州府》,明天顺五年内府刻本,第15页a。
③ 参见昌邑县地名志编纂委员会编《昌邑县地名志》,内部资料,1987年,第288页。
④ 参见万历《莱州府志》卷4《祀典》,明万历三十二年刻本,第6页a。

图 5 – 22　自潍河西岸东眺博陆山

《后汉书》记载，① 杨震，字伯起，弘农华阴（今陕西华阴）人。杨震年少时喜爱学习，博览群书，通晓经学，人们称其为"关西孔子杨伯起"，历任茂才、荆州刺史、东莱太守、太仆、太常、太尉等职。在赴任东莱太史的途中经过昌邑，由杨震举荐的昌邑县令王密夜中怀揣金十斤密送杨震，并说深夜之中无人知道此事。杨震认为天知，神知，我知，子知，怎么能说无人知晓呢。此话让王密羞愧难当，便离开了。

　　这里有两点需要说明。其一，因明末昌邑县城形制较为特殊，出现了使行文献中四知祠在城西，而方志中在城南的不同记述。据乾隆《昌邑县志》、光绪《昌邑县续志》、1987 年版《昌邑县志》等方志的记载，② 宋建隆三年（962），昌邑县修筑了土城，有三座城门，分别为东门"东兴门"、西门"西成门"、南门"迎恩门"。在历经元至元十一年、明正德六年、嘉靖四十五年、万历五年等多次修葺后，于万历三

　　① 《后汉书》卷 54《列传第四十四·杨震》，百衲本二十四史景宋绍兴刻本，第 1 页 a—34 页 b。
　　② 参见乾隆《昌邑县志》卷 2《城池》，清乾隆七年刊本，第 49 页 a—50 页 a；光绪《昌邑县续志》卷 2《城池》，光绪三十三年刻本，第 1 页；山东省昌邑县志编纂委员会编《昌邑县志》，内部资料，1987 年，第 301 页。

十九年，潍河决堤损坏城墙，知县卜有徽重修城池，并将东、西、南门分别改称为"映瑞""迎禧""延爽"。清乾隆五十九年，知县兰廷芳再次重修城池，改东、西、南门为"承德""谵宇""兴化"。清顺治七年，潍河决堤损坏城墙，知县刘士伟再次改东、西门为"永顺""重庆"。此后，道光、光绪年间多有修缮。1949 年后，因城市建设的需要，原城墙被逐渐拆除。由此可见，昌邑县城地处潍河西岸，地势较为低洼，古时常常遭到水灾的侵害。也正是为防水害，三座城门的形制不

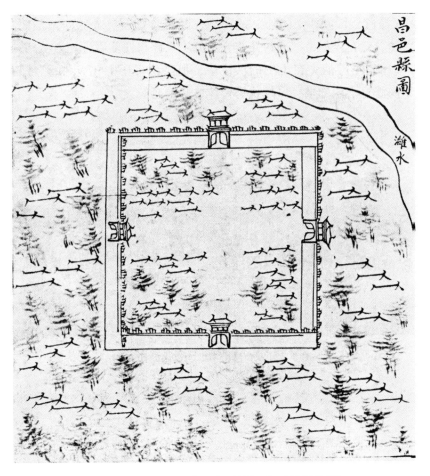

图 5 - 23　郑斗源《朝天记地图》之《昌邑县图》

同于一般城池之四门。这应是朝鲜使臣与方志中，出现"四知庙"（即四知祠）不同方位记述的原因所在。

其二，"杨震却金"（抑或称"四知金"）发生在东汉之昌邑，而非明末莱州府之昌邑县。如前所述，莱州府昌邑县在汉代，称都昌，而东汉之昌邑亦与西汉昌邑王刘髆、刘贺父子的封地一致，即今山东省菏泽市巨野县一带。因莱州府昌邑县与古代地名重名，加之民众对清廉之官的思慕，故在昌邑县南门外建立了四知祠。据民国《昌邑县志》记载，[①] 四知祠在民国二十六年（1937）即已荒圮，现已无迹可寻，根据"在（昌邑县）城西南门外"的记载，其应位于昌邑县城西南门附近，今大体位置在今昌邑市新村路与天水路交叉路口西侧附近。虽然四知祠（四知庙）早已消失在历史的洪流中，但昌邑市于1997年在昌邑市博物馆内修建了四知亭，以期优秀传统文化的延续。

图 5-24　今昌邑市博物馆内的四知亭

过杨伯起祠

早行昌邑里，伯起有遗祠。
谁继当年躅，徒成今日思。
山疑泣鸟处，地表却金时。

---

① 参见民国《昌邑县志》，民国二十六年刊本。

清飙生古木，肃肃使人悲。

——金地粹《朝天录》

　　天启六年圣节兼陈奏使臣团书状官金地粹前往京师途中，[1] 路过昌邑县西南的杨伯起祠，即四知祠。首联中的"里"，指店铺和街坊集中的城邑核心区域。《后汉书·杨震传》："伏见诏书为阿母兴起津城门内第舍，合两为一，连里竟街，雕修缮饰，穷极巧伎。"李贤注："里即坊也。"[2] 遗祠，古祠。颔联中的"躅"，比喻人的行为、业绩。宋苏轼《送顿起》："岱宗已在眼，一往继前躅。"[3] 颈联中"泣鸟"，指"鸟哭杨震"。据《后汉书》记载，[4] 因遭受攀丰等奸臣陷害，时任太尉之职的杨震被贬回乡。途中，杨震饮毒酒而亡，以死明志。死前，杨震要求随从，使用劣质的木材制作棺椁，不归乡修筑坟冢，不设祭祀的祠堂。次年，汉顺帝继位，杨震得以沉冤昭雪。在改葬华阴潼亭（今陕西潼关一带）时，有高一丈多的大鸟落在杨震的改葬典礼上，悲鸣不绝，流下的泪水落于地上。当时的人认为这是杨震含冤抱屈的征兆，故在其墓旁竖立了石鸟雕像。尾联中的"清飙"，指人高洁的品格，语出晋成公绥《啸赋》："南箕动于穹苍，清飙振乎乔木。"[5] 肃肃，恭敬的样子，语出《毛诗》："雍雍在宫，肃肃在庙。"[6]

　　诗的前四句是说，黎明时分，金地粹一行穿过昌邑县城内的街道，西出昌邑县西南门——延爽门，见到了为祭祀杨震而建的杨伯起祠，即四知祠。现在何人继承了杨震清正廉洁的品行？如今只能追念其过往。诗的后四句是讲，远处的山好像当年葬典中大鸟哀鸣哭泣之处，昌邑建立祠堂以彰显杨震四知却金的廉洁。名臣高洁的清风峻节催生了驿道旁枝繁叶茂的古树，肃静的氛围让人不禁追念杨震。此诗颂扬了东汉名臣

---

　　① 金地粹之《朝天录》中并未出现明确日期的记述。依据诗前后收录的诗题分析，至少此诗，即《过杨伯起祠》一诗应是在其前往明京师北京，途经昌邑县时所作。

　　② 《后汉书》卷54《列传第四十四·杨震》，百衲本二十四史景宋绍兴刻本，第6页b。

　　③ 《苏文忠公集·东坡集》卷10，明成化刻本。

　　④ 参见《后汉书》卷54《列传第四十四·杨震》，百衲本二十四史景宋绍兴刻本配元覆宋本，第7页a—10页b。

　　⑤ 《文选》卷18《音乐（下）》，清刻本，第28页b。

　　⑥ 《毛诗》卷16《文王之什诂训传第二十三》，四部丛刊景宋刻本，第11页a。

杨震公正廉明的高尚品行，表达了作者对贤良忠臣的仰慕和追思。

> （七月）初八日，丁未，晴。晓（自牛庄村）启程……到（昌邑）县，知县李凤送下程饼物若干矣……到潍县城外北关王姓人家止宿。
>
> ——崔应虚《朝天日记》

> （七月）初八日，晴。（自牛庄村发行）再渡潍河……知县送下程食物……暮入潍县城北隅，宿王姓人家。
>
> ——安璥《驾海朝天录》

天启元年七月八日，谢恩、圣节兼冬至使臣团正使崔应虚、书状官安璥在途经昌邑时，昌邑县知县李凤与莱州府掖县知县薛文周不同，不仅未禁止使臣团入城，还为其一行送去了食物。此外，安璥在归程再次途经昌邑县时，还提到了高重山。

> （十月）初二日，晴。晓发（王奴店），过昌邑……暮投灰阜驲，宿徐姓家。是日行百里，望见昌邑之南有高重山……
>
> ——安璥《驾海朝天录》

天启元年十月二日，在路过昌邑时，安璥望见了昌邑南部的高重山。仅从字面意思理解，高重山应为高大重叠之意。如万历《莱州府志》之《昌邑县境图》所绘，[1] 明末昌邑县西南部有峱山、陆山、峡山及石臼山。万历《莱州府志》记载："峱山，在昌邑县南八十里。潍水流经其下，界于峡、陆二山之间。石臼山，在昌邑县陆山之左，两山相映。"[2] 据相关方志记载，[3] 明末昌邑县峱山，时至今日名称未发生变化。峱山海拔 68.9 米，面积约 3 平方千米。因古时山上遍植峱树而得

---

① 参见万历《莱州府志》卷1《州县卫境图·昌邑县境图》，明万历三十二年刻本，第8页 b—9 页 a。

② 万历《莱州府志》卷2《山川》，明万历三十二年刻本，第68页 b。

③ 参见昌邑县地名志编纂委员会编《昌邑县地名志》，内部资料，1987年，第287—288页。

名。明末之石臼山，今为昌邑市之青龙山，海拔 70 米，面积约 3.8 平方千米。因南高北低，山上树木翠绿，且山形如卧龙，故名。综合来看，明末岞山、陆山、石臼山的高度、位置、占地面积等相近，故安璥所记述的高重山可能是对三座山的统称，待考。

> （十月）十五日，晴。（自灰埠驿发行）中火于卜庄，夕宿昌邑，去灰阜八十里。……过雍齿墓，有一绝诗。
> ——全湜《槎行录》

天启五年十月十五日，全湜一行自平度州灰埠驿出发，在昌邑县之卜庄铺内食用午饭，稍作休整后重新踏上前往明京师的路途。傍晚，全湜一行到达昌邑县城。在当天途中，即灰埠驿至昌邑县之间，全湜见到了"雍齿墓"。

过雍齿墓

乔木寒原锁暮云，行人指点什方坟。
身先万户名千古，不羡当时第一勋。
——全湜《朝天诗（酬唱集）》

此诗描写了十月寒冬的日暮时分，使臣团行走在前往昌邑县城的路上，所见之景冷落而寂静。行人告知所经坟冢为什方侯，即什邡侯雍齿之墓。全湜故作此诗赞叹雍齿在西汉建国过程中所立下的不世之功。关于雍齿墓的位置，方志中有三种记载。一是"雍齿墓，在丰县北九里"[1]；二是"雍齿墓，在长山县西北二里雍家庄"[2]；三是"汉雍齿墓，在什邡县南一里"[3]。暂不论何地的雍齿墓为真正埋葬雍齿之处，仅就明末朝鲜使臣而言，其能接触到的应是位于济南府长山县西北的雍齿墓。天启四年谢恩兼奏请使臣团书状官洪翼汉在九月二十二日记载

---

[1]　乾隆《大清一统志》卷 69《徐州府·陵墓》，清文渊阁四库全书本，第 50 页 a。
[2]　康熙《大清一统志》卷 97《济南府·陵墓》，清乾隆九年武英殿刻本，第 44 页 b。
[3]　乾隆《大清一统志》卷 293《都府二·陵墓》，清文渊阁四库全书本，第 7 页 b。

到，自青州府益都县金岭驿出发，"中火张家店……（长山）县西门外有盐河……距河六里许，有汉雍齿墓"①。由此可以推测全湜关于雍齿墓位于平度州灰埠驿至昌邑县城之间某处的记载应属误记。

综上所述，按照明代的称谓，从掖县西界到达掖县朱桥铺，朝鲜使臣途经地名依次为：（1）福店（卜庄、卜庄店、福庄店、卜庄铺）；（2）泽水（媚河）；（3）牛庄村；（4）昌邑东三十里（店）（扶安铺）；（5）潍河（潍水、古韩信囊沙壅水之所、淮涉水、囊沙处、背囊河、韩信囊沙水、韩信囊沙之水、韩信伐龙且囊沙处、淮河、怀河、淮水）；（6）新福堡；（7）（昌邑县东）十里铺（黑埠铺）；（8）昌邑城外五里店；（9）昌邑县城（昌邑、昌邑县城、昌邑城、昌邑县）；（10）陆山；（11）四知庙（杨伯起祠、关西夫子庙、四知祠）；（12）高重山。综合考证、实地考察和采访记录可知，现在的称谓依次是：（1）昌邑市卜庄镇前卜村和后卜村；（2）昌邑市漩河（柳家村段）；（3）昌邑市卜庄镇刘庄村；（4）昌邑市卜庄镇抚安镇村；（5）昌邑市潍河（昌邑市奎聚街道蔺家庄村段）；（6）昌邑市奎聚街道郜家辛庄村；（7）昌邑市奎聚街道黑埠村；（8）昌邑市奎聚街道五里村；（9）昌邑市区（大致范围为北至昌邑市广播电视管理局宿舍南侧未名道路，南至昌邑市利民街南侧少许，西至昌邑市天水路，东至昌邑市文昌南路）；（10）昌邑市博陆山；（11）昌邑市新村路与天水路交叉路口西侧附近；（12）今昌邑市峐山、博陆山、青龙山的统称。此外，依实地考察和采访结果推测，朝鲜使臣还曾途经昌邑市卜庄镇夏店村，昌邑市奎聚街道蔺家庄村，昌邑市奎聚街道花园村。

---

① ［朝鲜］洪翼汉：《花浦先生朝天航海录》卷1，韩国国立中央图书馆藏本，第30页a。

第六章　昌邑县城至潍县

潍县途中

延陵季子好观风，管取征途日不穷。

落水寒芜潍县北，断云流水泰山东。

安排自信新诗在，造物还添活画工。

仰看长空唯鸟影，消沉千古几英雄。

——吴翻《燕行诗》

此诗为天启四年九月十八日，[1] 谢恩兼奏请使臣团书状官吴翻在自昌邑县城前往潍县途中所作。首联中的"延陵"为春秋时期吴国境内城镇之名，即今江苏常州一带。延陵是吴国公子季札之封邑，因季札让国避居[2]于此，而闻名于世，故亦有"延陵季子"一称。观风，指季札观乐，典出《左传》。据《左传》记载，[3] 春秋时期，季札曾出访鲁、齐、晋等国。在访问鲁国时，听闻鲁国保留有周代的礼乐，季札请求鲁国叔孙穆子为其演奏和表演周朝的音乐和舞蹈。鲁国为其演奏了《周

---

[1]　在吴翻《燕行诗》收录的诗作排序中，《潍县途中》一诗的前后诗作分别为《渡淮河》和《朱留铺》。"淮河"为前文所说的昌邑县之潍河，而"朱留铺"为昌乐县"朱刘铺"的通假记述。有关朱刘铺（朱刘店）的内容将在之后的著作中进行详述。自登州前往北京途中，天启四年谢恩兼奏请使臣团正使李德泂、副使吴翻、书状官洪翼汉皆同行。据正使李德泂在天启四年九月十八日的记载，即"十八日，己巳。（从昌邑县城出发）宿潍县……是日行八十里"来判断，吴翻《潍县途中》一诗的创作时间应为天启四年九月十八日。

[2]　季札，又名姬季札，为春秋吴国国君寿梦之幼子。因季札聪慧好学，崇礼尚义，有贤名，梦寿欲传位于季札，季札认为"礼有旧制"，礼让兄长而不就。其后，季札返回封地延陵，以明志节。

[3]　参见（周）左丘明撰，（晋）杜预注，（唐）孔颖达疏《春秋左传注疏》卷39《起二十九年尽二十九年》，清嘉庆二十年南昌府学本，第8页b—18页b。

南》《召南》《卫》《秦》《齐》《大雅》《小雅》等音乐，表演了《象
箾》《南钥》《大武》《大夏》等舞蹈。对所赏乐舞，季札一一点评，
并表示"止观矣"，即观赏乐舞中最好的。

诗的首联提及，作者正前往曾属齐国的潍县途中，前路漫漫，虽不
知何时可以到达明朝京师，但肯定会到达吴国公子季札欣赏、周朝音乐
和舞蹈的鲁国故地。颔联谈到，作者途中见到潍县以北的河流水位低
落，露出河床，遍野是枯黄的杂草，空中飘浮着稀疏的云彩。诗的颈联
和尾联是讲，亲历人文遗迹繁多的齐鲁大地，作者相信依从本心，将所
感所想写出来，就会得到令人满意的诗作。眼前出现的美景就像画作一
样，为新诗作提供新灵感。抬头眺望，辽阔无垠的天空之上只有飞鸟模
糊的轮廓，这使作者不禁感叹点缀历史的诸多英豪早已无处觅踪。此诗
表达了作者对齐鲁大地诸多圣贤遗迹的向往，以及英雄已逝的感叹。

关于昌邑县城至潍县城之间的地名，使行文献记载如下：新营堡、
王奴店、"渤海襟喉"欛门（王白店）、牛阜店、营丘旧封、"彦方式
化"欛门、寒亭、"古亭寒水"欛门、平仲故里、文举甘棠、"潍河"、
渔河桥（潍河桥）、白浪河、"北通渤海—南溯穆陵"欛门、潍县。

第一节　新营堡、王奴店①、"渤海襟喉" 欛门（王白店）

> （七月）初八日，晴。（从牛庄村）再渡潍河，过（昌邑）县
> 西七里，有新营堡……暮入潍县城北隅，宿王姓人家。是日行共百
> 十余里。
>
> ——安璥《驾海朝天录》

天启元年七月八日，谢恩、冬至兼圣节使臣团书状官安璥一行自昌
邑县"牛庄村"出发，西渡潍河，途经昌邑县城、昌邑县西七里的
"新营堡"，在日落时到达潍县北隅。新营堡为今昌邑市都昌街道辛置

---

① 使行文献中亦记载为王老店、王禄店、王路店。

一村、辛置二村、辛置三村。据《辛置志》考证，① 辛置初名新营，明洪武二十二年（1389），昌邑县设置新营社，故"新营"一名，最早至少始于明初。依辛置村内出土的明成化五年（1469）《故礼部郎中孙君墓表》、成化二十年（1484）《赠嘉议大夫都察院左都御史孙公合葬神道碑》、明嘉靖三年（1524）《明故易庵孙君孺人王氏合葬墓志铭》以及明万历《莱州府志》的记载，② 至少自明成化五年，"辛营"和"新置"称谓出现混用的情况。关于"新营"一称，万历《莱州府志》中并未见相关记载，《辛置志》亦无相关佐证史料。凭据安璇的记述，可以推测起码在明末，当地"辛营""新置""新营"三种称谓是同时存在的。这或许是源于惯称的延续或当地人撷古标新的偏好。据相关方志记载，③ 康熙十一年（1672）至乾隆七年（1742），"辛营"与"新营"的称谓共存，属昌邑县忠孝乡辛营社。清乾隆七年（1742），今名"辛置"一称出现，至清光绪三十三年（1907），"辛营""新营""辛置"三种地名混用，属昌邑县忠孝乡辛营社。民国十二年（1933），"辛置"一称固定下来，辛置村属昌邑县第一区辛置镇。1949 年 2 月，分为南辛置村和北辛置村，属昌邑县城区。1955 年，分先进第一、第二、第三农业生产合作社，属昌邑县第一区辛置乡。1958 年，改为辛置一、二、三生产大队，属红旗人民公社。1983 年，改为辛置一、二、三村，属昌邑县城关镇。1985 年，属昌邑县都昌镇。1997 年，属昌邑市奎聚街道。今属昌邑市都昌街道。

---

①　参见昌邑市《辛置志》编纂委员会编《辛置志》，内部资料，1998 年，第48—51 页。

②　《故礼部郎中孙君墓表》记载："……君配，卒以正统丁卯，合葬于新置之原。"《赠嘉议大夫都察院左都御史孙公合葬神道碑》记载："……与王刘淑人合葬辛营之原之兆……翊暨二配合葬辛营。"《明故易庵孙君孺人王氏合葬墓志铭》云："……合葬辛营之原，从先兆也"（昌邑市《辛置志》编纂委员会编《辛置志》，内部资料，1998 年，第48—50 页）；"嘉靖二十七年，昌邑辛营李家园产紫芝二本"（万历《莱州府志》卷6《灾祥》，明万历三十二年刻本，第80 页b）。

③　参见康熙《昌邑县志》卷3《建置志·隅社》，清康熙十一年增刻本；乾隆《昌邑县志》卷2《乡社》，清乾隆七年刊本，第55 页b；光绪《昌邑县续志》卷2《乡社》，光绪三十三年刻本，第3 页a—9 页b；民国《昌邑县志》，民国二十六年刊本；山东省昌邑县志编纂委员会编《昌邑县志》，内部资料，1987 年，第40—47 页；昌邑县地名志编纂委员会编《昌邑县地名志》，内部资料，1987 年，第34—35 页；昌邑市《辛置志》编纂委员会编《辛置志》，内部资料，1998 年，第51—52 页。

（三月）十六日，庚午，到王老店。早发昌乐……抵王老店（昌邑地），约行一百一十里。

——李民宬《癸亥朝天录》

（三月）初十日，戊午，晴。朝大雾。（自潍县北关发行）……至王禄店王老贞家中火，渡新河，宿新河店富姓家。

——洪翼汉《花浦朝天航海录》

（三月）二十日，癸亥，晴。（自博兴县田店发行）晨发到潍县中火，夕□□①王路店止宿，昌邑地，通计百十里。

——全湜《槎行录》

天启三年奏闻（请封）兼辨诬使臣团书状官李民宬、天启四年谢恩兼奏请使臣团书状官洪翼汉、天启五年冬至兼圣节使臣团正使全湜三行使臣在归程，即自北京返回登州的途中，途经了"王老店""王禄店""王路店"。李文、洪文和全文虽然对此的记述名称略有不同，但皆指昌邑县急递铺之王耨铺。据康熙《昌邑县志》的记载，②王耨铺位于昌邑县西南二十里。因此，"王老店""王禄店""王路店"中的"老""禄""路"皆为"耨（nòu）"的通假记述。

十月初一日，戊辰，晴。早发（寿光县王望店），行四十里，到潍县北馆里息马……暮投王奴店，宿孙姓家。是日行九十里。

——安璥《驾海朝天录》

（十月）初一日，戊辰，晴。晓发（汪汪店）……到昌邑地方二十里铺王奴店李姓人家止宿，路程九十五里也。

——崔应虚《朝天日记》

显然，"王奴"亦是"王耨"的假借。这样的推论与同行正使崔应虚之"昌邑地方二十里铺王奴店"的记述一致。令人感兴趣的是，朝鲜使臣关于"王耨铺"的记述或许可以补全明末方志，特别是万历

---

① 原文缺两字。
② 参见康熙《昌邑县志》卷3《建置志·公署》，清康熙十一年增刻本。

《莱州府志》中关于王耨铺的记载。关于昌邑县驿递，万历《莱州府志》和乾隆《莱州府志》记载①的路线仅有三条，分别为"东北通莱州府""南路通高密""西南路通诸城"，并未明确记载昌邑县至潍县的驿递。康熙《昌邑县志》、乾隆《昌邑县志》等方志则未采用府志的体例，仅记为"王耨铺在县南二十里"。这种较为特殊的记述或源于昌邑县城无真正的坐北朝南的南门，抑或源于府志和县志的编纂体例不同。不论怎样，朝鲜使臣关于"王耨铺"的记述，明确了明末昌邑县西南至诸城的王耨铺亦是昌邑县西至潍县的必经递铺之一。天启元年十月一日，安璥途经此段驿路时，还留有如下诗作：

过潍县②

落日平原树，长天旷野云。
尘清回淑气，风静廓妊氛。
辛苦三韩使，趋跄四海君。
路从潍县北，千里细初分。

——安璥《驾海朝天录》

此诗平铺直叙，描述了安璥一行自寿光县王望铺至昌邑县王耨铺沿途所见的如画般风景，表达了使行的漫长和艰辛。淑气，温和而使人舒心的气息。晋陆机《悲哉行》："蕙草饶淑气，时鸟多好音。"③廓，清除。三韩，指马韩、辰韩、弁辰（亦称弁韩），是汉代对朝鲜半岛中南部形成的政治集团的统称。此处指代朝鲜朝。趋跄，形容符合礼仪法度的行走。古时朝拜、晋谒须依一定的节奏和规则行步，此处指朝拜，进谒。《毛诗·齐风·猗嗟》："巧趋跄兮。"④四海，古以中国四境有海环绕，各按方位称"东海""南海""西海""北海"，此处指中国。天启元年，崔应虚、安璥等朝鲜使臣的使行揭开了明末

---

① 参见万历《莱州府志》卷5《驿递》，明万历三十二年刻本，第20页；乾隆《莱州府志》卷5《驿递》，清乾隆五年刻本，第2页b。

② 题目为本书作者添加。

③ （唐）欧阳询辑：《艺文类聚》卷41《乐部一》，宋绍兴刻本，第11页b。

④ 《毛诗》卷5《齐鸡鸣诂训传第八》，四部丛刊景宋刻本，第8页a。

朝鲜海路使行的序幕。因初次利用海路到达登州，再由登州经陆路前往明朝京师，故许多情况，特别是归程路线较为特殊。据《驾海朝天录》记载，[①] 属于明末山东陆路的返程路线为"阳信→尚哥店→浦台（蒲台）→乐安→寿光→潍县→昌邑→灰埠驲→朗村铺→莱州府城→平里店→朱桥驲→北马镇→黄县→登州"。因寿光县位于潍县之北，故安璥称"路从潍县北"。

全诗提及，初冬的夕阳斜照在广阔而荒寂的平原之上，树叶凋零的树木延伸至远方。天际低垂，空中飘动着朵朵白云。完成使行任务返程的作者知道经过潍县后，就可以很快到达登州，乘船返回朝鲜，这令其十分安心。此时的原野上充满了温和而怡人的气息，让饱受使行之苦的作者内心回归平静。安璥一行从潍县北边较为偏僻的岔路进入登莱驿道。虽然漫长而艰辛的使行使其非常劳累，但这为朝拜明朝的统治者，一切都是值得的。使行之路途经寿光，在潍县进入了登莱通衢，漫漫使行路正是在此开始被一分为二。

朝鲜使臣途经的昌邑县王耨铺，今为昌邑市都昌街道王耨村。据相关方志记载，[②] 登莱通衢横穿于内的王耨是自东向西进入潍县的必经之地。明初，为王耨递运所，明嘉靖二十九年（1550），被裁撤。明末至清光绪三十三年（1907），为王耨铺，属昌邑县忠孝乡王耨社。清宣统二年（1910）至民国二十六年（1937），称王耨村，属昌邑县第二区王耨镇。1948年，属昌邑县王耨区。1950年，属昌邑县第十二区史泩区。1956年，属昌邑县城关区，后属城关公社。1962年，属王耨公社。1987年，属昌邑县南逢乡。今属昌邑市都昌街道。据王耨村不愿透露姓名的村民介绍，老官道自东向西穿过王耨村。因民居的侵占，村内的老官道已无原貌，仅能看出大致的走向。

---

① ［朝鲜］安璥《驾海朝天录》，美国哈佛大学燕京图书馆藏本。

② 参见《明会典》卷147《兵部三十·驿运三》，明万历十五年内府刊本，第6页a；康熙《昌邑县志》卷3《建置志·隅社》，清康熙十一年增刻本；乾隆《昌邑县志》卷2《乡社》，清乾隆七年刊本，第55页b；光绪《昌邑县续志》卷2《乡社》，光绪三十三年刻本，第7页a；民国《昌邑县志》，民国二十六年刊本；山东省昌邑县志编纂委员会编《昌邑县志》，内部资料，1987年，第40—47页；昌邑县地名志编纂委员会编《昌邑县地名志》，内部资料，1987年，第220页。

图 6-1 本书研究团队正在采访王耨村村民

图 6-2 今昌邑市都昌街道王耨村村牌坊

据王耨村村民介绍，老官道自王耨村西出，经过潍县与昌邑的交界处后，通向昌邑与寒亭交界的交界村。据相关方志及交界村碑记载，① 交

---

① 参见康熙《潍县志》卷 3《里社》，清康熙十一年刻本，第 2 页；民国《潍县志稿》卷 6《疆域·境界》，民国三十年铅印本，第 18 页 b；光绪《潍县乡土志》不分卷，清光绪三十三年潍县县署石印本，第 78 页 b；民国《潍县志稿》卷 6《疆域·境界》，民国三十年铅印本，第 39 页 a；潍坊市寒亭区地名志编纂委员会编《寒亭区地名志》，内部资料，1989 年，第 202 页；山东省潍坊市寒亭区史志编纂委员会编《寒亭区志》，齐鲁书社 1992 年版，第 50—81 页。

界村，明永乐年间建村，因地处潍县、昌邑交界处，故名。清光绪三十三年（1907），称交界庄，属潍县崇道乡辛阜社。清宣统二年至民国十七年（1928），属潍县牛埠区。民国十八年（1929），属潍县第八区西镇乡。1989年，称交界村，属潍坊市寒亭区东庄乡。今属寒亭区朱里街道。

图6-3　今位于309国道上的"（昌邑）寒亭界"界牌

据相关方志记载，[①] 潍县，两汉至晋代为北海郡平寿县。北魏时，为北海郡。北朝北齐时，改称高阳郡。隋开皇初年，废高阳郡，置下密县。开皇十六年（596），改置潍州。隋大业初年，改潍州为北海县，属北海郡。唐初，恢复潍州建制。唐武德八年（625），为北海县，属青州北海郡。宋建隆三年（962），置北海军，管领新置之昌邑县。北宋初，升为潍州，属京东东路，统辖昌邑县及新置之昌乐县。金代，属山东东路。元代，属益都路。明洪武元年（1368），属青州。洪武九年（1376），废潍州，置潍县，属莱州府。洪武二十一年（1388）至清中

---

① 参见嘉庆《大清一统志》卷175《莱州府一》，四部丛刊续编本，第2页b；民国《山东通志》卷12《疆域志三·沿革》，民国七年铅印本，第20页b—21页a；潍坊市地方史志编纂委员会编《潍坊市志》上，中央文献出版社1995年版，第79—84页；山东省潍坊市潍城区史志编纂委员会编《潍城区志》，齐鲁书社1993年版，第75—76页。

图 6−4　今寒亭区朱里街道交界村村碑

期，潍县属平度州，隶莱州府。清中期至清末期，属莱州府。民国二年（1913），仍称潍县，属胶东道。民国十四年（1925），属莱胶道。1948年，取潍城和坊子的简称，成立省直辖的潍坊特别市，仍留潍县。1949年，改称潍坊市，仍为省辖市。1950 年，裁撤潍坊市。1951 年，复置潍坊市，为县级市，属昌潍专署。1958 年，撤销潍县，并入潍坊市。1961 年，恢复潍县建制。1983 年 8 月，潍坊成为省辖市，撤销潍县，将其行政区域并入潍坊市。1984 年 1 月，在原潍县区域设潍城区，从属潍坊市。

因潍县"形胜甲东莱，尤多先圣贤遗迹"①，故使臣对此多有记述。但同一地名或遗迹的位置，相关记述并不一致，容易产生杂乱之感。要厘清杂乱的使行文献记载，首先依据方志的内容，确定相关递铺的具体方位及距县治的里程较为妥当。

---

① （清）侯抒愫：《潍阳十景小记》，乾隆《潍县志》卷 5《艺文志》，清乾隆二十五年刊本，第 36 页 a。

七月初一日，己丑，雨。到潍县。朝发行过昌邑城东，迤南而行……自昌邑到此八十里。

——李民宬《癸亥朝天录》

（十月）十一日，戊戌，晴。早发昌邑……夕抵潍县东馆驲。县属莱州，距昌邑八十里。

——申悦道《朝天时闻见事件启》

据天启三年奏闻（请封）兼辨诬使臣团书状官李民宬、崇祯元年冬至、圣节兼辨诬书状官申悦道记述，自昌邑县至潍县的使行路程为八十里。

昌邑县……南路通高密，铺一曰"北逄"；西南路通诸城，铺一曰"王耨"。

——万历《莱州府志》①

北逄铺，在（昌邑）县南十里，王耨铺，在（昌邑）县西南二十里。

——康熙《昌邑县志》②

赵疃铺，去（潍）县东北一十里。朱毛铺，去（潍）县东北二十里。寒亭铺，去（潍）县东北三十里。牛埠铺，去（潍）县东北四十里。王白铺，去（潍）县东北五十里。

——万历《潍县志》③

以上述方志中的记载为基础，结合李民宬、申悦道的记载，可知自昌邑县出发，南行十里为昌邑县北逄铺，④ 转向西南行二十里至昌邑县王耨铺，行三十里至潍县王白铺，行四十里至潍县牛埠铺，行五十里至潍县寒亭铺，行六十里至潍县朱毛铺，行七十里至潍县赵疃铺，行八十

---

① 万历《莱州府志》卷5《驿传》，明万历三十二年刻本，第22页 b。
② 康熙《昌邑县志》卷3《建置志·公署》，清康熙十一年增刻本。
③ 万历《潍县志》卷2《急递铺》，明万历二年刻本。
④ 北逄即"逄公里"，因汉逄萌故里在此，故名，曾名北逄、逄公里、南逄。明清时期的昌邑县之北逄铺，伴随着社会经济伴随着社会的发展，今为扩变为南逄村、王家北逄村、刘家北逄村、高家北逄村、徐家北逄村。这五村今皆属昌邑市都昌街道。

里至潍县城。反之，自潍县城十里至潍县赵疃铺，二十里至潍县朱毛铺，三十里至潍县寒亭铺，四十里潍县牛埠铺，五十里至潍县王白铺，六十里至昌邑县王耨铺，七十里至昌邑县北逄铺，八十里至昌邑县城。

> 潍县……在（莱州）府西一百八十里。界东标①"渤海襟喉"，其西有间，额"王白店"……
>
> ——南以雄《路程记》
>
> 自昌邑县，西至潍县②，八十里程也。行三十里，有櫺门，书之曰"渤海襟喉"。
>
> ——郑斗源《朝天记地图》

天启六年冬至使臣团正使南以雄及崇祯三年陈慰、奏请兼进贺使臣团正使郑斗源皆记述了"渤海襟喉"櫺门即坊表的存在。襟喉，指衣领和咽喉，比喻要害之地。南朝梁刘孝绰《三日侍安成王曲水宴》诗："蹉跨兼流采，襟喉迩封甸。"③ 众所周知，渤海为我国的内海，东至辽东半岛南端，南至山东半岛北岸。"渤海襟喉"指潍县处于山东内陆与东部沿海地区的交界处，战略位置十分重要。依南文，"渤海襟喉"为潍县与昌邑县的分界标志，而"渤海襟喉"标识所在处之西是潍县递铺王白铺。依郑文，"渤海襟喉"位于王白铺。翻阅相关方志，笔者并未找到相关记载。据南以雄和郑斗源的记述，可以推测明末在王白铺或其稍微东的位置可能存在"渤海襟喉"櫺门，此处是昌潍两县与登莱驿道的交汇点。明末的王白铺今为潍坊市寒亭区朱里街道王伯村。据相关方志记载，④ 明

---

　　① 原文为"票"，因《路程记》为金德承《天槎大观》的异本，比对《天槎大观》对应的内容，此处应是繁体"标"之误记。

　　② 原文为"潍水县"，依前后文，此处应为"潍县"，属误记。

　　③ （民国）王闿运辑：《八代诗选》卷11《上梁一》，清光绪十六年江苏书局刻本，第58页b。

　　④ 参见乾隆《莱州府志》卷5《驿递》，清乾隆五年刻本，第3页a；乾隆《潍县志》卷2《墩铺》，清乾隆二十五年刻本，第3页b；光绪《潍县乡土志》不分卷，清光绪三十三年潍县县署石印本，第78页b；光绪《昌邑县续志》卷4《驿递》，清光绪三十三年刻本，第17页a；潍坊市寒亭区地名志编纂委员会编《寒亭区地名志》，内部资料，1989年，第201页；山东省潍坊市寒亭区史志编纂委员会编《寒亭区志》，齐鲁书社1992年版，第50—81页。

末至清康熙十一年（1672），称王白铺、王白店，属潍县崇道乡惠准
社。自清乾隆五年（1740）起，改称王伯铺，亦称王伯店，属潍县崇
道乡惠准社。清光绪三十三年（1907），称王伯庄，属潍县崇道乡惠准
社。民国十八年（1929），称王伯村，属潍县第八区西镇乡。1989年，
称王伯村，属潍坊市寒亭区东庄乡。今属寒亭区朱里街道。

图6-5　今潍坊市寒亭区朱里街道王伯村村碑

第二节　牛阜店①、营丘旧封②、"彦方式化" 欞门③、寒亭④、"古亭寒水" 欞门

　　（九月）十八日，己巳，晴。（自昌邑县东馆发行）中火牛阜店，
宿潍县北馆里。是日行一百里，所过有营丘旧封，乃姜太公所履⑤，

---

① 使行文献中亦记载为牛埠店、四十里铺。
② 使行文献中亦记载为营邱旧封、营丘、"营丘旧封" 欞门。
③ 使行文献中亦记载为王彦方故里、王彦方故居、王彦方式化。
④ 使行文献中亦记载为寒亭店、寒亭古驿、寒亭驿馆、寒亭驿、汉亭店。
⑤ 履，践履所及，此处指齐国的疆界。

李白诗所谓"遂荒营丘东"者耶……

——洪翼汉《花浦朝天航海录》

天启四年九月十八日，洪翼汉一行途经牛阜店、营丘旧封、寒亭古驿等地。牛阜店，即潍县东北四十里的牛埠铺。据相关方志记载，[①] 牛埠之名自明末沿用至今。明末至清末，属潍县崇道乡辛阜社。民国二十二年，属潍县第六区牛埠镇。1989 年，属潍坊市寒亭区寒亭镇。今属潍坊市寒亭区寒亭街道。据牛埠村村民王建忠（男，55 岁）和不愿透露姓名的村民介绍，老官道从牛埠村中穿过，呈东西走向，村民称其为"东西大街"。今牛埠村已将老官道进行了拓宽和硬化。牛埠村的老官道向西通毛家埠村往潍坊（即明末潍县），向东通官桥村、王伯村往昌邑。毛家埠村为寒亭区寒亭街道毛家埠村，官桥村为寒亭区朱里街道官桥村。据相关方志记载，[②] 毛家埠，明末至清光绪年间，属潍县崇道乡辛阜社。光绪三十三年（1907），称毛家埠庄，亦属潍县崇道乡辛阜社。民国二十二年（1933），属潍县第六区牛埠镇。1989 年，属潍坊市寒亭镇。今属寒亭区寒亭街道。官桥村，明末至清光绪年间，属潍县崇道乡辛阜社。光绪三十三年，称官桥子庄，属潍县崇道乡辛阜社。民国二十二年，属潍县第六区牛埠镇。1989 年，属潍坊市寒亭镇。今属潍坊市寒亭区朱里街道。

洪翼汉称其所过之"营丘旧封"是姜太公助武王伐纣后的功受封地。据《吕氏春秋》《史记》等史书记载，[③] 姜太公，又称吕太公、太

---

① 参见乾隆《莱州府志》卷 5《驿递》，清乾隆五年刻本，第 3 页 a；乾隆《潍县志》卷 2《墩铺》，清乾隆二十五年刻本，第 3 页 a；光绪《潍县乡土志》不分卷，清光绪三十三年潍县县署石印本，第 64 页 a；民国《潍县志稿》卷 6《疆域·境界》，民国三十年铅印本，第 39 页 b；潍坊市寒亭区地名志编纂委员会编《寒亭区地名志》，内部资料，1989 年，第 26—27；山东省潍坊市寒亭区史志编纂委员会编《寒亭区志》，齐鲁书社 1992 年版，第 50—81 页。

② 参见光绪《潍县乡土志》不分卷，清光绪三十三年潍县县署石印本，第 64 页 a、75 页 b；民国《潍县志稿》卷 6《疆域·境界》，民国三十年铅印本，第 36 页 a；潍坊市寒亭区地名志编纂委员会编《寒亭区地名志》，内部资料，1989 年，第 25—26；山东省潍坊市寒亭区史志编纂委员会编《寒亭区志》，齐鲁书社 1992 年版，第 50—81 页。

③ 参见《吕氏春秋》卷 11《冬纪》，四部丛刊景明刻本，第 10 页 a；《史记》卷 32《齐太公世家二》，清乾隆武英殿刻本，第 1 页 a—3 页 b。

公望吕尚、吕望、吕尚，姓姜，名尚，东海之滨人。因姜太公先祖曾协助大禹治水，受封于吕。故又以封地"吕"为姓。姜太公被周武王尊称为"师尚父"，在牧野之战中击败商纣的军队，使武王成为天子。其后，武王将齐之营丘封赏给姜太公。"遂荒营丘东"的前一句为"一举钓六合"，出自李白《鞠歌行》，① 意为姜太公借垂钓的机会求见了西伯（周文王），并帮助周文王之子周武王夺取天下，于是便有了因功受赏的东部封地——营丘。太公始封之齐营丘到底在何处，至今仍是未解之谜。② 故此问题并非本书所涉及的重点，在此仅探讨使行文献记载的潍县之营丘。方志中关于潍县营丘具体方位的记载，大致可分为两类。其一，万历《莱州府志》、乾隆《莱州府志》、乾隆《潍县志》等方志中记载，营丘城"位于（潍）县南三十里"③；其二，康熙《潍县志》等方志中记载，营丘城"在（潍）县南二十五里，周封太公望于此，基址尚存，亦一雄都"④。虽因史料的缺乏及地名变迁等原因，导致学界对"营丘城在何处"的问题存在着不同的看法，但仅就明末潍县而言，上述方志所载两类潍县之营丘位置，皆指今潍坊市昌乐县的营丘镇古城村。但在相关方志中，笔者并未找到与潍县"营丘旧封"牌坊或标识物位置的记载。借助其他使行文献的记述，可以还原出潍县"营丘旧封"标识物的大致位置。

---

① 全诗如下："玉不自言如桃李，鱼目笑之卞和耻。楚国青蝇何太多，连城白璧遭谗毁。荆山长号泣血人，忠臣死为刖足鬼。听曲知宁戚，夷吾因小妻。秦穆五羊皮，买死百里奚。洗拂青云上，当时贱如泥。朝歌鼓刀叟，虎变磻溪中。一举钓六合，遂荒营丘东。平生渭水曲，谁识（一作数）此老翁。奈何今之人，双目送飞鸿。"《李太白文集》卷 4《歌诗四十首·乐府二》，宋刻本，第 2 页 b—3 页 a。此诗借用卞和、宁戚、姜太公等人的事迹，表达了作者渴望见用于世，但未能施展抱负的愤懑之情。

② 对于太公始封地营丘的位置，一般有三种观点。其一，今淄博临淄。其二，今潍坊昌乐营丘。其三，今淄博市高青陈庄。山东省博物馆研究员王恩田在《高青陈庄西周遗址与齐都营丘》一文中，从都城标准，出土丰篮的铭文及两座一条墓道的"甲"字形大墓的墓主，天坛与坛墙三个方面，结合史料对 2009 年发现的山东省淄博市高青陈庄西周城址进行考证，认为高青陈庄古城就是齐都营丘，即齐太公始封之地（参见王恩田《高青陈庄西周遗址与齐都营丘》，载张光明，徐义华主编《甲骨学暨高青陈庄西周城址重大发现国际学术研讨会论文集》，齐鲁书社 2014 年版，第 23—27 页）。

③ 万历《莱州府志》卷 1《封建表》，明万历三十二年刻本，第 53 页 a。

④ 康熙《潍县志》卷 5《古迹》，清康熙十一年刻本，第 1 页 a。

图6-6　牛埠村村民王建忠为本书研究团队介绍牛埠村及老官道历史

图6-7　今潍坊市寒亭区寒亭街道牛埠村村民委员会

图 6-8　潍坊市昌乐县的营丘镇古城村村碑

　　自昌邑县……行三十里，有橺门，书之曰"渤海襟喉"。行五
十里，有橺门，书之曰"营丘旧封"，昔姜太公所封之地。行六十
里，有橺门，书之曰"彦方式化"，汉王彦方式化处。行七十里，
有橺门，书之曰"古亭寒水"，古寒浞所封之地。

——郑斗源《朝天记地图》

　　崇祯三年陈慰、奏请兼进贺使臣团正使郑斗源则记载"营丘旧封"
橺门在距昌邑县西五十里的寒亭铺。"彦方式化"橺门在距昌邑县西六
十里的潍县朱毛铺。"古亭寒水"橺门所在之处是"古寒浞所封之地"，
在距昌邑县西七十里的赵疃铺。《大明一统志》记载："寒亭，在潍县
东北三十里。古寒国，浞封此。"[1] 据《史记》《左传》等史书的记
载，[2] 寒浞，夏朝初年东夷人。伯明氏因功受封于寒国，其封地之人多

----

　　① 《大明一统志》卷25《莱州府·古迹》，明天顺五年内府刻本，第20页a。
　　② 参见《史记》卷2《夏本纪第二》，清乾隆武英殿刻本，第23页b—24页a；《春秋左
传正义》卷29《襄元年尽四年》，清嘉庆重刊宋十三经注疏本，第23页a—24页a。

以"寒"为姓。寒浞为伯明的后代，因奸邪被驱逐后，投奔后羿。因寒浞极善逢迎取悦，被后羿封为相，即百官之长。夏启之子太康即位后，不理朝政，逐渐失去民心。东夷部落首领后羿，带兵推翻了太康的统治。后羿代夏后，亦与太康一样，沉溺于酒色，不问政事。愚弄民众，迫害贤良的寒浞杀死后羿，取而代之。万历《莱州府志》记载，寒浞河"在潍县东北三十里"①，因此处原是古寒浞国，故名。郑斗源所记述的"古亭寒水"中的"古亭"应指潍县东北三十里的寒国故地——"寒亭"，"寒水"指寒亭西侧的"寒浞河"。

"彦方式化"中的"彦方"指东汉名士王烈。式化，教诱乡里之地。据《资治通鉴》《大明一统志》《齐乘》等史书的记载，② 王烈，字彦方，北海人，学问博深，善于教化民众依从善德之道。西汉末年，王烈前往辽东以避祸乱。因其人品德行出众，附近的民众都愿归附。民众之间有纠纷，都去找王烈以断曲直。乡里曾有人偷盗耕牛，被捉后，恳求说自己甘愿领受刑罚，只是不要让王烈知道自己偷牛之事。王烈得知此事后，派人为其送去两丈布以示激励。后来，被王烈善德感化的偷牛之人在路上拾到一把剑，并未占为己有，而是在原地等到天黑，把剑还给主人。虽《后汉书》记载，③ 王烈为太原（今山西太原）人，且光绪《莱州府土志》中亦认为"昌、潍二志所载人物多有涉邻境者"，王烈是太原人，"非今之昌潍人也"，宜在方志中删除，④ 但清康熙四年任潍县知县的侯抒愫在《潍阳十景小记》中明确记述，潍县有"王彦方遗布于盗牛者之旧间"⑤，只是未言明其具体位置。结合朝鲜使臣的记述，"彦方式化"橛门确曾存在。基于"古亭寒水"橛门应位于寒亭铺

---

① 万历《莱州府志》卷2《山川》，明万历三年十二年刻本，第125页a。

② 参见《资治通鉴》卷60《汉纪五十二·孝献皇帝乙》，四部丛刊景宋刻本，第9页；《大明一统志》卷25《莱州府·流寓》，明天顺五年内府刻本，第40页b；《齐乘》卷6《人物》，清乾隆四十六年刻本，第14页a。

③ 参见《后汉书》卷81《列传卷七十一·独行》，百衲本二十四史景宋绍兴刻本，第35页b。此外，嘉靖《辽东志》、嘉庆《大清一统志》等方志则记载王烈为平原（今山东平原）人。相关内容参见嘉靖《辽东志》6《人物志·流寓》，明嘉靖十六年刻本，第76页a；嘉庆《大清一统志》卷64《奉天府五》，四部丛刊续编本，第1页a。

④ 光绪《莱州府乡土志》卷首《例言》，清抄本，第1页b。

⑤ （清）侯抒愫：《潍阳十景小记》，乾隆《潍县志》卷5《艺文志》，清乾隆二十五年刊本，第36页b。

的推断，郑斗源对"营丘旧封"欟门、"古亭寒水"欟门位置的记载应属误记。仅观郑斗源的此段记述，可以看到其记载的里程中，缺少"行四十里"的相关表述，这或许是源于此段路途中的圣贤遗迹较多，且使行时间紧迫，只记往来途中的关键词，故在后来的誊写完善使行记录时，出现了此类误记的情况。

> 潍县……在（莱州）府西一百八十里。界东标"渤海襟喉"，其西有间，额"王白店"，有营丘旧封，是太公所封处……牛埠店揭彦方式化，乃王烈也。本北海人，而汉末避地辽东，有争讼者将质于烈，或至途而反，或望庐而止，至今追慕而表之。有寒亭，古寒国，浞①之所封地也。
>
> ——南以雄《路程记》

> （三月）十六日，庚午，到王老店。早发昌乐……憩寒亭店，又过王彦方故里，县东三十里。营丘旧封，县东四十里。抵王老店，昌邑地。约行一百一十里。
>
> ——李民宬《癸亥朝天录》

据南以雄的表述，途经地名自东向西为"渤海襟喉"欟门→王白店（王白铺）→"营丘旧封"坊表→牛埠店（牛埠铺）→"彦方式化"坊表。依李民宬的记述，王彦方故里，即"彦方式化"欟门位于寒亭店（寒亭铺）东侧，"营丘旧封"则位于牛埠铺。其途经地名自西向东为昌乐→寒亭店（寒亭铺）→王彦方故里（"彦方式化"欟门）→营丘旧封→王老店。简言之，综合郑斗源、南以雄、李民宬等朝鲜使臣的记载，可以推测"营丘旧封"坊表或在潍县牛埠铺（牛埠店）附近。此外，天启四年三月十六日，李民宬在途经此段路途时，创作了两首诗作，并在《过王彦方故居》一诗中再次明确了王彦方故里的具体位置。

过营丘旧封

昌邑城西号陬区，营丘旧是太公都。

---

① 原文为"促"，为"浞"之误记。

不知画手今犹在，试觅江南骤雨图。

——李民宬《燕槎唱酬集》

此诗是李民宬一行在返程途经潍县"营丘旧封"坊表时所作。陬区，深险之地。李民宬在诗的最后解释："画师李成，营丘人，江南骤雨图名于世。"李成，字咸熙，北宋初期著名的全景山水画家之一，代表作有《骤雨图》《读碑窠石图》《晴峦萧寺图》《乔松平远图》《寒林平野图》等。后人评价李成"能画山水林木，当时称第一"①。诗的前两句是讲，昌邑县城西有号称营丘的宝地，此处是姜太公受封地——齐国的都城。不知道营丘画家李成是否还住在那里，非常想去寻找并欣赏《骤雨图》。此外，在北京停留期间，李民宬创作了七言诗《题金陵图》。在《题金陵图》中，认为《金陵图》"霏微烟雨漫长空，笔法似出营丘徒"②，并再次自注"李成营丘人，有江南骤雨图"③。从对李成文秀创作风格的熟稔来看，李民宬应十分喜爱李成的画作。

过王彦方故居

东京贤士隐于斯，德化乡间表一时。

可惜遗风今寂寞，里人宁愧彦方知。

——李民宬《燕槎唱酬集》

在诗题的自注中，李民宬记述王彦方故居"在潍县东三十里"的寒亭铺。王彦方故居，即其所说的王彦方故里，抑或是郑斗源所说的"彦方式化"欐门所在之处。此诗表达了作者对东汉王烈高洁的志行、出众的才能、其以德行感化乡里之事的追慕，以及对美好风俗教化消逝的惋惜。

（七月）初八日，丁未，晴。晓（自昌邑县牛庄村）启程……

---

① （宋）黄庭坚：《山谷内集诗注》卷7《题郑防画夹五首》，清文渊阁四库全书本，第11页b。

② ［朝鲜］李民宬：《燕槎唱酬集》，《敬亭集》卷1，韩国首尔大学奎章阁藏本，第10页a。

③ ［朝鲜］李民宬：《燕槎唱酬集》，《敬亭集》卷1，韩国首尔大学奎章阁藏本，第10页b。

行十里许，到昌邑县城外……行五十里，到寒亭驿馆暂歇。馆人以莱州分巡道自济南回来，云迎候矣。

（十月）初一日，戊辰，晴。晓发（汪汪店）……此日乃场市之日也。行三十里，过寒亭驿，亦场市也。

——崔应虚《朝天日记》

天启元年七月八日，谢恩、冬至兼冬至使臣团正使崔应虚一行自昌邑县牛庄村（刘庄村）出发，西出昌邑县城五十里后到达潍县寒亭铺。此时，驿卒正在等候时任莱州巡察海道——陈亮采的到来。十月一日，崔应虚一行自寿光汪汪店（王望铺）出发，途经潍县北关后，到达寒亭驿。因此日正是寒亭集的赶集时间，寒亭铺附近非常热闹。据万历《潍县志》的记载，① 潍县的集市"在乡一十五集"，排在首位的正是寒亭集。明谢肇淛《五杂俎》："岭南之市谓之虚……山东人谓之集。每集则百货俱陈，四远竞凑，大至骡、马、牛、羊，小至斗粟、尺布，必于其日聚焉，谓之'赶集'。"② 时至今日，每逢农历一、六，附近的民众都会去赶寒亭集（当地人亦称"寒亭大集"）。此外，令人感兴趣的是崔应虚所使用的"场市"一词。场市（장시）为朝鲜固有词，指朝鲜时期五天出现一次的民间自发性集市。换言之，仅从"场市"一词，即可窥视中韩文化之间的密切关联。

据寒亭区文物保护管理所所长崔永胜介绍，明清时期的寒亭铺为今潍坊市寒亭区寒亭街道寒亭一村。原寒亭铺有东西两座城门，因时代的发展，现已拆除。在寒亭一村西侧靠近浞河处，还残留有原西门的建筑构件。另据相关史料记载，③ 明末潍县寒亭铺，夏初为寒国，汉代，称

---

① 万历《潍县志》卷2《集场》，明万历二年刻本。

② （明）谢肇淛：《五杂俎》卷3《地部一》，明万历四十四年刻本，第47页。

③ 参见《元和郡县图志》卷11《河南道六》，清武英殿聚珍版丛书本，第22页a；《太平寰宇记》卷18《河南道十八》，清文渊阁四库全书本，第18页a；《齐乘》卷4《古迹》，清文渊阁四库全书本，第40页a；《大明一统志》卷25《莱州府》，明天顺五年内府刻本，第20页a；《寰宇通志》卷67《山东承宣布政使司》，明景泰刻本，第14页b；乾隆《莱州府志》卷1《古迹》，清乾隆五年刻本，第3页a；民国《潍县志稿》卷6《疆域·境界》，民国三十年铅印本，第35页a；潍坊市寒亭区地名志编纂委员会编《寒亭区地名志》，内部资料，1989年，第19页；山东省潍坊市寒亭区史志编纂委员会编《寒亭区志》，齐鲁书社1992年版，第50—81页。

寒亭，属北海郡平寿县。隋唐时，先后属潍州、北海县。宋代，先后属北海军、潍州。元代，属潍州。至少自明嘉靖年①至明万历三十二年（1604），称古亭马驿（万历年间革）、古亭驿、寒亭、寒亭铺、古寒涊国，属潍县崇道乡寒亭社。明末至清顺治年，称古亭驿、寒亭驿②、古寒涊地、寒亭铺、古寒涊国，属潍县崇道乡寒亭社。民国初期，称寒亭、古寒涊国、寒亭铺，属潍县崇道乡寒亭社。民国三十年（1941），为寒亭村，属潍县第六区寒亭镇。1958—1982 年，属寒亭人民公社。1984 年 5 月，属潍坊市寒亭区寒亭镇。2001 年至今，为寒亭一村，属潍坊市寒亭区寒亭街道。崔永胜还介绍，在村内还保留着寒亭古驿、古驿道及位于驿道旁的明代关帝庙等遗存。寒亭铺遗存位于寒亭一村内的高地之上，村民称为高庙。寒亭一村内的古驿道约 500 米，呈东西走向。

此外，如前所述，郑斗源所记之"古亭寒水"橱门中的"古亭"指潍县寒亭，"寒水"指寒亭西侧的"寒涊河"。万历《莱州府志》记载："寒涊河，在潍县东北三十里，源出车流庄，流经寒亭八十里入海。春秋③有寒涊国，因名。"④ 据相关方志记载，⑤ 朝鲜使臣所途经的寒涊河亦称寒水，因唐代在潍州置寒水县而得名。明代称寒涊河。清代，称寒涊水、寒涊河、寒水、涊河。今称涊河。其有二源，分别发源于潍坊市坊子区南赵庄村和常令公山西麓，向北流经奎文区、寒亭区，在昌邑市都昌街道渔洞埠村北汇入虞河，北流入海。长约 33 千米，属季节性河流。

---

① "古亭马驿，在（潍）县东北三十里。"（嘉靖《山东通志》卷 15《公署》，明刻本，第 26 页 a）

② 施闰章（1619—1683），字尚白，号愚山，安徽宣城人。清顺治十三年（1656）至十八年，施闰章任山东学政，多往返山东各地，并留有诸多诗作。在途经潍县寒亭时，留有《寒亭驿》一诗，诗题自注"古寒涊地"。全诗如下："驿亭暑色薄，满壁翠琅纤。细石流泉洌，青天古木寒。窗阴双语燕，亭午一凭栏。惆怅千秋事，凄凄芳草残。"（清）施闰章：《学余堂诗集》卷 26《五言律》，清康熙四十七年刻本，第 4 页 a。

③ 寒涊国，即寒国，如前所述，寒国始于夏代，此处似误记。

④ 万历《莱州府志》卷 2《山川》，明万历三十二年刻本，第 125 页 a。

⑤ 嘉靖《山东通志》卷 6《山川》，明刻本，第 36 页 a；《读史方舆纪要》卷 36《山东七》，清嘉庆十七年敷文阁刻本，第 7 页 b；光绪《潍县乡土志》不分卷，清光绪三十三年潍县县署石印本，第 75 页 b；《续山东考古录》卷 29《水考（上）》，清咸丰元年刻本，第 23 页 b；民国《山东通志》卷 33《山川》，民国七年铅印本，第 38 页 b—39 页 a；潍坊市寒亭区地名志编纂委员会编《寒亭区地名志》，内部资料，1989 年，第 236 页；山东省潍坊市寒亭区史志编纂委员会编《寒亭区志》，齐鲁书社 1992 年版，第 101 页。

图6-9　今潍坊市寒亭区寒亭街道寒亭一村村民委员会

图6-10　寒亭铺原西门原址及西门建筑构件（右下方的条石）

说明：崔永胜所长（右一）正在为本书研究团队介绍寒亭铺的历史变迁。

图 6 – 11 今位于寒亭一村内的古驿道

说明：据崔永胜所长介绍，古驿道旁的民居多建于清末民初。

图 6 – 12 明末寒亭铺原址

说明：今寒亭一村内的高庙。

图 6 - 13 位于寒亭一村驿道原址旁的明代关帝庙

图 6 - 14 今寒亭一村东侧的浞河

第三节 平仲故里①、文举甘棠②

寒亭，古寒国，浞封此。亭之西有平仲故里，齐相晏婴也。又

---

① 使行文献中亦记载为潍县（东）二十里铺、晏城、晏婴遗邑、晏平仲故里、"平仲古里"四字牌、齐相晏平仲故里、"平仲古里"櫊门。

② 使行文献中亦记载为（潍县东）十里铺、孔文举旧治、孔文举甘棠、"文举甘棠"櫊门、孔融庙、"孔文举甘棠"牌门、孔融之流芳、孔文举融甘棠。

有文举甘棠，是孔融也。高谈清教，可玩而诵。为相北海，立学
校，表儒术。

——金德承《天槎大观》

据《史记》记载，① 晏婴，世人亦尊称晏子，字平仲，春秋时期齐
国莱地夷潍人，为齐灵公、庄公、景公三朝重臣。晏婴节俭质朴，力行
实干，齐国人对他非常推崇。在成为齐国宰相后，晏婴依旧保持着良好
的品行，吃饭时，仅吃一种肉食，妻妾不穿丝织衣物。朝堂之上，国君
问及晏婴时，他就直率地进谏；国君谈政不涉及晏婴时，他就秉公而
行。政治清明时，他就服从命令；政治纷乱时，他就斟酌后依正道而
为。晏婴正是以此之道名扬各诸侯国。晏婴直言进谏，不害怕触犯国君
的威严，司马迁称，如果晏婴在世，为其执鞭赶车亦是向往之事。"文
举甘棠"之"文举"，指孔融，字文举。甘棠，树木名称，亦称棠梨、
棠树。《史记·燕召公世家》："周武王之灭纣，封召公于北燕……召公
巡行乡邑，有棠树，决狱政事其下，自侯伯至庶人各得其所，无失职
者。召公卒，而民人思召公之政，怀棠树不敢伐，歌咏之，作《甘棠》
之诗。"② 后以"甘棠"指代守法循理官吏的美政和遗爱。据《后汉
书》等史料记载，③ 孔融，东汉末年鲁国人，孔子第二十世孙。孔融生
性好学，博闻强识。彼时天下动荡，北海（明末潍县一带）地处要冲，
声名鹊起的孔融被举荐为北海相。此后，孔融官至太中大夫。因与曹操
积怨较深，受诬陷而被处以极刑。后人评价孔融像齐国相晏婴立于朝堂
之上就可阻止田氏代齐一样，其高洁的志向以及刚直的品格可以激发人
们忠义的气节，阻止曹操称霸的野心。依金德承的记述，寒亭西有齐国
百官之长的晏婴故里，亦有为显扬东汉名士孔融而树立的"文举甘棠"
坊表，但并未提及具体的方位。

（三月）十六日，晴。朝出昌乐东门……到潍县北馆旧主人朝

---

① 参见《史记》卷62《管晏列传第二》，清乾隆武英殿刻本，第3页a—5页b。
② 《史记》卷34《燕召公世家第四》，清乾隆武英殿刻本，第1页a—2页a。
③ 《后汉书》卷70《列传卷第六十·孔融》，百衲本二十四史景宋绍兴刻本，第5页a—12页a。

饭……行二十里，有"平仲古里"四字牌，到寒亭中火，到昌邑境王禄店表姓人家宿。

　　　　　　　　　　　　——尹暄《白沙公航海路程日记》

　　（三月）十六日，庚午，到王老店。早发昌乐……过……晏平仲故里，潍县东二十里，憩寒亭店。……抵王老店，昌邑地，约行一百一十里。

　　　　　　　　　　　　——李民宬《癸亥朝天录》

　　天启四年三月十六日，奏闻（请封）兼辨诬使臣团副使尹暄等朝鲜使臣从昌乐县出发，经潍县后，在潍县东二十里的朱毛铺附近见到了"平仲古里"，即"平仲故里"的坊表，书状官李民宬称为"晏平仲故里"。对此，李民宬留有了如下诗作，并在题注中再次记述晏平仲故里在潍县东二十里。

过晏平仲故里①

平仲相齐国，贵而能不骄。
深明惟礼效，颇善与人交。
何意杀三士，为谋费二桃。
贫家犹待火，嗟骄末风浇。

　　　　　　　　　　　　——李民宬《燕槎唱酬集》

　　此诗中，李民宬称赞精通礼乐、品德高尚的晏婴身居宰相之位而不骄纵，并能善待人才，实行善政，同时赞叹晏婴面对无理之人危及国家时力挽狂澜的果敢。相，辅助，指晏婴作为宰相治理齐国。善与人交，语出《论语·公冶长》："子曰：晏平仲善与人交，久而敬之。"② 三士，典出《晏子春秋·内篇卷二谏下》，③ 指春秋齐之公孙接、田开疆、古冶子。三人勇而无礼，晏子认为将危害国家，准备除掉他们，请景公

---

　　① 题注："在潍县东二十里。"
　　② 《论语·公冶长第五》，四部丛刊景日本正平本，第6页a。
　　③ 参见《晏子春秋》卷2《内篇卷二谏（下）》，四部丛刊景明活字本，第20页b—21页b。

赐三人二桃，论功而食。三人相争不下，皆不食桃，自刭死。待火，即举火，生火做饭。

首联和颔联是讲，晏婴辅佐了齐国三位国君，在成为宰相后，亦能毫不骄纵。晏婴洞察礼乐教化，并以此之道教育感化齐国的民众。正如孔子所说，晏婴擅长交际，善待人才，与其相处越久，越会对他恭敬。颈联和尾联是说，晏婴为什么不能接受战功显赫的公孙接、田开疆和古冶子这三位勇士，甚至使用两个桃子的谋略将他们杀害？那是因为比起国家的大义，三勇士更重视个人的私利，如果让这样的人得势，会危及齐国的安危。

天启五年十月十六日，冬至兼圣节使全湜一行自昌邑县出发，"午到寒亭古驿，夕至潍县止宿"①。在此路程中，途经了"晏平仲故里"，并留有《过晏平仲故里》一诗。在诗题自注中，亦记载平仲故里在潍县（东）二十里铺，即朱毛铺。

过晏平仲故里②

三十年裘一豆豚，显君功烈岂卑云。
只缘不识宣尼圣，至鲁功程退十分。

——《朝天诗（酬唱集）》

豆，指祭祀时使用一种盛放食物的器具，形似高脚盘。豚，此处指祭祀用的乳猪。《礼记》："晏平仲祀其先人，豚肩不掩豆。澣衣濯冠以朝，君子以为陋矣。"③ 功烈，亦作"功列"，功勋业绩。《左传·襄公十九年》："铭其功烈，以示子孙。"④ 宣尼，指孔子。元始元年，汉平帝追加孔子"褒成宣尼公"的谥号，后因称孔子为宣尼。不识宣尼圣，指孔子曾到访齐国，因晏婴的反对，未被齐景公起用。《史记·孔子世家》记载，⑤ 在孔子出访齐国时，齐景公曾问政孔子，

---

① ［朝鲜］全湜：《槎行录》，《沙西集》卷5，韩国学中央研究院藏书阁藏本，第13页a。
② 题注："在潍县二十里铺。"
③ 《礼记》卷9《礼器十》，四部丛刊景宋刻本，第15页a。
④ 《春秋左传正义》卷34《襄十九年尽二十一年》，清嘉庆重刊宋十三经注疏本，第4页。
⑤ 参见《史记》卷47《孔子世家第十七》，清乾隆武英殿刻本，第6页。

对孔子"君君，臣臣，父父，子子"以及"政在节财"的回答非常满意，"欲以尼溪田封孔子"。对此，晏婴进言道："夫儒者滑稽而不可轨法；倨傲自顺，不可以为下；崇丧遂哀，破产厚葬，不可以为俗；游说乞贷，不可以为国。自大贤之息，周室既衰，礼乐缺有闲。今孔子盛容饰，繁登降之礼，趋详之节，累世不能殚其学，当年不能究其礼。君欲用之以移齐俗，非所以先细民也。"这导致其后"景公敬见孔子，不问其礼"。

"三十年裘一豚肩，显君功烈岂卑云"是说，成为齐国宰相后，晏婴仍旧穿着同一件衣袍，该衣都穿了近三十年，祭祀先人时，也仅使用难以覆盖祭祀器皿的少量肉类。晏婴辅佐齐国国君，使其名扬于世，怎么能说他卑劣呢？"只缘不识宣尼圣，至鲁功程退十分"是说，虽然晏婴为人正直，在他的治理下齐国富强，但在齐景公将要封孔子为齐国大夫时，晏婴未能看出孔子的才能，以孔子为儒者为由，反对起用孔子。这一次错误的判断，导致齐国错失了孔子这样的人才。孔子后来被任命为鲁国大司寇（主管刑罚的最高官员），并以礼制德化和政令刑罚的手段，帮助鲁国实现了政清人和。与那样的鲁国相比，齐国算是退步很大。《朝天时闻见事件启》记载，[①] 明天启八年十月十一日清晨，冬至、圣节兼辨诬使申悦道一行自昌邑出发，"午憩寒亭店"后，"历潍县二十里铺"，即"晏平仲故里"。对此，申悦道留有《过晏平仲故里》一诗，在诗题的自注中，再次明确了晏平仲故里位于潍县东二十里铺——朱毛铺。

过晏平仲故里[②]

清潍如练柳丝垂，平仲遗墟十里涯。

功烈虽卑犹可取，狐裘节俭后人思。

　　　　　　　　　　——申悦道《朝天时闻见事件启》

---

① ［朝鲜］申悦道：《朝天时闻见事件启》，《懒斋先生文集》卷3，韩国国立中央图书馆藏本，第19页b—20页a。
② 题注："在潍县二十里铺。"

　　此诗语言简洁通俗，描绘了潍县东恬静如画的风景，赞扬了晏婴节俭力行的优秀品德。此诗主要是说，流经潍县东侧的潍河（实为明末东于河，即今虞河，后文详述）河水清澈透明，倒映着午后阳光的河面如白绢一般，明亮洁白，沿河柳树的柳枝低垂到河面上。晏婴曾生活过的古村位于寒浞河畔西十里，时至今日，仍十分繁华。虽然功业昭彰的晏婴因劝阻齐景公任用孔子，不免被后人评价为功绩拙劣，但是身居高位的晏婴能穿同一件衣袍数十年，这样朴素从简的品行仍值得后人借鉴和追思。

图 6 - 15　《航海朝天图》之《齐潍县》图中描绘的"晏平仲古里"坊表

晏平仲古里[①]

圣称善交人，士逢知己伸。

何嫌六尺短，万古几长身。

---

　　① 题注："二首在潍州。"

平生执鞭愿，欲式旧门闾。

青山不可问，何处是遗墟。

　　　　　　　　　　　　　　——金尚宪《朝天录》

　　此两首诗是天启五年圣节兼陈奏使金尚宪在前往北京途中，经过潍县平仲故里时所作。圣，专称孔子。伸，诉苦；说心里话。六尺①短，指晏婴的身材矮小。《晏子春秋·杂下九》："晏子使楚，以晏子短，楚人为小门于大门之侧而延晏子，晏子不入，曰：'使狗国者从狗门入，今臣使楚，不当从此门入。'傧者更道从大门入见楚王。"② 执鞭，持鞭驾车，后引申为敬仰、追随之意。《史记·晏婴列传》："假令晏子而在，余（指司马迁）虽为之执鞭，所忻慕焉。"③ 式，古人乘车时，两手倚凭车前横木，后演变为一种表示敬意的礼节。《荀子·大略》："禹见耕者耦，立而式。过十室之邑必下。"④ 第一首诗通过晏婴解救越石父并将其尊为贵客的事例，佐证了孔子对晏婴"善与人交"的评价，表达了作者对晏婴善于发现、善待人才等方面的肯定评价。第二首诗中，金尚宪表明自己的意愿与司马迁一样，即成为车夫，为晏婴持鞭驾驭马车，一生追随他。途经潍县时想要前往平仲故里，用尊敬的礼仪拜祭晏婴。

　　据《史记》《左传》等史书的记载，⑤ 齐庄公时期，晋国大夫栾盈欲杀范宣子，失败后逃亡至楚国。晋国与诸国会盟于商任，⑥ 要求各国不可收留栾盈。其后，栾盈又出走至齐国。齐庄公收留并厚待了栾盈，并打算与其一同攻打晋国。对此，晏婴进谏说，既然"商任之会，受

---

①　按商尺，一尺约二十厘米。参见吴承洛《中国度量衡史》，上海三联书店出版社 2014 年版，第 64 页。

②　（周）晏婴：《晏子春秋·内篇》卷 6《杂（下）》，四部丛刊景明活字本，第 22 页 b。

③　《史记》卷 62《管晏列传二》，清乾隆武英殿刻本，第 5 页 a。

④　（周）荀况：《荀子》卷 19《大略篇第二十七》，清抱经堂丛书本，第 6 页 a。

⑤　参见《史记》卷 32《齐太公世家二》，清乾隆武英殿刻本，第 17 页 a—20 页 a；《春秋左传正义》卷 35《襄二十二年尽二十四年》，清嘉庆重刊宋十三经注疏本，第 3 页 a—4 页 a。

⑥　"春秋晋邑。……因近商虚，故名。在今河北任县东；一说春秋卫邑，在今河南安阳境。"中国历史大辞典（历史地理卷）纂编委会编《中国历史大辞典·历史地理卷》，上海辞书出版社 1996 年版，第 839 页。

命于晋"①，那么容留栾盈会导致齐国"失信不立"。再三劝阻无果后，晏婴"辞不为臣，退而穷处"②。对于晏婴这种"至其谏说，犯君之颜"的忠义，司马迁高度评价其为"'进思尽忠，退思补过'者"③。此外，齐庄公因与大夫崔杼之妻私通，在崔杼宅内被崔杼所杀。闻讯赶来的晏婴不顾个人安危，进入崔宅内，伏在庄公尸体上痛哭流涕。对于这种气节，司马迁评价晏婴"岂所谓'见义不为无勇'者邪"?④ 象征着忠义与气节的晏婴在当时的朝鲜也广为人知。金尚宪作为韩国历史上以气节与志操闻名的代表人物，将晏婴看作自己的榜样，故在途经平仲故里时，创作了以上两首诗作来表达对晏婴的尊敬。

金尚宪不仅仅是在诗作中对晏婴推崇备至，终其一生皆践行了"平生执鞭愿"的信仰。据《清阴先生年谱》记载，⑤ 崇祯九年十二月，皇太极亲率大军进犯朝鲜，清军直抵朝鲜都城汉城，朝鲜国王仁祖逃亡至南汉山城（今韩国京畿道广州郡附近）。时 67 岁高龄的金尚宪亦追赴南汉山城。在朝鲜存亡绝续的紧要关头，金尚宪"诣庙堂，哭裂国（归降）书，请封极陈死守之义"⑥。在朝鲜归降清朝后，金尚宪更是"不受官爵，不用大（清）国年号"，更甚至"同入（南汉）山城，不随驾下城，远往他处"⑦。正因如此，明崇祯十三年（1640）十一月，金尚宪作为人质，被清军押往沈阳。崇祯十七年（1644）四月，滞留沈阳的金尚宪在得知明朝灭亡的消息后，"以诗痛之"。通过此诗⑧可以进一步确认，直到明朝灭亡，即便是面对生命的威胁，金尚宪对于"崇明排清"的忠义也未曾改变。

如前所述，朝鲜使臣所言及的"平仲故里"牌坊位于潍县东二十

---

①　《春秋左传正义》卷 35《襄二十二年尽二十四年》，清嘉庆重刊宋十三经注疏本，第 3 页 a。

②　（周）晏婴：《晏子春秋·内卷》卷 3《问（上）》，四部丛刊景明活字本，第 5 页 a。

③　参见《史记》卷 62《晏婴列传二》，清乾隆武英殿刻本，第 6 页 a。

④　《史记》卷 62《晏婴列传二》，清乾隆武英殿刻本，第 6 页 a。

⑤　《清阴先生年谱》卷 2，《清阴集》，韩国国立中央图书馆藏本，第 8 页 a—25 页 b。

⑥　《清阴先生年谱》卷 2，《清阴集》，韩国国立中央图书馆藏本，第 12 页 a。

⑦　《清阴先生年谱》卷 2，《清阴集》，韩国国立中央图书馆藏本，第 20 页 a。

⑧　《附次韵三首》其一："奉节朝周昔作宾，皇恩如海到陪臣。天翻地覆逢今日，未死羞为负义人。"（《清阴先生年谱》卷 2，《清阴集》，韩国国立中央图书馆藏本，第 24 页 a）

里的朱毛铺。据自幼在潍坊奎文区生活的潍坊学院教师朱瑞利（男，58 岁）介绍，20 世纪六七十年代时，自寒亭前往潍城（原潍县县城）时，仅有一条大道（今寒亭区通亭街→奎文区北宫东街→潍坊潍城区北宫西街），即老烟潍公路，途经廿里堡，路的两边全是庄稼地。因距潍县东二十里，故朱老师认为明末朱毛铺应是现在寒亭区开元街道的廿里堡（pù）村。据民国《潍县志稿》《寒亭区地名志》记载，① 民国时，今廿里堡村为二十里堡村，因距潍县城二十里，且为东西交通要道，故名。另据光绪《潍县乡土志》记载，② 潍县东北通往莱州的大路十里至十里堡，二十里至二十里堡，三十里至寒亭集。万历《潍县志》、康熙《潍县志》、乾隆《潍县志》等方志并未有关于二十里堡的记载，即 "二十里堡村" 之名出现的时间，当不晚于清光绪三十三年（1907）。至于清乾隆至光绪这段时期，因为未找到相关方志资料的记载，故无法判断二十里堡村在清光绪三十三年之前的沿革情况。关于朱毛铺，万历《潍县志》记载，③ 明万历年间，朱毛铺已是潍县急递铺之一。民国《潍县志稿》则记载，④ 因 "光绪时铁路开通，邮电其制"，朱毛铺、寒亭铺、赵疃铺等急递铺遂废。这都说明在称谓上，二十里堡与朱毛铺并无前后替代关系。参照现代地图，并结合民国《潍县志稿》中 "唐家朱茂村距城二十里"⑤ 的记载，可以大致推断朝鲜使臣所途经的潍县东二十里铺可能为今潍坊市寒亭区唐家朱茂村。⑥

---

① 　参见民国《潍县志稿》卷 6《疆域・境界》，民国三十年铅印本，第 35 页 b；潍坊市寒亭区地名志编纂委员会编《寒亭区地名志》，内部资料，1989 年，第 186 页。

② 　光绪《潍县乡土志》不分卷，清光绪三十三年潍县县署石印本，第 78 页。

③ 　参见万历《潍县志》卷 2《急递铺》，明万历二年刻本。

④ 　参见民国《潍县志稿》卷 26《交通》，民国三十年铅印本，第 1 页。

⑤ 　民国《潍县志稿》卷 6《疆域・境界》，民国三十年铅印本，第 35 页 b。

⑥ 　"民国十年（1921），北洋政府交通部以路、邮、电、航四政征收附加税，以工代赈，修筑山东省烟台至潍县（今潍坊）铁路路基，后又改修成行驶汽车的公路，长 290 公里，于民国十一年（1922）完成。由于原拟修筑铁路，施工正规，路基标准较高。"（黄棣侯主编，《山东公路史》第 1 册，人民交通出版社 1989 年版，第 82 页）在登莱青驿道基础之上修筑的烟潍公路，因 "原拟修筑铁路"，在古驿道基础之上进行了取直。相较于朱毛铺，位于其西北约 2 千米处的二十里堡大致处于寒亭与潍县的连接线上。这或许是朱毛铺为何渐渐地淡出人们视野的原因。

据相关方志记载，[①] 明万历二年（1574）至清乾隆二十五年（1760），称朱毛铺，属崇道乡朱于社。清光绪三十三年（1907），称朱茂庄，属崇道乡朱潭社。民国二十二年（1933），朱茂庄（村）一分为六，[②] 其中之一为唐家朱茂村，属潍县第六区朱谭乡。1948年，属潍北县朱茂区。1952年，属潍北县张氏区。1958年年底，改称并属潍坊市十里堡人民公社。1962—1983年，属潍县二十里堡人民公社。1984—1989年，属潍坊市寒亭区郭家官庄乡。今属潍坊市寒亭区开元街道。

平仲故里应是指晏婴祖籍、出生或曾长期居住过的地方。如前所述，按《史记》的记述，晏婴为齐国莱地夷潍人。除此之外，相关方志中并无更为详细的记载。对于莱地夷潍今在何处，大致有四种观点：其一，莱州市平里店镇；[③] 其二，德州市齐河县晏城镇；[④] 其三，淄博市临淄区；[⑤] 其四，潍坊高密市。[⑥] 今学界对于"夷潍"所在之地大多认同第四种观点，即潍坊高密市。据相关方志记载，[⑦] 高密市位于潍坊市西南75千米处。春秋时为夷潍，属莱国。齐灭莱国后，属齐国。明洪武九年（1376）至清光绪三十一年（1905）为高密县，属莱州府。1983年，为高密县，属潍坊。自1994年至今，为高密市（县级），属

---

① 参见万历《潍县志》卷2《集场》，明万历二年刻本；康熙《潍县志》卷3《里社》，清康熙十一年刻本，第2页；光绪《潍县乡土志》，清光绪三十三年潍县县署石印本，第62页；民国《潍县志稿》卷6《疆域·境界》，民国三十年铅印本，第35页b；山东省潍坊市寒亭区史志编纂委员会编《寒亭区志》，齐鲁书社1992年版，第46—81页；潍坊市寒亭区地名志编纂委员会编《寒亭区地名志》，内部资料，1989年，第181—188页。

② 分别为唐家朱茂村（距潍县城二十里）、杜家朱茂村（距潍县城十五里）、玄家朱茂村（距潍县城十八里）、李家朱茂村（距潍县城十八里）、胡家朱茂村（距潍县城十八里）、王家朱茂村（距潍县城十五里）。相关内容参见民国《潍县志稿》卷6《疆域·境界》，民国三十年铅印本，第35页b。

③ 参见马恒祥主编《中国乡镇山东卷》上，新华出版社1992年版，第589页；莱州市人民政府地名办公室编《山东省莱州市地名志》，内部资料，1996年，第145页；董珂、郭晓琳主编：《山东古镇古村》，山东友谊出版社2016年版，第166—168页。

④ 参见德州地区史志办公室编《德州地区县市名考与乡情》，山东大学出版社1989年版，第136页。

⑤ 参见邵先锋《〈管子〉与〈晏子春秋〉治国思想比较研究》，齐鲁书社2008年版，第103—109页。

⑥ 参见岳德成、王述忠《晏子传》，山东人民出版社2017年版，第1—5页；山东省淄博市临淄区志编纂委员会编《临淄区志》，国际文化出版社1988年版，第522页。

⑦ 参见山东省高密县志编纂委员会编《高密县志》，山东人民出版社1990年版，第41—42页。

潍坊市。令人感到疑惑的是位于潍县即今潍坊市西南约 70 千米的高密与朱毛铺相去甚远。为何"平仲故里"牌坊会出现在朱毛铺附近，具体原因①待考。

> （三月）十六日，庚午，到王老店。早发昌乐……抵潍县之北馆驲。朝火后……过孔文举旧治，潍县东十里。晏平仲故里，潍县东二十里。憩寒亭店。……抵王老店，昌邑地，约行一百一十里。
>
> ——李民宬《癸亥朝天录》
>
> （十月）十一日，戊戌，晴。早发昌邑……午憩寒亭店。……历潍县二十里铺，有晏平仲故里。十里铺，有孔融庙，揭号"文举甘棠"。……夕抵潍县东馆驲。县属莱州，距昌邑八十里。
>
> ——申悦道《朝天时闻见事件启》
>
> 自昌邑县西至潍县八十里程也。……行七十八里，有栅门，书之曰"文举甘棠"，汉孔融宣化之地。
>
> ——郑斗源《朝天记地图》

首先，通过申文和郑文，并结合本节开始部分金德承的记载，可以初步判断，颂扬孔融守法循理治理北海（明末潍县一带）的"文举甘棠"牌坊或曾存在于潍县之东。但相关方志中并未出现"文举甘棠"牌坊的详细记载。依申文，潍县东十里铺，即赵疃铺附近不仅有"文举甘棠"牌坊，还有孔融庙。

例一：

> 孔北海祠，潍州（明末潍县）公署后北城上。宋政和四年，

---

① 据"晏公祠，在（潍县）县东北。正统七年，县丞冯敏重修"（万历《潍县志》卷 4《神祀》，明万历二年刻本）以及"（潍县东）十里堡庄东有晏婴墓，墓侧有祠，明正统七年重修，今圮"（光绪《潍县乡土志》，清光绪三十三年潍县县署石印本，第 62 页 b）的记载，明末朱毛铺附近的"平仲故里"牌坊出现的原因或许与位于其东十里的晏婴墓和晏婴祠有关。此外，"晏平仲城，在（高密）县东南三十里。俗名朱晏城，又名朱毛城"。（明）曹学佺：《大明一统名胜志·莱州府》卷 7，明崇祯三年刻本，第 26 页 a。通过《大明一统名胜志》的记载，虽然不能进一步确定"平仲故里"牌坊树立在朱毛铺附近的原因，但是可以看出"朱毛铺"与"平仲故里"之间似亦存在某种关联。由于年代久远，史料缺乏，难以进行更为详细的考证。

太守安阳韩公建。又有论古堂，亦韩所构。今皆废。

——《齐乘》①

例二：

孔融祠，在潍县治东。宋政和四年建，碑刻尚存。

——《大明一统志》②

例三：

孔融祠，在潍县治东。宋政和四年建。国朝成化间，知县宋兑重修，增祀前代北海诸贤，侍郎黎淳记。

——嘉靖《山东通志》③

例四：

孔融祠，在（潍）县治东。宋政和四年建。国朝成化间，知县宋兑重修，侍郎黎淳记。

——万历《莱州府志》④

例五：

孔北海祠二：一在关公庙□临壁，邑人丁汝奇创建。……一在海道司西临，有司春秋祭祀。海道司在（潍县）城东北隅。

——康熙《潍县志》⑤

例六：

孔北海祠三：一在县东，邑人丁汝奇创建。一在海道司西。又一祠，据《齐乘》载，祠在潍州公署后北城上，宋政和四年太守

① 《齐乘》卷 4《古迹》，清文渊阁四库全书本，第 39 页 a。
② 《大明一统志》卷 25《莱州府》，明天顺五年内府刻本，第 19 页 a。
③ 嘉靖《山东通志》卷 18《祠祀》，明嘉靖刻本，第 39 页 a。
④ 万历《莱州府志》卷 4《祀典》，明万历三十二年刻本，第 14 页 a。
⑤ 康熙《潍县志》卷 2《坛庙》，清康熙十一年刻本，第 2 页 a；康熙《潍县志》卷 1《公署》清康熙十一年刻本，第 3 页 a。

安阳韩公建，有碑在城，今无存。

——乾隆《潍县志》①

例七：

孔北海祠，在县治东，祀汉北海相孔融。宋政和间建，复于祠西置堂，祀邑之乡贤……又曰名贤祠。成化间重修。

——民国《山东通志》②

例八：

文举堂，即孔相祠，建立在宋以前。宋知州安阳韩浩重修，与论古堂旧均在北城上。清初，邑人丁汝奇移建（潍县城内）老关帝庙西院。宋眉山苏过有《寄题文举堂》诗③。

——民国《潍县志稿》④

如例一至例八的记述，自创建之初，孔北海祠、孔融祠、文举堂、孔相祠、名贤祠等称谓混用，为行文统一，后文统称孔融祠。依例一至例七，孔融祠创建于北宋政和四年（1114），而据例八北宋苏过（1072—1123）之《寄题文举堂》一诗，⑤ 推断孔融祠创建时间可能早于北宋政和四年。据例一、例八记载，北宋政和四年，由彼时知州韩浩在原址，即潍县县衙后的北城墙之上重修了孔融祠。元代末期，重修后的孔融祠已荒废。例二则记述，明天顺年间，孔融祠的位置变为潍县县衙东。或许可以说明元末至明中期，孔融祠的位置出现较为明显的变

---

① 乾隆《潍县志》卷2《坛庙》，清乾隆二十五年刊本，第5页a。
② 民国《山东通志》卷38《疆域志第三》，民国七年铅印本，第58页b。
③ 全诗原文如下："巨君窃汉玺，如取鸿毛轻。孟德老且死，不见奸业成。乃知朝无人，谁惮百公卿。一夫能仗节，介然屹长城。忠义国所托，安危与之并。吾于文举见，坐折奸邪萌。谁能搏猛虎，乃用尺棰婴。义气横宇宙，不烦尺寸兵。悲哉天所坏，一木难扶倾。枭鸾不两立，夫子安得生。中原竟分裂，三姓鼎足争。当知千载后，高名独峥嵘。使君定不凡，论友古豪英。作堂追余烈，岂只求空名。废卷屡叹息，孤忠谁发明。玉石痛俱烬，鲸鲵脱诛烹。嗟余志谬懦，怒发犹冲缨。九原不可作，涕泪徒纵横。"（民国《潍县志稿》卷7《疆域·遗迹》，民国三十年铅印本，第13页a）
④ 民国《潍县志稿》卷7《疆域·遗迹》，民国三十年铅印本，第13页a。
⑤ 参见民国《潍县志稿》卷7《疆域·遗迹》，民国三十年铅印本，第13页a。

图 6 - 16　孔融祠（孔相祠）旧照①

说明：民国《潍县志稿》中记载"清初，邑人丁汝奇移建老关帝庙西院"的孔融祠，即此。

动，相关沿革待考。② 结合例三、例四及例八的记载，明代末期，潍县孔融祠仅有一座，且位于潍县城内。这是否说明朝鲜使臣对于潍县东十里——赵疃铺附近有孔融庙及"文举甘棠"牌坊的记载是误记？对此，或许并不是完全否定的答案。原因有二：其一，如前引文所述，李民宬、申悦道、金德承、郑斗源在不同年份途经潍县时，皆见到"文举甘棠"牌坊。其二，清初曾参加纂修《明史》的著名文人施闰章在途经潍县时，曾作有《过潍县》③ 一诗，该诗题注记述，"城东孤竹祠，

　　① 邓华主编：《潍州旧影》，人民美术出版社 2007 年版，第 9 页。

　　② 明洪武年间文人朱善（1314—1385）在途经潍县时，创作了《过潍县题孔融庙》二首诗作。朱善在其一中写道："残碑苍□薜，蚀坏壁绿苔，侵今日经祠，怀人寄短吟。"这从侧面说明明初时，孔融祠就已残破不堪。相关内容参见（明）朱善《朱一斋先生文集·后卷》卷 5《诗》，明成化二十二年朱维鉴刻本，第 7 页 b—8 页 a。

　　③ 全诗如下："黄埃车马片时闲，麦秀葵香解客颜。孤竹西山留石碣，甘棠北海尚人间。天清绝墅泉流细，地古寒亭树色殷。千载王孙潍水战，浦沙漠漠鸟飞还。"（清）施闰章：《学余堂诗集》卷 35《七言律》，清文渊阁四库全书本，第 15 页 a。

相传夷齐避纣处。其北有坊曰：'文举甘棠'"。据此可知，即至少在明末清初，在潍县城东确有"文举甘棠"牌坊。虽然莱州府及潍县相关方志中，并未出现关于"孤竹祠"的记载，但依据朝鲜使臣的记载，可以还原出曾经的"孤竹祠"应位于潍县东十里。曾参与修撰《大明一统志》的黎淳（1423—1492）在《孔融祠记》一文中写道，孔融"在郡六年，政声赫然，四境之人被其惠化之深，相传累世，犹歌思不忘"①。换言之，孔融对潍县影响如此之深，故如真有申悦道言及的"孔融庙"，相关方志中应会留有记载。这是否是因为申悦道将"文举甘棠"四字牌坊附近的"孤竹祠"误认为是"孔融祠"或"孔融庙"，存疑待考。在途经"文举甘棠"坊表时，朝鲜使臣李民宬、申悦道、金地粹等皆留有诗作。

过孔文举旧治②

老瞒如鬼谋移鼎，海内贤豪次第锄。
不杀孔君终作梗，相图鸿豫故诒书。
怀风英爽生如在，擢发奸雄死有余。
尚友千秋增感慨，停骖不忍过遗墟。

——李民宬《燕槎唱酬集》

诗题《过孔文举旧治》中的孔文举指孔融，"旧治"指孔融曾管辖的东汉末年的北海，即明末潍县。在题注中，李民宬再次提到"孔文举旧治"，即"文举甘棠"坊表在"潍县东十里"。此诗是天启四年三月十六日，李民宬一行自昌乐县出发，途经潍县东见到"文举甘棠"坊表时有感而作。申悦道在诗中批判了奸雄曹操和奸臣郗虑无道的行为，颂扬了被曹郗二人冤屈至死但仍保持气节的孔融。老瞒，三国时期魏国曹操小名为阿瞒，后人称"老瞒"或"魏瞒"。移鼎，政权更迭。

---

① 嘉靖《山东通志卷》卷18《祠祀》，明刻本，第39页b。
② 题注："在潍县东十里。"

《后汉书·孔融传》："故使移鼎之迹，事隔于人存。"① 作梗，做违背道义的错误行为。明李贽《与梅衡湘》："中国有作梗者，朝廷之上自有公等诸贤圣在，即日可系也。"② 相图，相互图谋。鸿豫，东汉末年任御史大夫的郗虑之字。怀风，犹迎风。晋左思《魏都赋》："篁筱怀风，蒲陶结阴。"③ 诒书，传送诏书。在曹操的支持下，郗虑出任御史大夫一职，负责监督百官。郗虑刚上任时，便上呈其网罗的孔融之假罪状。以此为契机，曹操秘下诏书，将孔融满门抄斩。英爽，英俊豪爽。擢发，擢发难数或擢发莫数的略语，指所犯罪恶数不胜数。典出《史记·范雎蔡泽列传》："擢贾之发以续贾之罪，尚未足。"④ 尚友，通过阅读古人撰写的书，与古人成为精神上的朋友。语出《孟子·万章下》："以友天下之善士为未足，又尚论古之人；颂其诗，读其书，不知其人，可乎？是以论其世也，是尚友也。"⑤

图6-17　今位于潍坊市奎文区十笏园景区内的孔融祠

① 《后汉书》卷70《孔荀列传第六十》，百衲本景宋绍熙刻本。
② （明）李贽：《焚书》卷2，清宣统国粹丛书本，第15页a。
③ （清）陈元龙辑：《历代赋汇》卷32《都邑》，清康熙四十五年内府刻本，第29页a。
④ 《史记》卷79《范雎蔡泽列传十九》，清乾隆武英殿刻本，第11页。
⑤ 《孟子》卷10《万章章句（下）》，四部丛刊景宋本，第15页a。

　　诗的首联和颔联是说，曹操使用隐秘莫测的计谋篡夺皇权，先后残害了天下诸多贤士豪杰。虽然起初因孔融名声很大不能随意杀害，但是在成功讨伐袁绍得势后，对孔融长期不满的曹操还是做了违背道德义理的事，即与郗虑图谋，下诏杀害了孔融。诗的后两联是说，孔融坚持气节、英俊豪爽的风貌似乎仍浮现在眼前，而曹操即便死了，也有抵偿不尽的罪过。作为朝鲜儒生的作者，通过史籍跨越长久的岁月，将孔融认作自己的挚友。现在经过孔融曾担任地方官的北海故地，内心充满了无尽感慨和追念，不禁勒马驻足，久久不忍离去。

过孔文举旧治

飞飞云间凤，饮啄在昆冈。

醴泉流涓涓，珠树茂苍苍。

海上饶枳棘，胡然此回翔。

东都岁云暮，炎日已无光。

九苞本多仪，六翮非不长。

高鸣阻亨衢，引颈望大荒。

鸱鸮是恶鸟，栖止大屋梁。

垂涎金鼎食，睥睨玉宫床。

凤不制此物，有德亦可伤。

黄口苦多言，谓祥不谓祥。

未肯远相依，雏凤在他方。

贼爪利如剑，终然罹祸殃。

上帝何以救，后上自见戕。

今我过旧栖，不去为周章。

想象羽仪美，叹息涕沾裳。

苟有此采色，吉占惟隐藏。

——金地粹《朝天录》

　　此诗应创作于天启六年九月。① 此寓言诗，使用借喻的手法把孔融比作拥有九种特性的凤凰，叙述了孔融怀才不遇的悲剧生涯。凤，即凤凰，除指神话中象征祥瑞的神鸟外，古时亦比喻有圣德的人。饮啄，饮水啄食。语出《庄子·养生主》："泽雉十步一啄，百步一饮，不蕲畜乎樊中。"② 昆冈，指昆仑山。醴泉，犹甘泉，甜美的泉水。古人认为天平盛世，喷涌而出的甘泉是吉祥的征兆。语出《礼记·礼运》："故天降膏露，地出醴泉。"③ 珠树，三珠树（本作"三株树"）的略称，生长于仙界的树木。《山海经·海外南经》："三珠树，在厌火北，生赤水上。其为树，如柏，叶皆为珠。"④ 枳棘，枳木与棘木。因其多刺而称恶木，比喻恶人或障碍物。东都，东汉都城洛阳。岁云暮，即岁聿云暮，原为一年将尽，此处指东汉进入衰亡期。炎日，原指烈日，此处指东汉末代皇帝汉献帝刘协。九苞，仅神鸟凤凰具有的九种特性，凤凰的代称，亦称九苞丹凤。《初学记》卷三十引《论语摘衰圣》："凤有六像九苞……九苞者：一曰口包命；二曰心合度；三曰耳听达；四曰舌诎伸；五曰彩色光；六曰冠矩州；七曰距锐钩；八曰音激扬；九曰腹文户。"⑤ 六翮，鸟的两翼。语出《战国策·楚策四》："奋其六翮而凌清风，飘摇乎高翔。"⑥ 大荒，遥远的荒凉之地。鸱鸮，俗名猫头鹰，常用以比喻贪恶之人。典出《毛诗·豳风·鸱鸮》："鸱鸮鸱鸮，既取我子，无毁我室。"⑦ 黄口，雏鸟的嘴，借指雏鸟。雏凤，幼凤，借指优秀的子孙。上帝，指天上主宰万物的神。周章，惊慌失措的样子。

　　第一至第八句为全诗起始部分，主要是讲，在迎接太平盛世之际，东汉出现了像凤凰般的人才，但邪气笼罩，凤凰迷失了方向，东汉皇帝

　　① 《朝天录》中收录了天启六年八月十五日，金尚宪所写的《八月十五日，登庙岛城楼玩月，次春城韵》一诗。按照正常情况，朝鲜使臣自登州，经陆路前往潍县所需的时间约十五天。

　　② 《庄子》卷2《养生主第三》，四部丛刊景明本，第5页a。

　　③ 《礼记》卷7《礼运第九》，四部丛刊景宋本，第10页b。

　　④ （周）佚名撰，（晋）郭璞注：《山海经传》卷6《海外南经》，四部丛刊景明成化刻本，第17页a。

　　⑤ （唐）徐坚辑：《初学记》卷30《鸟部》，清光绪刻本，第1页b。

　　⑥ 《战国策》卷17《楚四》，清士礼居丛书景宋本，第3页a。

　　⑦ 《毛诗》卷8《豳七月》，四部丛刊景宋刻本，第5页a。

也失去光芒，汉室亦开始衰亡。作为承接上文的第九至第十六句是说，由于一群奸恶之徒的萌生，太平盛世逐渐消逝，但幼小的凤凰却逃避不了这种乱世。那正是因为伴随着成长，凤凰具有的九种特性会依次展现出来，并在成年后，展翅飞翔，表现出非凡的本领。凤凰伫立在皇城的大街上，伸长脖颈望向遥远的地方，并大声地哭诉。邪恶的猫头鹰却在皇宫的房梁上筑巢停留，虎视眈眈地盯着皇帝的宝座。作为转折部分的第十七至第二十四句是讲，凤凰虽蓄志于胸，但终难伸于天下。虽然凤凰有九种德性，但因其尚幼，最终只能说吉言，无法阻止那群猫头鹰的恶行。其他的凤凰（指像刘备那样有德之人）也还没有长大，并且相隔遥远，不能相互依靠。最终凤凰连同家人一起死在了盗贼的利爪之下。作为全诗结尾的第二十五至第三十二句是讲，那群猫头鹰权势滔天，连万物的主宰也救不了凤凰，剩下的皇帝也难以独善其身。今天作者虽然经过孔融曾施政的地方，但因为自己太过伤心和惶惑不安，故没有走近。一想到凤凰优美身姿，作者不由得叹息，眼泪夺眶而出，沾湿了衣袖，并认为如果真的有孔融那样的才能，唯有深藏不露，才是免于灾难的方法。

图6-18　今孔融祠内"教及衡门"匾额

过孔文举甘棠牌门①

我爱孔文举，高名千载流。

棠阴留古迹，凭轼且夷犹。

——申悦道《朝天时闻见事件启》

　　诗题中的"孔文举甘棠"牌门即"文举甘棠"坊表。此诗是崇祯元年十月十一日，申悦道一行自昌邑县前往潍县途中所作。与李民宬、金地粹等朝鲜使臣一样，申悦道此首五言绝句亦颂扬了恪守忠义的孔融。作者先表达了自己仰慕孔融的高尚品德和气节，赞扬了其盛名在历经千余年后仍被世人所传颂。其后，作者表示自己正经过孔融实行过仁政的古村，内心充满了对坚守气节而含冤而死的孔融的追念。这让其在"文举甘棠"坊表前不断地叹息并徘徊不前。夷犹，一作夷由，迟疑不前。语出《楚辞·屈原·九歌·湘君》："君不行兮夷犹，蹇谁留兮中洲。"②

　　如前文所述，朝鲜使臣记载的文举甘棠，位于潍县东十里铺。与"廿里堡村"和"朱毛铺"的情况类似，朝鲜使臣所记载的明末潍县东十里铺应不是出现于清末的今十里堡村（属潍坊市奎文区北海路街道），而是明末潍县赵疃铺，即今潍坊市奎文区北海街道赵疃社区赵疃村。据相关方志记载，③ 明万历二年（1574）至清乾隆二十五年（1760），称赵疃铺，属崇道乡朱于社。清光绪三十三年（1907），属崇道乡虞河社。民国二十二年（1933），属潍县第六区朱谭乡。1948 年，属潍坊市第五区虞河乡。1958 年，属潍坊市红旗人民公社。1965 年，属潍县东郊人民公社。1984 年，属潍城区大虞乡。今属潍坊市奎文区北海街道。

---

　　① 　题注："在潍县东十里。"

　　② 　《楚辞》卷 2《九歌章句第二·离骚》，四部丛刊本，第 6 页 b。

　　③ 　参见万历《潍县志》卷 2《集场》，明万历二年刻本；康熙《潍县志》卷 3《里社》，清康熙十一年刻本，第 2 页；光绪《潍县乡土志》，清光绪三十三年潍县县署石印本，第 62 页 b；民国《潍县志稿》卷 6《疆域·境界》，民国三十年铅印本，第 35 页 b；山东省潍坊市潍城区史志编纂委员会编《潍城区志》，齐鲁书社 1993 年版，第 85—105 页；潍城区地名委员会办公室《潍城区地名志》，内部资料，1991 年，第 107—112 页。

图6-19　今位于潍坊市奎文区北海街道赵疃社区内的赵疃村村碑

第四节　"潍河"①、渔河桥（"潍河桥"）、白浪河②、"北通渤海—南溯穆陵"欄门（坊表）

　　七月初一日，己丑，雨，到潍县。朝发（昌邑城外之东馆驲），行过昌邑城东，迤南而行。午憩寒亭店，中火而行。不数里，值雨，张雨备而行。……过一石桥，名"渔河桥"。渡潍河，抵潍县城外之东馆驲。潍河在城东数里，自密州界经昌邑地，过潍县入海。一云背囊河，韩信破龙且之处也。自昌邑到此八十里。

——李民宬《癸亥朝天录》

　　天启三年七月一日，奏闻（请封）兼辨诬使臣团书状官李民宬一行自昌邑县城东关出发，向西南而行，途经寒亭、"渔河桥""潍河"，

---

① 使行文献亦记载为"淮河""背囊河""潍水"。

② 使行文献亦记载为白狼河、古白浪河、"古白浪河"欄门、东渡河。

到达潍县东馆驲即东关内的驿馆。令人感兴趣的是，朝鲜使臣记载的途经地名一般会与古代方志的名称为一一对应的关系，但如李民宬记述的内容一样，朝鲜使臣对于潍河，或为"韩信破龙且之处"，或为"囊沙上流"等，呈现出一对多的特点。依李文记载，其一行所经过的"潍河"在潍县"城东数里"。李民宬了解到，该"潍河"亦名"背囊河"，是"韩信破龙且之处"。李民宬在前一天，即六月二十九日记载，[①] 其一行乘船渡过位于昌邑东十五里的淮河。如第六章第二节所述，李民宬所经"淮河"即潍河。与书状官李民宬同行的副使尹暄亦在归程时，言及天启四年三月十六日，"朝过昌邑县，舟渡淮河"[②]。换言之，天启三年的奏闻（请封）兼辨诬使臣团一行应是将昌邑县东的潍河（潍水）称为"淮河"，将位于潍县城东数里的河流称为"潍河"，并认为此河为韩信囊沙壅水破龙且之处。经过此"潍河"时，李民宬留有三首诗作。

过潍河[③]

囊沙小智未为奇，自是龙且拙应机。

半渡争锋宜取败，全师姑待项王归。

——《燕槎唱酬集》

此诗是李民宬渡过"潍河"时有感而作，表达了作者对韩信在潍水之战中取胜原因的见解。此诗是说，虽然囊沙之计并不是非凡的兵法，仅是小智慧，但是韩信却能大获全胜，这仅因楚将龙且不能随机应变。在潍水（潍河）之战中，到达潍河东岸的齐楚联军的先头部队陷入汉军的包围之中，已是必败之势。龙且应及时调整战术，放弃已渡河的部队，立即整顿留在潍河西岸的剩余部队，同汉军展开持久战，保全军队的有生力量，等待项羽援军的到来。其后，意犹未尽的李民宬又依

---

① 参见［朝鲜］李民宬《癸亥朝天录》，《敬亭集续集》卷1，韩国首尔大学奎章阁藏本，第39页b—40页a。

② ［朝鲜］尹暄：《白沙公航海路程日记》，［韩国］林基中编《燕行录全集》第15册，韩国东国大学出版部2001年版，第378页。

③ 题注："一云背囊河，韩信破龙且处也。"

《过潍河》之韵创作了下面这两首叠韵诗。

再叠

囊沙罌木世称奇，直是疏机偶中机。

不悟汉王驰入壁，从容卧内夺符归。

——《燕槎唱酬集》

罌，用于盛物的瓦器，有小口大腹的特点。罌木，亦称木罌，是韩信军队攻打魏国时，使用的渡河工具。《史记·淮阴侯列传》："其八月，以信为左丞相，击魏。魏王盛兵蒲阪，塞临晋，信乃益为疑兵，陈船欲度临晋，而伏兵从夏阳以木罌渡军，袭安邑。魏王豹惊，引兵迎信，信遂虏豹，定魏为河东郡。"[1] 壁，在此处指赵国（彼时已归顺汉王刘邦）军营外围。《史记·淮阴侯列传》："六月，汉王出成皋，东渡河，独与滕公俱，从张耳军修武。至，宿传舍，晨自称汉使，驰入赵壁。张耳、韩信未起，即其卧内上夺其印符，以麾召诸将，易置之。信、耳起，乃知汉王来，大惊。汉王夺两人军，即令张耳备守赵地。拜韩信为相国，收赵兵未发者击齐。"[2]《再叠》一诗言及，世人认为韩信使用囊沙壅水击败龙且之计，以及利用瓦瓮横渡黄河奇袭安邑的计策都是卓荦不群的兵法谋略。诗人"我"认为那些用兵的谋略并不缜密，韩信取胜的原因或仅是偶然的好运。在韩信没有察觉的情况下，汉王刘邦凌晨进入赵国的军营内，并在韩信的寝室内，不慌不忙地夺取了韩信的兵权。

三叠[3]

淮阴曾服左车奇，竖子何能会战机。

胜败悠悠无处问，下江烟雨鸟飞归。

——《燕槎唱酬集》

----

① 《史记》卷92《淮阴侯列传三十二》，清乾隆武英殿刻本，第4页b—5页a。

② 《史记》卷92《淮阴侯列传三十二》，清乾隆武英殿刻本，第9页。

③ 诗题为本书作者所加。

　　左车，秦末至西汉初的武臣李左车，赵国名将李牧之孙。秦末，六国并起，因辅佐赵王歇有功，李左车被封为广武君。西汉三年（公元前204）十月，韩信在太行山井陉口（今河北井陉东）附近列"背水阵"与赵国军队交锋。赵军将领成安君陈余并未采纳李左车"从间道绝其辎重；足下深沟高垒，坚营勿与战"①的建议。最终，汉军以少胜多，击败了赵国的军队，杀死成安君陈余，活捉赵王。战胜赵国军队后，韩信奉李左车为师，听从他的计策降服燕齐。②竖子，原指年幼的奴仆，此处指未听从李左车建议，导致赵国兵败亡国的陈余。《史记·淮阴侯列传》："成安君，儒者也，常称义兵不用诈谋奇计，曰：'吾闻兵法十则围之，倍则战。今韩信兵号数万，其实不过数千。能千里而袭我，亦已罢极。今如此避而不击，后有大者，何以加之！则诸侯谓吾怯，而轻来伐我。'不听广武君策，广武君策不用。……于是汉兵夹击，大破虏赵军，斩成安君泜水上，禽赵王歇。"③

　　《三叠》一诗是说，淮阴侯韩信虽然使用"背水阵"击败了赵国的军队，但钦佩李左车之策，虚心向其请教，并依照李左车的策略顺利平定了燕齐。反观赵国成安君陈余未能听从李左车的谏言，导致亡国。像陈余这样迂腐的人怎能通晓用兵作战的谋略，把握稍纵即逝的作战时机？如今，随着岁月流逝，后人无法断言孰胜孰败。举目而望，霏霏细雨中，潍河下游之水流向北方，而鸟儿也正返回自己的巢穴。此诗表达了作者对于在永恒的自然面前，个体的荣辱成败只不过是过眼云烟的叹息。

　　天启五年十月十六日，冬至兼圣节使全湜自昌邑县城出发，途经寒亭、晏平仲故里、"潍水"后，到达潍县。全湜途经的"潍水"，亦位于潍县之东，晏平仲故里即潍县东二十里铺——朱毛铺以西。④此"潍

---

　　①　《史记》卷92《淮阴侯列传三十二》，清乾隆武英殿刻本，第5页b。

　　②　"信乃令军中毋杀广武君，有能生得者购千金……于是有缚广武君而致戏下者，信乃解其缚，东乡坐，西乡对，师事之。……于是信问广武君曰：'仆欲北攻燕，东伐齐，何若而有功？'……韩信曰：'善。'从其策，发使使燕，燕从风而靡。"《史记》卷92《淮阴侯列传三十二》，清乾隆武英殿刻本，第8页b—9页a。

　　③　《史记》卷92《淮阴侯列传三十二》，清乾隆武英殿刻本，第6页a—7页a。

　　④　"（十月）十六日，辛卯。（自昌邑县城发行）午，到寒亭古驿中火，夕至潍县止宿，通计八十里。城西有囊沙古迹。过潍水及晏平仲故里，有诗各一绝。"［朝鲜］全湜：《槎行录》，《沙西集》卷5，韩国学中央研究院藏书阁藏本。

水"应与李民宬所述的"潍河"指代同一处地点。途经此处时，全湜留有一首绝诗。与李民宬不同，全湜表达对明末乱世，如韩信般英雄不再的感慨。

过潍水

壮士何年奋此身，平齐去作汉功臣。

至今辽海风尘暗，空向流沙忆古人。

——全湜《朝天诗（酬唱集）》

辽海，泛指辽河以东沿海地区。明末，在此区域明军与后金军队曾进行了长时间的激战。古时，韩信曾率领汉军在此与齐楚联军展开激烈的对决，并最终平定了齐国，成为汉朝的有功之臣。如今，辽东后金势力崛起，明朝被战争的阴云所笼罩。作者茫然地望着流经河滩的潍水，遥念古时像韩信一样可以平定天下的英雄豪杰。

（九月）十八日，己巳。（自昌邑县县城发行）宿潍县。所过有晏平仲故里，立表旌间。又有寒亭古驿，亭以寒浞而名。潍河桥，即淮阴之囊沙上流处也是日行八十里。

——李德泂《朝天录—云航海录》

（九月）十八日，己巳，晴。（自昌邑县东关发行）中火牛阜店，宿潍县北馆里。是日行一百里。所过有营丘旧封……有晏平仲故里……而文举甘棠，孔融之流芳欤？潍河桥上，忆淮阴之囊沙，则龙且之魂，此焉何托？

——洪翼汉《花浦朝天航海录》

天启四年谢恩兼奏请使臣团正使李德泂和书状官洪翼汉皆记载，潍县城东侧不远处有"潍河桥"，其所跨之河即潍河，是淮阴侯韩信囊沙战龙且之处。与李民宬"下江烟雨鸟飞归"的记述略有不同，李德泂记载此处是"淮阴之囊沙上流处"，即潍河上游。如第五章第二节所述，潍河（潍水）位于昌邑县东十余里，俗称淮水。那么李民宬等朝鲜使臣记载的潍县东数里的"潍河"又是指哪条河呢？据万历

《莱州府志》记载，① 在寒浞河以西，潍县县城以东河流有二：其一为东丹河，亦称东于河，"在潍县东南五里，源出塔山，下流至寿光县界，复达本县境，东北流入于海"；其二为白浪河，在"潍县东门外。源出擂鼓山，泉若车轮，西南流经县城东门外二十步，北流八十里入海。唐北海令窦琰尝引此水溉田"。此外，乾隆《潍县志》记载："东丹河桥，在县东五里，俗称虞河桥。"② 前文所引李民宬记载中的"渔河桥"应是"虞河桥"的通假记述，此桥的位置应在今潍坊市奎文区北宫东街的虞河桥附近。因此，李民宬等朝鲜使臣记载的河流应为流经潍县东北五里的东丹河。此河，据相关方志记载，③ 元代称东虞河、溉水，明代称东丹河、东于河、溉水，清代称东丹河、东于河、虞河、溉水、利渔河，民国时称溉水、古溉水、虞河、东丹河，今称虞河（潍坊市奎文区东关街道段）。据《潍城区地名志》记载，④ 虞河源于安丘灵山，自南向北流经潍坊市坊子区、奎文区、潍城区、寒亭区，在寒亭区央子街道西利渔居村附近，与昌邑县丰产河合流后北入渤海。虞河全长 75 千米，河床宽 30—70 米，流域面积约300 平方千米，属常年河。

为何李民宬、申悦道、李德泂、洪翼汉等朝鲜使臣将明末东丹河（即今虞河）记述为"潍河"？在相关方志中并未有与"潍河位于潍县城东数里"的记载，仅有"潍水，在（潍）县东南六十里，即淮河"⑤一类的记述。朝鲜使臣的记载应不是误记，而应是源自彼时当地人的口述内容，这反映了明末潍县人对"潍河"所在位置的看法。通过朝鲜使臣南以雄的记载，可以一窥当时普通潍县人的普遍认识。

---

① 参见万历《莱州府志》卷首图《潍县境图》明万历三十二年刻本，第 10 页 b；万历《莱州府志》卷 2《山川》，明万历三十二年刻本，第 124 页 a。

② 乾隆《潍县志》卷 2《桥梁》，清乾隆二十五年刊本，第 15 页 b。

③ 参见《齐乘》卷 2《益都水》，清文渊阁四库全书本，第 11 页 b；万历《莱州府志》卷 2《山川》，明万历三十二年刻本，第 124 页 b；乾隆《潍县志》卷 1《山川》，清乾隆二十五年刻本，第 12 页 a；光绪《潍县乡土志》，清光绪三十三年潍县县署石印本，第 78 页 a；民国《山东通志》卷 26《山川》，民国七年铅印本，第 33 页 b。

④ 参见潍城区地名委员会办公室编《潍城区地名志》，内部资料，1991 年，第 134 页。

⑤ 乾隆《潍县志》卷 2《坛庙》，清乾隆二十五年刊本，第 11 页 b。

**图 6 – 20　于潍坊市奎文区东关街道福寿东街虞河桥上
自北向南远眺今虞河**

潍县……大明……属莱州，在（莱州）府西一百八十里也。……
（寒）亭之西，有齐相晏平仲故里，又有孔文举融甘棠，其为相北海，
立校与儒处也。前有淮河，是乃昌邑之潍水流经此县，而为淮者也。
县之东底有白浪河板桥，源出擂鼓山，北流入海。唐北海令窦琰引此
溉田，号"窦公渠"。

——南以雄《路程记》

如天启六年冬至使南以雄记载，在"孔文举融甘棠"，即潍县东十
里铺——赵疃铺以西有"淮河"，此河是"昌邑之潍水"下游，故名。
在潍县城东旁有"白浪河"和"板桥"，该河发源于潍县南百里的擂鼓
山（今潍坊市昌乐县打鼓山），流经潍县城外，向北流入渤海。因唐代
北海县令窦琰引河水灌溉农田，白浪河又称"窦公渠"。这与《大明一
统志》"唐窦琰长安中北海令，甚有治声，穿渠引白浪水曲折三十里以
溉田，时号'窦公渠'"①的记载类似。通过南以雄的记述，可以明确

---

①　《大明一统志》卷25《莱州府》，明天顺五年内府刻本，第20页b—21页a。

三点：其一，如前所述，明末近潍县东仅有白浪河和东丹河两条河流。同时，可以进一步确定朝鲜使臣提及的潍县东数里的"潍河""淮河""潍水""背囊河"等皆指潍县之东丹河，即今虞河。其二，明末，潍县当地一般民众可能认为昌邑潍河亦流经潍县东数里，即淮河。其三，李民宬、南以雄等朝鲜使臣经过潍县东十里铺赵疃铺后，沿驿道方向（即东北—西南），渡过东丹河、白浪河后，到达潍县之东关。据相关方志记载，[①] 流经"潍城东门外，北流八十里入海，（潍县）城东隅正

图 6-21　今位于潍坊市昌乐县营丘镇太公祠内的"窦公渠"石碑

　　① 参见《水经注》卷26，清武英殿聚珍版丛本，第9页b；《齐乘》卷2《益都水》，清文渊阁四库全书本，第11页b；嘉靖《山东通志》卷6《山川（下）》，明刻本，第36页a；万历《莱州府志》卷2《山川》，明万历三十二年刻本，第124页a；康熙《潍县志》卷1《山川》，清康熙十一年刻本，第2页a；乾隆《潍县志》卷5《艺文志》，清乾隆二十五年刊本，第36页b；光绪《潍县乡土志》，清光绪三十三年潍县县署石印本，第76页b；民国《潍县志稿》卷5《疆域·河渠》，民国三十年铅印本，第5页a。

当河流之冲"① 的白浪河，北魏时称白狼水，元代称白狼水，明代称东丹河、东于河、白浪河，清代至民国称白狼河、白浪水、白浪河，今称白浪河（潍城区城关街道与奎文区东关街道交界）。白浪河发源于潍坊市昌乐县西南的打鼓山，自南向北流经潍坊市潍城区、奎文区，在寒亭区央子街道的潍坊港附近入渤海。河流全长 127 千米，流域面积 1237 平方千米。

图 6-22　自潍坊市卧龙街白浪河桥上，由南向北远眺白浪河

（十月）十一日，戊戌，晴。早发昌邑……午憩寒亭店，亭即寒泥所封，故名。……历潍县二十里铺，有晏平仲故里。又十里铺，有孔融庙，揭号"文举甘棠"。渡古白浪河，榜曰"北通渤海——南溯穆陵"。夕抵潍县东馆驲。县属莱州，距昌邑八十里。

——申悦道《朝天时闻见事件启》

自昌邑县……行八十里，有欞门，书之曰"古白浪河"。唐北

① （清）刘以贵：《重修白浪河坝记》，乾隆《潍县志》卷 5《艺文志》，清乾隆二十五年刻本，第 38 页 b。

图 6-23　今位于潍坊市卧龙街街白浪河桥旁的河长公示牌

海令窦琰因此水概田处，有石桥，名白浪桥。又有櫺门，书之曰"北通渤海—南溯穆陵"。

——郑斗源《朝天记地图》

据郑文的记载可以弄清申悦道将南以雄言及的"白浪河"记述为"古白浪河"的原因，即明末白浪河旁立有"古白浪河"坊表。"古白浪河"之称谓或与《水经注》的记载相关，即"平寿故城，在白狼水西，今北海郡治。水上承营陵县之下流，东北径城东，西入别画湖，亦曰朕怀湖。湖东西二十里，南北三十里，东北入海"①。因此，明末"古白浪河"坊表或与平寿古城有关。结合申文可以推测，郑斗源一行到达并夜宿的地点应是潍县城之东关。穆陵，指穆陵关。《大明一统志》记载："穆陵关在（临朐县）大岘山上，《左传》齐桓公曰：赐我

---

① 《水经注》卷26，清武英殿聚珍版丛本，第9页 b。

先君履，南至于穆陵，即此。"① 故"北通渤海—南溯穆陵"中的"北通渤海"是指流经潍县东门外的白浪河北流入渤海，"南溯穆陵"是指南逆白浪河而上可达古代齐国南部重要关隘——穆陵关。

图 6 - 24　《石桥漱玉》图②

"北通渤海—南溯穆陵"坊表的位置应在南以雄言及的白浪河板桥或郑斗源所说的白浪桥附近。万历《莱州府志》记载："通济桥，在东

①　《大明一统志》卷24《青州府·关梁》，明天顺五年内府刻本，第31页 b。
②　康熙《潍县志》卷首《舆图》，清康熙十一年刻本，第2页 a。

门外。金大定六年僧本敬建，一名白浪桥。"① 清康熙年间，通济桥
（白浪桥）年久倾圮，乡绅陈调元倡议重修，重修后的石桥名"青龙
桥"，石桥有"三十余空（孔）"，"亦一胜迹也"②。因"水声潺潺，漱
激于石，其声琮琤，如摇环佩"③，青龙桥附近的美景被称为潍县八景
之一——"石桥漱玉"。据《潍城区地名志》等资料记载，④ 1933 年，
在青龙桥原址上，修建了混土板桥，称朝阳桥。1984 年，改名若飞桥。
1972 年，在若飞桥原址以北二十米处，修建了钢筋混凝土双曲拱三孔
桥，称东风桥。1995 年，为适应经济的快速发展，拓宽改建了东风桥，
改称亚星桥。简言之，朝鲜使臣提及的"北通渤海—南溯穆陵"坊表
所在之处，应在今潍坊市奎文区亚星桥附近。

图 6 - 25　民国时期的朝阳桥旧照⑤

说明：远处城门即为潍县城东门朝阳门，应是朝鲜使臣曾到访之处。

与南以雄、申悦道、郑斗源等朝鲜使臣不同，部分朝鲜使臣是
自潍县赵疃铺径直西行，到达潍县北关，即登莱青驿道在此出现两
条岔路。

---

①　万历《莱州府志》卷 4《桥梁》，明万历三十二年刻本，第 28 页 a。

②　康熙《潍县志》卷 3《桥梁》，清康熙十一年刻本，第 1 页 b。

③　康熙《潍县志》卷 1《形胜》，清康熙十一年刻本，第 2 页 a。

④　参见潍城区地名委员会办公室编《潍城区地名志》，内部资料，1991 年，第 148 页；
张中符《亚星桥溯源》，载政协山东省潍坊市潍城区委员会、学宣文史委员会编印《潍城区文
史料》第 16 辑，内部资料，2000 年，第 152—157 页。

⑤　邓华主编：《潍州旧影》，人民美术出版社 2007 年版，第 1 页。

图 6 - 26　朝阳桥原址上修建的潍坊市奎文区东风东街的亚星桥

（十月）十六日，癸酉。晴，风乱。朝发（昌邑县城东铺），
五十里到寒亭店中火……行至一水桥，渡至潍县北关客店宿。

——赵濈《燕行录—云朝天录》

天启三年十月十六日，冬至、圣节兼谢恩使赵濈，在途经寒亭店
（即寒亭铺）后，经过"一水桥"后，到达潍县北关。万历《莱州府
志》记载，"卧龙桥，即石桥，在北门外二里许，跨白浪河。俗传宋艺
祖微时，东游浴于下，因名"①。因此，由于到达潍县城的地点不同，
以赵濈为代表的部分朝鲜使臣并未经通济桥到达潍县城东关，而是经卧
龙桥，过白浪河，到达潍县城北关。或因汛期，白浪河河水漫涨，淹没
了彼时的卧龙桥，当地人连舟成桥，导致赵濈一行经"一水桥"后，
到达潍县北关。该水桥或位于今潍坊市奎文区北苑街道则尔庄西侧的卧
龙东街卧龙桥附近。

----

① 万历《莱州府志》卷 4《桥梁》，明万历三十二年刻本，第 28 页。

图 6 - 27　自白浪河西岸远眺卧龙东街的卧龙桥

第五节　潍县①

（七月）初八日，丁未，晴。晓，（自昌邑县牛庄村）启程，
行二十里许，渡舟潍河……到（昌邑）县……行五十里，到寒亭
驿馆暂歇……行三十里，到潍县城外北关王姓人家止宿。境内黄
（通"蝗"）虫极炽。

——崔应虚《朝天日记》

（七月）初八日，晴。（从昌邑县牛庄村发行）再渡潍河……
过（昌邑）县西……过寒亭，暮入潍县城北隅，宿王姓人家。是
日行共百十余里。

——安璥《驾海朝天录》

如前所述，朝鲜使臣因选择的路径不同，其到达潍县的地点亦不相
同。天启元年，谢恩、冬至兼圣节使臣团正使崔应虚、书状官安璥自昌
邑县牛庄村（今昌邑市卜庄镇刘庄村）出发，经昌邑县城、寒亭铺后，

---

① 使行文献中亦记载为潍县城、古北海郡、潍水县、潍州、北海、北海城、齐潍县、潍城。

入住潍县城北关，其所宿之所的主人堂号（旧时一户人家的称号）为"好贤"。因主人"索诗甚恳"，安璥便为其题诗一首。此诗描绘了朝鲜使臣入住民间馆舍时的所见之景，反映了馆舍主人对朝鲜使臣的热情接待，体现了作者对中国古代圣贤的爱慕之情。

好贤堂

门对山东路，墙连县北城。
日华生粉壁，云影入雕甍。
榻挂尊贤迹，堂留好士名。
天涯孤客梦，骨冷竟难成。

——安璥《驾海朝天录》

日华，太阳的光辉。南齐谢朓《和徐都曹诗》："日华川上动，风光草际浮。"[1] 粉壁，使用石灰石粉刷的白色墙壁。甍，屋脊；屋栋。《左传·襄公二十八年》："犹援庙桷，动于甍。"杜预注："甍，屋栋。"[2] 骨冷，指人死后被埋于地下。南宋陆游《书感》："古人骨冷青松下，谁起英魂与细评？"[3] 在诗的首联，安璥先介绍了好贤堂地处潍县北关驿道旁的繁华之地，即坐北朝南的好贤堂大门正对着登莱青通衢，其后墙与潍县城北城墙相连。颔联中，作者描述了好贤堂如画般的外观。夕阳下，白色的墙壁显得更加明亮，云朵投下的影子落在好贤堂雕花、彩绘的屋脊上。后两联是说，伴随着朝鲜使臣被主人引入正堂，安璥见到案桌旁挂着圣贤的画像，对于海路使行的朝鲜过客而言，画像上亦写着其功绩。供奉在好贤堂内诸贤的功业，即使自己到死后入土化为白骨时，也始终难以与之比肩。

（十月）初一日，戊辰，晴。晓发（汪汪店），行四十里，到潍县北关里，入归时止宿王姓人家暂歇。此日乃场市之日也。行三

① 《文选》卷30，清刻本，第18页b。
② （周）左丘明撰，（晋）杜预注，（唐）孔颖达疏：《春秋左传注疏》卷38《成十六年尽十八年》，清嘉庆二十年南昌府学本，第28页a。
③ 《宋诗钞》卷68，清文渊阁四库全书本，第12页b。

　　十里，过寒亭驿……

——崔应虚《朝天日记》

　　天启元年十月一日，崔应虚一行自北京返程途中，途经潍县时，再次到访潍县北关的王姓人家处歇息。据崔应虚的记述，此日是潍县场市即赶集之日，但未严明集市的具体位置，仅能判断在潍县城附近。据明末清初方志中的记载，[①] 明末，潍县城北关可能未有定期进行、规模较大的民间贸易活动。因此，或与赵溦一行一样，因汛期，潍县城东北二

图6-28　今位于潍坊市潍城区北关街道北宫西街旁的"北关"石碑

---

　　① "集场，在（潍县）城内者七，在东关者七，南关、西关各一"（万历《潍县志》卷2《集场》，明万历二年刻本）；"集场，在城内者革，在东关者四，南关、西关、北关各一"（康熙《潍县志》卷3《集场》，清康熙十一年刻本，第1页a）。

里的卧龙桥被白浪河水浸没，通行不便，崔应虚一行便通过潍县城东门的通济桥后，进入潍县之东关，见到了东关之集市。关于潍县集市，天启四年三月十五日，朝鲜使臣赵濈在归程途中留有一首名为《潍县场市》的诗作，表达了作者完成使行任务归国途中的轻松心情。此诗因作于潍县城至寒亭铺的途中，故诗中言及的"潍县场市"亦应为潍县东关之集市。

图 6-29　清末潍县东关集市之一的白浪河沙滩大集①

潍县场市②

路出潍城来去同，寒亭古驿正当中。

春梨一颗喉先润，村酒三杯虑还空。

包饭趁虚挥汗雨，扬沙拂面妒花风。

相逢天将东来使，欲问其如话不通。

——赵濈《燕行酬唱录》

---

① 邓华主编：《潍州旧影》，人民美术出版社 2007 年版，第 4 页。

② ［韩国］赵冕熙编：《朝天日乘及燕行录及酬唱录》，韩国同光出版社 2002 年版，第228—229 页。

　　包饭，将蒸熟的米饭中加入多种佐料，用手攥握成拳头形或双手揉搓成圆形，使之便于携带和食用的一种饭团。时至今日，包饭（주먹밥）仍是韩国民众经常食用的食物之一。花风，即花信风，应花期而吹来的风。首联是说，归程途中，东出潍县城的使行之路与来程中前往北京时的路线相同，往东三十里便到了潍县之寒亭铺。据《燕行录—云朝天录》的记载，① 天启三年十月九日，赵濈一行自登州蓬莱县出发，十月十六日，到达潍县。此后至二十九日，到达德州。次年三月十一日，赵濈一行自北京返程途中，经河间府庆云县进入山东滨州之阳信县，途经青州府高苑县、博兴县、寿光县、莱州府潍县后，从原路返回登州蓬莱县。② 故有赵濈之"路出潍城来去同"的记载。颔联和颈联是讲，作者吃了在潍县东关集市内购买的春梨，甘甜的梨汁滑润、解渴。在畅饮些许农家自酿的浊酒后，作者心中无尽的乡愁似乎已消失。作者一边吃着饭团，一边擦拭着流淌的汗水。尾联是说，在归国途中遇到了出使朝鲜归来的明朝将领，赵濈想要向其详细询问故国情况，怎奈语言不通，只得作罢。

图 6 - 30　潍县东关旧照③

　　① 参见［韩国］赵濈《燕行录—云朝天录》，［韩国］林基中编《燕行录全集》第12册，韩国东国大学出版部2001年版，第293—425页。
　　② 相关具体内容将在后续著作中详述。
　　③ 邓华主编：《潍州旧影》，人民美术出版社2007年版，第28页。

　　（三月）十五日，己巳，晴。朝发，过潍县。从去时大路
（至）<u>寒亭店</u>译姓人家中火，夏伴送已先到等待矣。问奏使臣消
息，则答以"明间当至此"云。路逢军门差官李惟栋、毛营差官
文姓人皆往来我国者也。驻马问："你是某行使臣？"答以："贺节
陪臣。"差官曰："奏使在何处？"答以："在后明间相逢。"差官
曰，"你国平安，总兵叛了，国王南走，鞑子声息，则平安"云。
瞥然过去，更无问处，郁冈！郁冈！

　　　　　　　　　　　　　　——赵濈《燕行录一云朝天录》

　　总兵，指朝鲜平安道兵马节度使李适。[1] 天启三年三月，朝鲜爆发
"仁祖反正"，朝鲜绫阳君李倧发动武装政变，推翻光海君的统治，登
上王位，史称仁祖。因天启三年奏请（奏闻）使臣团（正使李庆全、
副使尹暄、书状官李民宬）及谢恩使臣团（正使赵濈、书状官任赉之）
的主要任务是向明廷解释"仁祖反正"的正当性，并请求明朝封典。
但明朝朝臣认为李倧发动政变推翻明朝册封的光海君李珲有违"君臣
即有定分"，"且无中国，所当声罪致讨，以振王纲"[2]。天启三年八月，
明朝认为"废立大事干系非轻，但该国（朝鲜）素称恭顺"，应当"差
官查明定夺"[3]，故登莱巡抚（亦称军门）袁可立派遣麾下游击李惟栋、
毛文龙麾下中军参将陈继盛前往朝鲜调查"仁祖反正"的原委。[4] 此
外，据《朝鲜实录》的记载，[5] 在"仁祖反正"过程中，朝鲜武臣李适
功不可没。但因与主导政变的金瑬[6]矛盾较深，论功行赏时，李适仅被
封为汉城府判尹（正二品）。同年，后金势力持续扩张，导致朝鲜北部

---

　　① 李适（1587—1624），字白圭，朝鲜固城（今韩国庆尚南道固城郡）人。朝鲜时期武
臣，历任汉城府判尹、捕盗大将、副元帅等职。

　　② 参见《明熹宗实录》卷33《天启三年夏四月戊子》。

　　③ 参见《明熹宗实录》卷37《天启三年八月丁丑》。

　　④ 参见（明）沈国元《两朝从信录》卷22，明崇祯大来堂刻本，第8页a。

　　⑤ 参见《朝鲜实录·仁祖实录》卷2，仁祖元年一月六日、仁祖元年五月二十七日；
《朝鲜实录·仁祖实录》卷3，仁祖元年润十月十九日；《朝鲜实录·仁祖实录》卷4，仁祖二
年正月十七日、正月二十日。

　　⑥ 金瑬（1571—1648），字冠玉，号北渚，朝鲜仁祖时期的武臣，官至领议政。

边境承压日重。李适以平安道兵马节度使兼副元帅,①镇守平安道宁边。天启四年正月,李适被诬告谋反。因时局危急,仁祖便派人前往宁边,仅欲逮捕李适之独子李栴和其同党。但李适杀死仁祖派遣的官员,起兵叛乱。起初,叛军兵锋甚锐,迅速占领了朝鲜都城汉城(今韩国首尔)。仁祖带领文武百官南下公州(今韩国忠清南道公州市)以避兵乱。李适、李栴带领的叛军很快被官军镇压,二人亦被其部下杀害。因此,当赵溅一行在途经潍县东关时,遇到了自朝鲜归来的游击李惟栋和中军参将陈继盛,听闻朝鲜国内发生叛乱,但无法了解更为详细的信息,故有"相逢天将东来使,欲问其如话不通"的郁闷之情。

据相关方志记载,②潍县城前身为土城,始建于汉代。土城周长约九里,城墙高二丈八尺,宽一丈五,设有东、西、南、北四座城门:东为朝阳门,南为安定门,西为迎恩门,北为望海门。壕沟宽一丈五尺,绕潍县城四周。因明正德五年(1510),刘六(刘宠)、刘七(刘宸)农民起义军③曾攻陷潍县城,明正德七年,莱州府推官刘信大修潍县土城,扩大了潍县城面积,增筑砖包垛口、敌台、窝铺,疏浚城壕。此后,明崇祯十二年县令邢国玺、清乾隆十三年知县郑燮、嘉庆元年知县庄述祖、道光二十五年及道光二十八年知县何镕皆倡众大修。光绪六年、八年、十四年、十八年、二十年、二十一年,潍县官员又相继对潍县进行了小范围的修葺。伴随着经济的发展,潍县古城墙逐渐被宽阔的马路和民居所代替。今潍坊市潍城区向阳路与北马道街交叉路口处还保留这一段潍县城北城墙遗迹。据潍坊史志专家孙福建和孙建松介绍,明末潍县城的四至,依今地名,大致范围为:东至潍坊市和平路与东风西街交叉路口,西至凤西东街与月河路交叉路口略偏北,北至北门大街与北马道交叉路口,南至胜利西街与向阳路交叉路口。

---

① 战时临时设置的官职,官阶位于都元帅、上元帅之下。

② 参见万历《莱州府志》卷3《城池》,明万历三十二年刻本,第2页a;康熙《潍县志》卷1《城池》,清康熙十一年刻本,第1页a—2页a;乾隆《潍县志》卷2《城池》,清乾隆二十五年刊本,第2页a;民国《潍县志稿》卷8《营缮·城坞》,民国三十年铅印本,第3页a—19页a。

③ 明正德年间,深受朝廷马政之害的河北农民刘六、刘七揭竿而起,各地民众纷纷响应。起义军转战河北、山东等地,最终被镇压。相关内容参见王克奇《山东政治史》,山东人民出版社2011年版,第394—396页。

图 6-31　今位于潍坊市潍城区公安局以北的潍县城北城墙遗存

（四月）三十日，乙卯，晴。早发周流店，过潍县。有我国人全海龙者，丁卯岁，以冬至使格军遗落潍县，愿与俱还，即为带来。午憩寒亭店，夕抵昌邑县东馆驲。是日行一百二十里。

——申悦道《朝天时闻见事件启》

崇祯二年四月三十日，冬至、圣节兼辨诬使臣团书状官申悦道一行再次途经潍县时，遇到了明天启丁卯，即天启七年（1627）年随圣节、冬至兼辨诬使臣团（正使边应壁、书状官尹昌立）使行明朝的格军全海龙。格军（격군），朝鲜时期，随同使臣海路使行的船工种类中的一种，地位较低。因天启七年的使行文献遗失，无法了解全海龙被使行团遗落在潍县的具体原因。天启七年至崇祯二年，往来潍县的使臣团数量较多，朝鲜人全龙海为何在两年之后才主动找到使臣，并跟随使臣团返回朝鲜，具体原因待考。

综上所述，按照明代的称谓，从昌邑县城至潍县城，朝鲜使臣所经地名依次为：（1）新营堡；（2）王奴店（王老店、王禄店、王路店、王耨铺）；（3）"渤海襟喉"櫺门（王白店、王白铺）；（4）牛阜店（牛埠店、四十里铺）；（5）营丘旧封（营邱旧封、营丘、"营丘旧封"櫺门、牛埠铺）、"彦方式化"櫺门（王彦方故里、王彦方故居、王彦方式化）、寒亭（寒亭店、寒亭古驿、寒亭驿馆、寒亭驿、汉亭店、寒亭铺）；（6）"古亭寒水"櫺门；（7）平仲故里（潍县二十里铺、晏城、晏婴遗邑、晏平仲故里、"平仲古里"四字牌、齐相晏平仲故里、"平仲古里"櫺门、朱毛铺）；（8）文举甘棠（十里铺、孔文举旧治、孔文举甘棠、"文举甘棠"櫺门、孔融庙、"孔文举甘棠"牌门、孔融之流芳、孔文举融甘棠）；（9）"潍河"（"淮河""背囊河""潍水"）；（10）渔河桥（潍河桥）；（11）白浪河（白狼河、古白浪河、"古白浪河"櫺门、东渡河）；（12）"北通渤海—南溯穆陵"櫺门；（13）潍县（潍县城、古北海郡、潍水县、潍州、北海、北海城、潍城）。据综合考证、实地考察和采访记录可知，现在的称谓，依次是：（1）昌邑市都昌街道辛置一村，辛置二村，辛置三村；（2）昌邑市都昌街道王耨村；（3）潍坊市寒亭区朱里街道王伯村；（4）潍坊市寒亭区寒亭街道牛埠村；（5）潍坊市寒亭区寒亭街道寒亭一村；（6）潍坊市寒亭区浞河；（7）潍坊市寒亭区唐家朱茂村；（8）潍坊市奎文区北海街道赵疃社区赵疃村；（9）潍坊市奎文区虞河（东关街道段）；（10）潍坊市奎文区北宫东街的虞河桥附近；（11）潍坊市奎文区白浪河；（12）潍坊市奎文区亚星桥附近；（13）今潍坊市潍城区（大致范围为东至潍坊市和平路与东风西街交叉路口，西至风西东街与月河路交叉路口略偏北，北至北门大街与北马道交叉路口，南至胜利西街与向阳路交叉路口）。此外，依实地考察和采访结果推测，朝鲜使臣还曾途经今潍坊市寒亭区寒亭街道毛家埠村，潍坊市寒亭区朱里街道官桥村。

第七章　潍县城至昌乐东界

北海怀古①

北海城中晨鼓催，东方日出云烟开。

客子驱车绕城曲，城边潍水寒更绿。

忆昔淮阴破龙且，楚兵十万半为鱼。

千古沙场磷火碧，夜雨至今闻鬼哭。

风流四海孔太守，座上客满尊盈酒。

遗爱犹传父老语，行人尚指甘棠处。

南氏之子真男儿，睢阳围急赋载驰。

贺兰未灭城已铲，佛寺浮屠空带箭。

山河依旧人事改，古往今来几年代。

抚剑悲歌凄以切，秋风客愁乱如发。

乱如发不可理，须向青州问从事。

——金尚宪《朝天录》

　　北海，即北海郡，西汉景帝中元二年（公元前148）设置，治所为营陵（今山东省昌乐县东南）。此处指潍县。此诗是天启六年秋，圣节兼陈奏使金尚宪经潍县，前往青州府益都县途中所作，描述了其经过潍县的所见所感，抒发了山河依旧而豪杰不在的悲伤心情。全诗大致可分为四部分，第一部分为第1—4句，第二部分为第5—16句，第三部分为第17—20句。第四部分，即最后两句可视为附记。

　　第一部分是说，深秋的清晨，潍县城中响起的鼓声催促着朝鲜使臣

---

① 题注："潍县，古北海郡。"

继续踏上前往北京的旅程。旭日东升，将云雾消散。使臣团一行自潍县城北关出发，沿北关大街（今潍坊市潍城区东大街）迂回至潍县西关后，进入登莱青驿道。流量减少的潍县城西的"潍水"，在寒冷的天气里显得更加碧绿。金尚宪此处提及"潍河"，应源自其见到了"囊沙上流"的坊表，故将位于潍县西二十里的西于河（今潍坊市潍城区的大圩河）记为"潍河"，相关内容将在后文详述。

第二部分，磷火，亦称鬼火，古人认为人死后，尸体内的血液所散发的光彩，实为尸骨中分解出的磷化氢的自燃现象。其焰淡蓝绿色，光弱，浮游空中，唯暗中可见。《论衡·论死》："磷，死人之血也。"①此部分描述金尚宪见到了沿途"囊沙上流"坊表、"文举甘棠"坊表等名胜后，触景生情，感慨颇多。座上客满，指孔融心胸阔达，交好名士，喜欢劝导帮助后学，世人对其十分推重，每天拜访的人很多。《后汉书·郑孔荀列传》："岁余，（孔融）复拜太中大夫。必宽容少忌，好士，喜诱益后进。及退闲职，宾客日盈其门。常叹曰：'坐上客恒满，樽中酒不空，吾无忧矣。'"②南氏之子，指南霁云，魏州顿丘（今河南清丰）人，唐玄宗至唐肃宗时的武将。贺兰，复姓，即贺兰进明，河南洛阳人，安史之乱时，为御史大夫、临淮节度使。唐肃宗时，曾任北海（明末潍县境域）太守。据《旧唐书》《新唐书》等史料记载，③"安史之乱"发生后，巨野县（今山东巨野县一带）尉张沼④起兵讨伐，南霁云作为其部下参与其中。与真源县（河南鹿邑县）令张巡⑤的接触

---

① （汉）王充：《论衡》卷20《论死篇》，四部丛刊景通津草堂本，第13页a。

② 《后汉书》卷70《孔荀列传第六十》，百衲本景宋绍熙刻本，第29页a。

③ 参见《旧唐书》卷187下《忠烈传（下）》，百衲本二十四史景宋刻本配补明覆宋本，第8页a—9页b；《新唐书》卷192《列传第一百一十七·忠义（中）》，清乾隆武英殿刻本，第1页a—4页b。

④ "张沼，天宝末为巨野尉，起兵讨安禄山。时，顿邱南霁云为人操舟，沼识拔之用以为将，沼殁，霁云归张巡后，同死于睢阳之难，合祠祀之。"（雍正《山东通志》卷27《宦绩志》，清文渊阁四库全书本，第118页a）

⑤ "张巡，字巡，邓州南阳县人。博通群书，晓战阵法，气志高迈，略细节，所交必大人长者，不与庸俗合，时人颇知也。开元末，擢进士第，縣太子通事舍人出为清河令。……天宝十五载正月，贼酋陷宋、曹等州，谯郡太守杨万石降贼，逼巡为长史。巡率吏哭玄元皇帝庙，遂起兵讨贼。至睢阳，与太守许远、城父令姚訚等合……诸将尽力死守。贼攻城，士病不能战，巡西拜曰：'孤城备竭弗能全，臣生不能报陛下，死为鬼以疠贼。'城遂陷，与远俱被执。巡、远骂贼不绝口，遂姚訚、雷万春等三十六人同时遇害。巡年四十九。"（《大元大一统志》卷368《南阳府》，玄览堂丛书续集景袁氏贞节堂钞本，第19页a—20页a）

过程中，南霁云认为"张公开心待人，真吾所事也"，便追随了张巡。此后，叛军将领尹子奇长期围攻睢阳（今河南商丘睢阳区），张巡派遣南霁云向临淮（今江苏盱眙一带）节度使贺兰进明求援。贺兰进明"忌（张）巡声威，恐成功，无出师意"，南霁云拔刀断指，以"示之义信，归报"张巡。求援无果的南霁云愤懑无比，抽出箭矢射向佛寺中的佛塔，箭头没入塔砖之中，并言："吾破贼还，必灭贺兰，此矢所以志也。"孤立无援的睢阳最终被尹子奇的军队攻陷，张巡与南霁云被俘。二人英勇就义前，张巡对南霁云言："南八！男儿死尔，不可为不义屈。"南霁云更是回答道："欲将有为也，公知我者敢不死。"

　　诗的第5—8句是说，遥想当年，淮阴侯韩信率领汉军在此大破楚将龙且率领的齐楚联军，齐楚联军有近10万人葬身鱼腹。历经久远的岁月，在暗夜中，曾经的战场——"潍河"的河滩上，浮游着由死去将士化为的蓝绿色鬼火。在雷雨交加的夜晚，还会听到亡灵那令人惊恐的叫喊声。第9—12句是讲，闻名于世的北海令孔融令人敬佩、尊崇，前往孔宅拜访的人络绎不绝，为客人准备的酒杯一直是满的。时隔千年，孔融的美名依然被村中老人传颂，途中的行人还为远道而来的使臣介绍孔融曾经行仁政的地方。第13—16句是说，南霁云是真正有志气、节操的人。在睢阳城被即将攻破的危难之际，南霁云临危受命冲破敌阵，前往临淮求援。南霁云还未实现"吾破贼还，必灭贺兰"的诺言，睢阳城就已被攻陷，英勇赴义，只留下其生前射在佛塔上的箭矢，向世人诉说着南霁云的义薄云天。

　　第三部分是说，天地自然历经无数岁月并无变化，人间世事盛衰却已经历了无数次的更迭。按剑并唱着哀痛的歌曲，柔肠寸断。凄冷的寒风扰动着异国使臣内心的怅然。第四部分的青州，古九州之一，此处指明末青州府治所在地——益都县。从事，汉代以后三公及州郡长官皆自辟僚属，多使用"从事"称之。问从事，语出"青州从事"，好酒的代称。南朝宋刘义庆《世说新语·术解》："桓公有主簿善别酒，有酒辄令先尝，好者谓'青州从事'，恶者谓'平原督邮'。"诗的最后一行，作者以略带诙谐的口吻说道，"潍水"旁的心乱如麻，或许需要到使行的下一站——青州后，品尝美酒才能排解。

　　万历《莱州府志》记载："潍县在（莱）州（府）西一百八十里，

图7-1　《航海朝天图》之《齐潍县》图

说明：画幅中线偏左的河流应为金尚宪所说的"潍河"，即明末潍县西于河。河西畔即为"囊沙上流"坊表。

东至昌邑县界六十里，西至昌乐县界二十五里。"① 关于潍县城至昌乐东界二十五里区间的地名，使行文献记载如下："北海古郡"櫺门、"东拱莱牟—西连青齐"櫺门、小于河、平津别业、西大于河、"三齐孔道"櫺门、昌乐东界。

第一节　"北海古郡"櫺门、"东拱莱牟—西连青齐"櫺门、小于河②、平津别业③

潍县属莱州……自潍县西至昌乐县五十里程也。行五里，有櫺门，书之曰"北海古郡"。又有櫺门，书之曰"东拱莱牟—西连青齐"。

——郑斗源《朝天记地图》

---

① 万历《莱州府志》卷2《疆域》，明万历三十二年刻本，第103页a。
② 使行文献中亦记载为"东丹河""西丹河"。
③ 使行文献中亦记载为平津古里、"平津别业"櫺门、汉公孙弘所居地、公孙弘别业。

郑斗源"自潍县（城）西至昌乐县五十里"的记述与方志中的记载一致，即潍县城"西至昌乐县五十里，又西至青州府一百二十里"①。如前所述，两汉时，潍县称北海郡，故有"北海古郡"一说。此櫺门所在之处，应为进入潍县的必经之地，为彰显潍县悠久历史，故在驿道旁设"北海古郡"坊表。"东拱莱牟，西连青齐"中的"莱牟"，从历史沿革看，应指先秦时期的莱国及牟子国（根牟国）；从地理指向性看，"莱"应指明末的莱州府，"牟"应指明末之登州府。据民国《山东通志》记载，② 莱州府春秋时为齐之莱子国，齐侯迁莱子于郳在国东陲，故称东莱。东汉时，为东莱郡。至晋、唐、宋、金等时期，虽然"东莱"之名伴随行政建制废置而多有出现，但皆指明末之莱州。登州府，春秋时，为牟子国。汉时，属东莱郡。北魏时，分属东牟郡和东莱郡。唐代后，牟国、东牟等称谓逐渐被"登州"所取代。"青齐"，从历史沿革看，应指古中国九州之一的青州及北魏时治所在历城（今山东济南）的齐州；从地理指向看，"青"指明末的青州府，"齐"指明末之济南府。"东拱莱牟—西连青齐"櫺门意指潍县作为鲁中地区，东接沿海，西接内陆的枢纽，地理位置十分重要。虽然，关于此櫺门的记载并未见诸方志，但与清初潍县乡绅陈调元对于潍县地处要冲，即"右连青济，左控莱牟，固东南之咽喉，而辽海之藩屏也"③ 的记述一致。依郑斗源的记述，结合实地考察的结果，明末"北海古郡"櫺门和"东拱莱牟—西连青齐"櫺门的原址，应在今潍坊市潍城区西关街道西集装箱货场附近。

> 小于河在西，一名东丹河。按星槎，日锋烬余东于河一名东丹河。此云小于河，恐译不然，则东于河又名小于河耶？源出塔山，东北流穿寿光县入海。西丹河揭"平津别业"……
>
> ——金德承《天槎大观》

---

① 乾隆《潍县志》卷1《疆域》，清乾隆二十五年刊本，第9页b。

② 参见民国《山东通志》卷12《疆域志第三·沿革》，民国七年铅印本，第18页a—20页b。

③ （清）陈调元：《新筑潍县石城记》，乾隆《莱州府志》卷13《艺文志》，清乾隆五年刻本，第105页b。

金德承听随行的译官说，小于河在潍县城西侧，亦名东丹河。因所在位置日光偏东，故东于河又称东丹河。对此，金德承认为译官关于小于河的翻译并不正确。按照译官的翻译，东于河又称小于河，该河发源于潍县南部塔山，自南向北流经寿光县后，注入渤海，而位于西丹河西侧是"平津别业"。通过金德承的记述可以看出，明代潍县东西两侧河流名称的杂乱，不仅给明朝护送官带来混淆，同样也给朝鲜使臣和翻译官造成不小的困惑。换言之，金德承以经过的东丹河的方位为坐标，推测小于河实为西丹河。

如第六章第四节所述，位于潍县东南五里的河流为东丹河，亦称东于河，"源出塔山，下流至寿光县界，复达本县境，东北流入于海"。元代称东虞河、潍水，明代称东丹河、东于河、潍水，清代称东丹河、东于河、虞河、潍水、利渔河，民国时称潍水、古潍水、虞河、东丹河，今称虞河。据万历《莱州府志》记载，[①] 位于潍县城西十里铺（小于河铺）的河流，称"小于河"。该河发源于潍县南部望留社柴家埠（今潍坊市潍城区望留街道柴家河村），北流入白浪河。位于潍县西二十里的为西丹河，一名大于河。此河发源于几山，经昌乐县西下，合流东丹河，东北入海。据相关方志记载，[②] 明末潍县西十里的小于河，在清康熙年间与大于河并称西虞河。[③] 清乾隆至 20 世纪 80 年代末，称小于河、西小于河、小于河水。今称小圩河或小于河。[④] 此河发源于潍坊

---

①　参见万历《莱州府志》卷 2《山川》，明万历三十二年刻本，第 124 页 b—125 页 a。

②　参见万历《莱州府志》卷 2《山川》，明万历三十二年刻本，第 124 页 b；康熙《潍县志》卷 1《山川》，清康熙十一年刻本，第 2 页 a；乾隆《潍县志》卷 1《山川》，清乾隆二十五年刊本，第 12 页 b；乾隆《潍县志》卷 2《桥梁》，清乾隆二十五年刊本，第 16 页 a；光绪《潍县乡土志》，清光绪三十三年潍县县署石印本，第 74 页 b；民国《山东通志》卷 21《疆域志第三》民国七年铅印本，第 1 页 a；潍坊市寒亭区地名志编纂委员会编《寒亭区地名志》，内部资料，1989 年，第 237 页。

③　"西于河，在潍县西十里为小于河，二十里为大于河，源出几山，合昌乐县东丹河，东北入海。"（康熙《潍县志》卷 1《山川》，清康熙十一年刻本，第 2 页）

④　据实地考察中河长公示牌的记述，为"小于河"。这与 2019 年潍坊市潍城区河长制办公室印制的《潍城区河长制办公室关于调整潍城区河（湖）长组织体系的统治》中的表述一致。但是在采访过程中，受访村民表示"小圩河"的写法也正确，并表示自己村的名称也是"南小圩河村"。此外，在现代地图上，皆标示为"小圩河"。依据现实情况，本书对现代名称"小圩河"和"小于河"都予以采纳，但为行文统一，后文使用"小圩河"指代明末潍县西十里的"小于河"。

市潍城区望留街道明宗山东麓，向南流经潍城区西关街道、潍城区北关街道、潍城区于河街道后，在寒亭区高里街道汇入大圩河，流经寒亭区开元街道、寒亭区固堤街道，在寒亭区央子街道北流入渤海。全长约25千米，河宽30—70米，属季节性河流。据相关方志记载，① 明末的西丹河、大于河、西于河，元代称西虞河。清代至民国称西丹河、西于河、古西虞河、大圩河、大于河、大于河水。1981 年 12 月，改称大于河。今称大圩河或大于河。② 此河发源于潍坊市昌乐县方山，向西流经

图 7 - 2　小圩河潍坊市潍城区西关街道段的河长公示牌

① 参见《齐乘》卷 2《益都水》，清文渊阁四库全书本，第 11 页 b；万历《莱州府志》卷 2《山川》，明万历三十二年刻本，第 124 页 a；《大明一统志》卷 25《莱州府》，明天顺五年内府刻本，第 16 页 a；嘉靖《山东通志》卷 6《山川（下）》，明刻本，第 36 页 a；康熙《大清一统志》卷 107《莱州府》，清乾隆九年武英殿刻本，第 13 页；《寰宇通志》卷 76《莱州府》，玄览堂丛书续集影印明景泰间刻本；光绪《潍县乡土志》，清光绪三十三年潍县县署石印本，第 77 页 a；民国《山东通志》卷 33《疆域志第三》民国七年铅印本，第 39 页；潍坊市寒亭区地名志编纂委员会编《寒亭区地名志》，内部资料，1989 年，第 236—237 页。潍城区地名委员会办公室编《潍城区地名志》，内部资料，1991 年，第 135 页。

② "大圩河"及"大于河"的情况与"小圩河"和"小于河"情况相同。依据现实情况，本书对现代名称"大圩河"和"大于河"都予以采纳，但为行文统一，后文使用"大圩河"指代明末潍县西二十里的"西丹河（大于河）"。

潍城区望留街道，折向北入潍城区于河街道。1950 年，在寒亭区高里街道王固庄村北改道，在后岭村北汇入白浪河，北流入渤海。全长约45 千米，河宽50—80 米，属季节性河流。仅就"小于河"一名而言，金德承途经之河应是今潍坊市潍城区的小圩河。但是，金德承关于潍县西二十里的"西丹河揭'平津别业'"的记载与其他使行文献中的记述并不相同。

图 7 - 3 冬季处于枯水期的南小圩河村西侧的小圩河

　　自潍县……行十里，有櫺门，书之曰"平津别业"，汉公孙弘所居地。

　　　　　　　　　　　　　　　　——郑斗源《朝天记地图》

　　（九月）十九日，庚午，晴。（自潍县北馆里发行）过平津别业，布被脱粟，真贤耶。……是日行五十里，宿昌乐县南关里。

　　　　　　　　　　　　　　　　——洪翼汉《花浦朝天航海录》

　　（三月）十六日，庚午，到王老店。早发昌乐，过……平津别业，渡潍水，抵潍县之北馆驲。

　　　　　　　　　　　　　　　　——李民宬《癸亥朝天录》

　　"平津"，西汉平津侯公孙弘；"别业"，本宅之外，在风景优美的地方，所建供暂憩的园林房舍。依郑文，"平津别业"櫺门应在潍县西十里，即明末小于河附近。此櫺门所在之地或是西汉公孙弘的故宅。据《汉书·公孙弘传》记载，① 公孙弘，缁川国薛县（今山东寿光）人，年轻时曾是管理监狱的小吏，因有过错而被解职。因家贫，其在海边以放牧为生。四十多岁开始，公孙弘才开始学习《春秋》及百家学说。贤良博学的公孙弘在六十岁时，被任命为博士。"其行慎厚，辩论有余，习文法吏事，缘饰以儒术"，升任左内史。② 其后，官至丞相。为官期间，公孙弘兴建客馆，广招贤士，一同商量时事。在担任丞相后，公孙弘生活亦十分简朴。他还将俸禄都分给亲朋、宾客，以致"家无所余"。"汉常以列侯为丞相"，故封公孙弘为平津侯，食邑高成县平津乡。公孙弘一共做了六年的丞相，八十岁的时候死在丞相任上。此外，虽然洪文和李文都提及了"平津别业"在潍县城西，且皆未言明其具体所在之处。但李民宬在途经此处时，留有一首诗作，题注中明确了"平津别业"的位置。

过平津别业③

平津留别业，潍水古城西。
脱粟终须饭，布衾故在携。
代迁翻易主，河满自平堤。
东阁求贤意，于今梦亦迷。

——李民宬《燕槎唱酬集》

　　此诗创作于天启四年三月十六日，是李民宬一行在返程途中经过潍县西十里的"平津别业"时，有感而发所作。布衾，布被。语出《汉书·叙传下》："布衾疏食，用俭饬身。"④ 代迁，替换。东阁，古代称

---

① 参见《汉书》卷58《列传第二十八》，百衲本二十四史景宋景佑刻本，第1页a—11页b。

② 秦汉时设置的掌治京师之职。

③ 题注："在潍县西十里。"

④ 《汉书》卷100《叙传》，百衲本二十四史景宋景佑刻本，第12页b。

丞相或宰相招揽、款待宾客的地方。唐李商隐《九日》："郎君官贵施行马，东阁无因再得窥。"①

图 7-4　《航海朝天图》之《齐昌乐县》图中的"公孙弘别业"坊表②

　　诗的首联是讲，在潍县西十里保留有西汉平津侯公孙弘的故居，"潍水"位于潍县古城的西侧。据万历《潍县志》的记载，③ 西去潍县城十里的急递铺为西小于河铺。这说明李民宬与郑斗源的记述一致，即"平津别业"櫺门（坊表）应位于西小于河铺或小于河附近。此处"潍

① 《全唐诗》卷 541，清康熙扬州诗局刻本，第 5 页 a。
② 因"公孙弘别业"坊表位于潍县城以西，是朝鲜使臣自潍县至昌乐县途中所经地，故《航海朝天图》中"公孙弘别业"坊表绘于《齐昌乐县》图中，应属误记。
③ 参见万历《潍县志》卷 2《急递铺》，明万历二年刻本。

水"出现的原因似与"圩"的发音有关。"圩"为多音字，可发"wéi"
"yú""xū"。如上所述，明末小于河虽未有"小圩河"之别名，但并不
排除"小圩河"为俗称的可能。诗的后三联是说，公孙弘在成为丞相
后，一直吃着糙米饭，使用着粗布做的被子，生活十分简朴。历经汉文
帝、汉景帝、汉武帝三朝的公孙弘不断地鞭策自己，研读儒家经典，这
如同水满自溢一样，最终被家乡举荐，进入西汉的权力中心。在担任丞
相的时候，公孙弘设立馆舍，以求贤纳士，为国尽力。在如今动荡的局
势中，明朝的人才纷纷离去，朝野上下党争愈演愈烈。阁老们像公孙弘
那样求天下之才以振大明之志如梦般恍惚若幻。

平津古里①

十上无成志未更，晚开东阁礼群英。

三公布被君休薄，后世何人不好名。

——金尚宪《朝天录》

　　此诗是金尚宪一行于天启六年秋，途经潍县西十里的"平津古
里"，即"平津别业"时所作。诗的前两句是说，公孙弘在担任御
史大夫时，汉武帝在东方设苍海郡，在北方设朔方郡。对此，公孙
弘认为在远离中原的地方设置郡县，劳民伤财，便多次劝谏汉武帝。
虽最后未能如愿，但自始至终，公孙弘并未改变德行以迎合汉武帝，
而是坚守气节。年近八旬成为丞相后，公孙弘仍能设置馆舍，招揽
并礼遇贤能之士。诗的后两联是说，在公孙弘成为权高位重的御史
大夫后，仍然使用麻布做成的被子，这未非汲黯认为的是公孙弘沽
名钓誉，因为像公孙弘那样位居高位的人很难放弃奢侈生活，而选
择节俭的生活。

　　如郑斗源、李民宬、金尚宪所述，"平津别业"櫺门（坊表）应位
于潍县西十里的西小于河铺或小于河附近，而不是金德承所述位于潍县
西二十里的西丹河（大于河），即今大圩河附近。故"西丹河揭'平津
别业'"属误记，应为"小于河揭'平津别业'"。产生这种误记的原

---

① 题注："在潍县西十里。"

图7－5　（清）谭汝霖《自怡园图》局部①

说明：此花园为清中期潍县著名书画家陈迪耀在南小于河的私家花园，或与"平津别业"
有着千丝万缕的联系，存疑待考。

因，或许还在于明末近潍县东西河流名称的混乱。朝鲜使臣关于
"平津别业"櫺门（坊表）在潍县西十里的表述有别于潍县方志中出
现的关于汉公孙弘读书处，即麓台的记述。麓台"在县西南符山之
东'北角'有台。《寰宇记》：'州西二十里，高二丈三尺，有泉甘
冽，号曰：补生泉。'《九域志》：'汉相公孙弘别业，燕慕容太子子
读书处。'明尚书刘应节于此筑别墅，有题咏"②。此麓台景色优美，
为潍县八景之一的"麓台秋月"。符山，今为潍坊市潍城区浮烟山。
符山并未在潍县城正西二十里，而是在潍县城正西偏南二十里，古代
登莱青驿道并不从此经过。故朝鲜使臣所说的"平津别业"应位于
潍县城西十里铺——西小于河铺附近的驿道旁，而非位于符山的"公
孙弘别业"或麓台。另据金德承之记述，可以推测"平津别业"位
于小于河西岸。结合古今地图，"平津别业"櫺门（坊表）、小于河、
西小于河铺自东向西的顺序依次是西小于河铺、小于河、"平津别
业"櫺门（坊表）。明末西小于河铺今为潍坊市潍城区西关街道南小
圩河村。"平津别业"櫺门（坊表）应位于今小圩河潍坊市潍城区西
关街道南小圩河村段西侧附近。

---

①　邓华主编：《潍州旧影》，人民美术出版社2007年版，第8页。

②　乾隆《潍县志》卷1《古迹》，清乾隆二十五年刊本，第17页 b。

图 7-6　今位于潍坊市潍城区望留街道麓台村东侧的"麓台"石碑

图 7-7　今位于潍坊市潍城区望留街道麓台村东侧的公孙弘墓

据相关方志记载，① 明末至清末小于河铺又称西小于河铺、小于河庄，属潍县大有乡董官庄社。民国三十年（1941），称南小于河庄，属潍县第二区望留镇上官庄乡。1945 年，称小于河村，属潍县河西乡。1958 年，属东风人民公社。1962 年，属河西公社。1984—1992 年，属

①　参见民国《潍县志稿》卷6《疆域·境界》，民国三十年铅印本，第27 页 a。

潍坊市潍城区河西乡。今名南小圩河村，属潍坊市潍城区西关街道。

图 7-8 今潍坊市潍城区西关街道南小圩河村村碑

第二节 囊沙上流①、"三齐孔道" 櫺门、昌乐东界

（三月）十六日，晴。朝出昌乐东门……近潍县西二十五里，有大潍河，题曰"囊沙上流"。到潍县北馆旧主人朝饭……到昌邑境王禄店表姓人家宿。

——尹暄《白沙公航海路程日记》

（十月）十二日，己亥，晴。早发（潍县东馆驲），行十余里，过潍水，即韩信囊沙上流也。……夕抵昌乐县东馆驲。

——申悦道《朝天时闻见事件启》

① 使行文献中亦记载为大潍河、"潍水"、西丹河、囊沙水、囊沙古迹、韩信囊沙上流、"囊沙上流"櫺门。因使行文献中关于潍县河流的记载较为杂乱，为避免标题重复，产生混淆，将两处位置相近的途经地名合并，并以"囊沙上流"来总代。

天启四年，奏闻（请封）兼辨诬使臣团副使尹暄一行经青州府昌乐县后，在"近潍县西二十里"处，见到了"大潍河"和"囊沙上流"坊表。据民国《山东省志》等方志的记述，[①] 民国初年，位于潍县西二十里的"西丹河（大于河）"应称"大圩河"。虽然笔者未能找到明清方志中关于"大圩河"的相关记述，但由于地名使用具有较长的延后性，故明末至民国期间，民间同时使用"大于河"与"大圩河"两种称谓的可能性很大。据笔者的实地考察，这两种称谓时至今日仍并存使用。另据万历《莱州府志》的记载，[②] 莱州府潍县城西至青州府昌乐县东界二十五里。显然，这说明尹暄关于"大潍河"和"囊沙上流"坊表位置的记述有误，应为"近潍县西二十里有大潍河，题曰'囊沙上流'"。换言之，或因"圩"亦通"潍"音，导致沟通过程中产生了混淆，致使尹暄、申悦道等朝鲜使臣将明末西丹河（大于河）记载为"大潍河"或"潍河"，且因里程的误记更加令人困惑。

> 灰埠驿，属平度州。自灰埠西……行七十里，渡潍水。汉韩信伐齐，挟潍水而陈，即此也。……潍县属莱州。……自潍县西……行二十里，有楄门，书之曰"囊沙上流"。韩信囊沙于此，决战于龙且者也。
>
> ——郑斗源《朝天记地图》

郑斗源亦记述了在潍县西二十里，有"囊沙上流"楄门。结合图7-1《航海朝天图》之《齐潍县》图中描绘的"囊沙上流"坊表，可以推断，明末潍县西应确曾存在过此坊表。

令人感兴趣的是，相关方志中并未有此坊表的记载。出现这种情况的原因或有二。其一，作为民国前地方志纂修体例的主要规范，明永乐

---

① "警察……第二总队……二分队驻潍县，辖四、五、六三（个）小队，驻潍县有大圩河、二十里堡……"（民国《山东省志》卷1上《第六章·山东问题始末记》，民国十四年铅印本）

② "潍县在（莱）州西一百八十里，东至昌邑界六十里，西至昌乐县界二十五里，南至安丘县界六十里，北至海九十里。"（万历《莱州府志》卷2《疆域》，明万历三十二年刻本，第103页a）

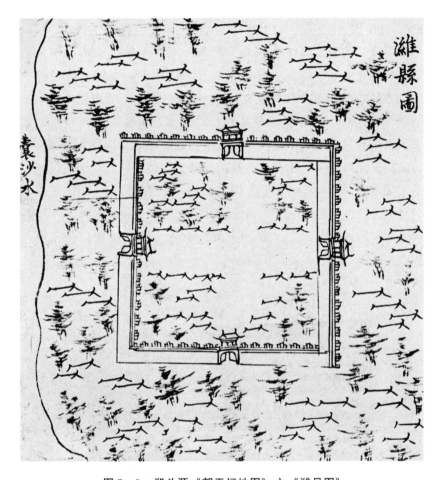

图 7 - 9 郑斗源《朝天记地图》之《潍县图》

说明：在此图中，郑斗源将潍县西二十里的西丹河（东于河）记为"囊沙水"。

十六年（1418）颁降的《纂修志书凡例》①中，并未对驿道沿途的路标，即坊表有明确规定，故在明清山东方志中相关记述并不多见。其二，或因方志的纂修者认为潍县西侧的"囊沙上流"牌坊是以讹传讹

---

① 体例涉及建置沿革、分野（星野）、疆域、城池、山川、坊郭镇市、土产、贡税、田地、税粮、课程、税钞、风俗、户口、学校、军卫、郡令廨舍、寺观、祠庙、桥梁、古迹、宦迹、人物、仙释、杂志、诗文等。相关内容参见王德恒、许明辉、贾辉铭《中国方志学》，文化艺术出版社 1994 年版，第 470—472 页。

的结果，不值一驳，故诸方志中并未留下相关记载。结合郑斗源关于
"潍水"和"囊沙上流"的记述可得出以下推论：韩信伐齐时，汉军和
齐楚联军虽然的确是隔潍水列阵，但是汉军深夜东渡潍水（明末昌邑
县城东）偷袭齐楚联军后，佯装不敌并向潍水西岸撤退。因楚将龙且
轻敌，齐楚联军亦西渡潍水追杀汉军。汉军一路向西撤退百十余里，在
齐楚联军经过西丹河（明末潍县西）时，掘开由数万沙袋垒砌的临时
水坝，水淹齐楚联军，由此汉军击败了齐楚联军。这或许从侧面反映了
彼时潍县民众对秦末汉初潍水之战的见地。当然，这与今天昌邑东之潍
河是"潍水之战"战场的观点相去甚远。不管怎样，尹暄之"大潍
河"、申悦道之"潍河"或"韩信囊沙上流"皆应指潍县西二十里的西
丹河，而尹暄或郑斗源之"囊沙上流"坊表（櫺门）则应位于西丹河
岸旁。

图 7-10　潍坊市潍城区昌潍路与大圩河交汇处旁的河长公示牌

　　据万历《莱州府志》记载，① 潍县城西二十里为潍县急递铺之一的

　　① 参见万历《莱州府志》卷5《递铺》，明万历三十二年刻本，第34页 b。

黑石铺。结合前文图 7－1，可以推测"囊沙上流"坊表（橳门）应位于西丹河西侧的黑石铺东侧附近。据相关方志记载及实地考察的结果，明末黑石铺应为今潍坊市潍城区于河街道北大圩村和南大圩村。因此"囊沙上流"坊表（橳门）可能位于今潍坊市潍城区于河街道北大圩村和南大圩村东侧靠近大圩河的位置。

图 7－11　自潍坊市潍城区昌潍路大圩河桥向南远眺大圩河

潍县途中咏怀

早起众星灭，明星独煌煌。

川陆日悠哉，客心悲未央。

洪河动我前，欲济无舟梁。

所思在万里，矫首路渺茫。

焉得骑黄鹤，凌风归故乡。

——李民宬《燕槎唱酬集》

此诗是天启四年三月十六，朝鲜使臣李民宬一行自昌乐县前往潍县途中所作。诗中描述了途中一条"洪河"，即大河横在使臣们的前面，因"欲济无舟梁",而欲"得骑黄鹤",乘风"归故乡"。此诗反映了使臣使行的艰辛,表达了作者强烈的思乡之情。据嘉靖《昌乐县志》记载,在昌乐县城东二十里有"跪河"(今潍坊市昌乐县湉河),其上有"跪河桥"(今潍坊市昌乐县昌潍路的湉河桥)。据乾隆《潍县志》记载,① 在潍县西二十里有建于清乾隆八年(1743)的大于河(明末西丹河)桥,以及修建时间未知的潍县西十里之小于河桥。万历《莱州府志》、万历《潍县志》、康熙《潍县志》中则未有相关记载,这说明小于河桥的始建年代应在清康熙十一年(1672)至乾隆二十五年(1760)。结合小于河的河宽小于大于河(明末西丹河),可以推测李民宬所说的"洪河",很可能是明末的西丹河(大于河)。

> (七月)初二日,庚寅,到昌乐县。朝发潍县……昌乐东界值雨,憩周流店……。
>
> ——李民宬《癸亥朝天录》
>
> 自潍县,西……行二十五里,有橱门,书之曰"三齐孔道"。
>
> ——郑斗源《朝天记地图》

如前所述,潍县城至昌邑县东界二十五里,这与李文中所说的"昌乐东界"距离一致。李文中的"周流店"指明末昌乐县的急递铺朱刘铺,即潍坊市昌乐县朱刘街道东朱刘村和西朱刘村(相关内容将在后续论著中详述)。结合郑文的记述,可以推断李民宬、郑斗源记载的"昌乐东界"和"三齐孔道"橱门应指同一处地点。三齐,秦灭亡后,项羽以齐国故地分立齐、胶东、济北三国,境域皆在今山东东部,后泛以"三齐"指代山东东部。与前文所提及的"东拱莱牟—西连青齐"橱门情况类似,"三齐孔道"橱门亦应是为表明潍县历史底蕴深厚,且作为连接山东中部与东部交通枢纽的重要性而立。结合古今地图,"昌乐东界"和"三齐孔道"橱门的位置大致在潍坊市昌潍路与潍日高速(G1815 国道)交汇处附近。

综上所述,按照明代的称谓,从潍县城至昌乐东界,朝鲜使臣所经

---

① 参见乾隆《潍县志》卷2《桥梁》,清乾隆二十五年刊本,第16页a。

图 7 - 12　潍坊市昌潍路潍城区与昌乐县界牌——"昌乐界"标识牌

地名依次为：（1）"北海古郡"櫺门、"东拱莱牟—西连青齐"櫺门；（2）小于河（东丹河、西丹河）；（3）平津别业（平津古里、"平津别业"櫺门）；（4）囊沙上流（大潍河、潍水、西丹河、囊沙水、囊沙古迹、韩信囊沙上流、"囊沙上流"櫺门）；（5）"三齐孔道"櫺门、昌乐东界。综合考证、实地考察和采访记录可知，现在的称谓，依次是：（1）潍坊市潍城区西关街道西集装箱货场附近；（2）小圩河或小于河；（3）潍坊市潍城区西关街道南小圩河村段西侧附近；（4）潍坊市潍城区于河街道北大圩村和南大圩村东侧靠近大圩河附近；（5）潍坊市昌潍路与潍日高速（G1815 国道）交汇处附近。

结　　论

依绪论中提出的研究方法，本书以明末朝鲜使臣海路使行的莱州路线为研究对象，对山东莱州府区间进行了研究。主要包括以下几个方面。首先，对于同时出现在使行文献和沿途地明代方志中的地名，通过查找沿途地清代、近代、现代方志中的沿革以及相关记载，确定使行途经地对应的当今地名或具体区域。将所考证的地名或具体区域串联，初步得到朝鲜使臣在莱州府区间使行的大致路线。其次，对于仅出现在使行文献中的地理名称，则以上述大致路线为基础，梳理隋唐时期至现代方志及沿途历代文人个人文集中的相关内容，比对古今地图，确定候选地名单。最后，通过实地考察了解和掌握使行文献提及的途经地的当今地理信息，结合对当地文史研究者、当地居民的采访，从候选地名单中选定最符合条件的具体地名，重构和还原了朝鲜使臣在山东莱州府境内较为完整的使行路线。据此，本书制作了表 8 – 1《明末朝鲜使臣海路使行莱州府境内途经地名变化》。

通过表 8 – 1 我们发现，朝鲜使臣在记录经由地地名时，其记载虽然大致与中国古代方志中记载的通用地名一致，但是使用通假字记述，因此同一地点出现不同名称的情况亦不在少数。这或许与途经地的方言、随行译官在交流或转述过程的失误、朝鲜语的语言特点（一个韩字对应多个汉字）、明朝和朝鲜文化差异等原因有关。例如，朝鲜使臣将莱州府掖县东北三十里的急递铺——平里店铺记述为"蓬里铺""蓬吕店""平利站"。出现此类使用通假字记述情况的原因或在于莱州方言中，"平"与"蓬"、"里"与"吕"发音的相似，以及"平利站"与"平里店"对应韩语（朝鲜语）翻译相同。天启元年，谢恩、冬至兼圣节使臣团正使崔应虚在途经潍县时，将中国方志中记载的"集场"

记述为朝鲜固有词"场市（장시）"。此类记述反映出中韩文化间较为紧密的关系。

使行文献中亦记载了许多中国方志中未提及或未详细记载的地名或地理标识名称（如坊表）等丰富信息。尽管这些地理信息虽未见诸中国方志，或相关记载较为简略，但皆是朝鲜使臣根据自己亲身经历所写，仍有一定的可信性。这对缺乏史料记载的部分沿途各地沿革、行政区划等具有较为重要的续补意义。例如，崇祯元年冬至、圣节兼辨诬使臣团书状官申悦道以及崇祯二年陈慰、奏请兼进贺使臣团郑斗源在途经莱州府时，皆留有关于"侯侍郎墓"的记载。通过申悦道和郑斗源的记述，可以考证、补充、完善中国方志中的相关记载。申悦道应是亲眼见到了"侯侍郎墓"的墓碑，碑上刻有"侯东莱，字儒宗"的字样。这与乾隆《西宁府新志》、光绪《甘肃新通志》等方志的记载一致。依申悦道的记述，康熙《陕西通志》、乾隆《掖县志》等方志中"侯东莱，字儒完"的记述应为误记。申悦道还见到墓碑之上有"以兵部侍郎赠三代诰命"的表述。这应是对史料中"上有诏追侯东莱诰命"记载的重要补充。借助郑斗源更为详细的记载，可以还原出早已消失几百年的莱州掖县"侯侍郎墓"曾经较为恢宏的外观景象。由此可见，使行文献中这样的记载具有较高的文献价值和人文地理学价值，是补充、完善中国方志的珍贵史料。本书作者今后将重点对此类使行文献内容进行系统整理、考证，争取尽早向学界报告相关研究成果。

此外，值得注意的是，使臣文献的某些内容与中国方志、史料的记载完全不一致，依据中国方志、史料难以说明或解释使行文献记载的情况。譬如，天启三年冬至、圣节兼谢恩使臣团正使赵濈在莱州府掖县东北六十里的朱桥铺内听闻"邾桥（朱桥），古邾国之地"，将"朱桥"记为"邾桥"并留有《邾桥驿》一诗。但据中国方志或史料的记载，夏、商时期就已存在的邾国为颛顼后代所建，为鲁国的附属国，其疆域在今山东省西南部，与莱州府掖县朱桥铺（今莱州朱桥）相去甚远，这委实令人费解。又如，天启四年，谢恩兼奏请使臣团正使李德泂、副使吴翿、书状官洪翼汉一同前往莱州府城城西"极其佳丽"的孙给事即孙善继花园。朝鲜使臣对"奇观异景，不可胜状"的孙给事花园赞叹不已的同时，对何人有如此财力营造"重楼叠阁拟于皇居"的花园十分感兴趣。根据乾隆《掖县志》、乾隆《蕲水县志》等中国方志的记载，孙善继为官清廉，关心当地百姓疾苦，刚正不阿，最后为晚年守操志而弃官归乡。而与中国方志记载完全相反的是，书状官洪翼汉依据在莱州府城内偶遇的儒生朱延光的言论，对孙善继的描述为贪污受贿、年近八十仍贪图权利和享乐的形象。

如上述通过中国方志难以解释朝鲜使臣赵溅记载的疑惑，在今后还需要展开进一步研究。例如，赵溅提出的"邾桥是古邾国之地"说法，虽具有一定的可信性，但比起按字面意思的直接理解，或许还需要更为深入的推估。"邾桥是古邾国之地"可能有两种解释，其一，邾国在战国后期被楚国所灭，一部分邾国遗民被强制迁移到江夏（今湖北省黄冈市西北）。在江夏生活一段时间后，部分远离故土的邾国遗民重返山东，或到达了掖县朱桥。其二，春秋时，邾国遗民重新建立了较多小国。这些同根同源的小国灭亡后，其遗民东迁至掖县朱桥。故很有可能的是，自湖北或山东西南迁徙至掖县朱桥附近的人自称古邾国遗民，并将定居地取名为"朱桥"以纪念故国。

另外，如朝鲜使臣洪翼汉的记载与中国方志完全相悖的情况，则可用多种假设来解释。例如，在本书作者看来，使行文献与中国方志对孙善继的记述出现两极化的可能性或有二：一是朝鲜使臣在转述或记述孙善继时，带有较为浓重的主观色彩。在推测给事中孙善继何以有财力营建规模宏大的私人园林式时，朝鲜使臣不是以明朝，而是以彼时朝鲜的社会经济发展水平为判断标准，认为官职卑微的孙善继若不通过受赂等不正当手段，难以积累如此巨额的财富，并在"确认偏误"[1]的作用下，洪翼汉选择性地记录并夸大了儒生朱延光的证言。[2]明代中后期，长江下游和东南沿海地区的民间经济发展程度较高。不仅作为信用货币的白银在全国范围流通，而且以分工为基础的资本主义生产方式亦在主要城市普遍存在，这促使以商品销售为目的的农产品、手工产品被大量

---

① 确认偏误（Confirmation Bias）亦称验证性偏见、证实性偏差，认知心理学用语，在接受外界信息时，因主、客观因素的影响，受体更倾向选择支持自己观点的信息，而忽略与自身认知相左的信息，是一种常见的认知偏差。

② 当然，并不能排除朱延光亦存在"确认偏误"的可能性。这或许导致朝鲜使臣在记录时，依据双重或多重"确认偏误"作用后的言谈，让记载内容出现更大的偏差。

生产，并被大商人销售、流通至全国。不仅如此，中国商品，特别是农产品（茶）、手工产品（瓷器、丝绸）还通过国际贸易的方式，被贩卖至欧洲、亚洲等。这使全世界的货币白银向中国集中，长江下游和东南沿海地区出现了大量拥有巨额资本的商人。由于此时期涌现的大商人中，有不少是官场出身或曾当过官的地方绅士，故明末中国文人阶层中有很大一部分人已摆脱了财富和学问、名望矛盾的二元对立式思维方式。反观朝鲜，因经济发展的滞后，明末朝鲜文人仍然普遍认为财富与学问、声望无法共存。因此，曾任给事中一职的孙善继可能是实现了商业成功，同时又拥有名望的知识分子，而朝鲜使臣未能摆脱自身环境的局限，误解了孙善继。

二是朝鲜使臣留下的记载还原了孙善继较为真实的一面，而中国方志因各种原因，选择性（甚至是歪曲性）地记述了孙善继的生平。一般而言，与正史的编纂不同，古代方志多是在前人文献的基础上，修改、增删而成。方志中，除徭役、田亩等部分依客观数据外，在宦绩、人物、政治等部分的编纂过程中，地方官员应具有绝对的影响力。作为与地方官联系紧密的乡绅，当其拥有强大人脉和巨额钱财的情况时，方志往往难以如实地反映当时的情况，而这种歪曲的记载被长期误传。如果这种假设成立，那么方志中关于孙善继的评价便不符合实际情况，特别是正史中并无太多记载，仅方志中留下了较为详细记述的情况下，故方志中的相关叙述难以令人完全信服。如若上述的假设成立，或许还有必要对方志中记载的人物进行大范围的重新评价和大量的实证性研究。

本书在正文部分通过重构、还原明末朝鲜使臣的中国文化空间，从历时性的人文地理学视角出发，分析使行文献中的各类文本，再现明末朝鲜使臣外交活动、明—朝两国文人唱和交流的实态以及使行沿途的民俗风情、普通民众的生活百态。

天启元年，朝鲜使臣重新利用时隔两百余年未使用的海路路线到达登州。因使行沿途的地方官员未有接待朝鲜使臣的经验，加上明末辽东局势的动荡，导致双方多有误解。在以安璥代表的使臣交涉下，双方的误解顺利消除，沿途地方官员一直为后续海路使行明朝的使臣提供各种便利和帮助。虽登州守将以"外国人驾海来，一切禁断，犯则以贼论"为由，曾禁止安璥一行进入登州水城（今蓬莱水城）。在登莱巡抚陶朗先的同意下，才让其靠岸登陆，并帮助其一行顺利踏上前往北京的路途。因双方缺乏较为有效的沟通，安璥一行在途经莱州府城时，莱州知府林铭鼎、掖县知县薛文周让朝鲜使臣"无传令不使入城"。在其行进至青州府昌乐县时，偶遇自济南府返回的莱州巡察海道陈亮采，并向陈亮采表达了"皇朝之待朝鲜视同内脉"，而如今未能进入莱州府城的不满。对此，陈亮采并未推脱，承认手下官员存在失职之处，允诺会责罚相应的官员，以此抚慰安璥等朝鲜使臣。安璥一行自北京返回登州再次途经莱州府掖县时，掖县知县薛文周为表歉意，向朝鲜使臣安璥追送了名帖，又派遣县衙负责膳食的两位衙役为朝鲜使臣带去了多种酒肴，以示"缱绻之意"。这为沿途地方官员接待后续朝鲜使臣提供了可依之例。

安璥途经莱州府后的一年，即天启二年，在吴允谦一行到达莱州府城前，掖县知县王应豫早已派遣衙役在使臣必经之路上等候，向使臣递送名帖，欢迎使臣的到来。在得知朝鲜使臣到达莱州府城驿馆时，巡察海道张国锐、莱州知府薛国观、掖县知县王应豫派官差送去"饭米酒馍"，并迅速地调集其后使行所需役夫和马匹，让吴允谦一行得以迅速踏上前往北京的路途。当日下午，吴允谦到达掖县西三十里的呆村铺时，掖县知县王应豫早已命人等候于此，为吴允谦一行提前准备好了饮用之水、食物。吴允谦则下轿休息，并向王应豫递送表示答谢的回帖。吴允谦经莱州府后的一年，天启三年，李民宬一行在黄昏时到达掖县淇水铺。掖县知县王应豫派衙役等候在十里铺，迎接朝鲜使臣前往住宿条件更好的莱州府城驿馆，并为朝鲜使臣一行送去酒饭。翌日，莱州府知府、莱州府通判、莱州府同知准备好了替换的役夫与车马，为朝鲜使臣尽快踏上前往京师的路途提供便利。

朝鲜使臣不仅详细地记载了使行团与沿途地方官的友好互动，还记载了使行途中与中国文人多样而亲善的交流。如天启元年，安璥一行在途经昌邑县西的牛庄村（今昌邑刘庄）时，不顾使行的忙碌，一一应允了牛庄村读书人题写扇诗的请求。天启四年，洪翼汉一行参观了莱州府城内东莱吕先生书院，并与书院内的儒生进行了较为深入的交谈。因儒生常常听说朝鲜文人善于作诗，故恳请洪翼汉当场赋诗一首。儒生们传阅洪翼汉诗作后，赞叹不已。15—16世纪，通过互派使臣等多种途径，明朝与朝鲜之间的书籍、诗文交流较为频繁，朝鲜诗歌被介绍到明朝，并深受广大文人的喜爱，以至于在明朝，"虽妇人女子、三尺之童莫不闻朝鲜礼仪、文学之盛"。此期间，在中国境内刊行的朝鲜文人诗集主要有吴明济辑录的《朝鲜诗选》、篮芳威辑录的《朝鲜诗选全集》、汪世种辑录的《古今诗》等，其中以《朝鲜诗选》最为有名。壬辰战争（亦称壬辰倭乱）时督饷朝鲜的莱州府掖县人韩初命为《朝鲜诗选》撰写了序文。韩初命在韩国读到吴明济所搜集的朝鲜汉诗时，对朝鲜汉诗的喜爱达到了"读之忘倦"的程度。故作为韩初命家乡——莱州的学子"惯闻东国能诗"，亦不足为奇。

　　本书通过上述研究方法，取得了较有意义的成果，证明了相关研究方法的合理性。今后，本书作者将继续从人文地理学角度出发，研究山东青州府区间的明末朝鲜海路使行文献。

表8-1 明末朝鲜使臣海路使行莱州府境内途经地名变化

序号	明代地名（坊表名称）	使行文献中记载的地名（坊表名称）	方位	现代地名或原址所在处	地名变化
1	王徐寨、备倭城、王徐铺	新店（新城店）、新城、新城堡、新城铺	莱州府（掖县）东北八十里	莱州市金城镇新城村	（明中期）备倭城→（明末至民国）王徐寨、王徐铺→（今）新城村
2	界河	界河	莱州府（掖县）东北八十里	界河（莱州市金城镇段）	（西汉）界河→（明至民国）东良河、界河→（今）界河
3	无记载	新河	莱州府（掖县）东北七十五里	朱桥河（莱州市金城镇马塘村段）	（20世纪90年代）辛庄河→（今）朱桥河
4	金坑铺	马堂店	莱州府（掖县）东北七十五里	莱州市金城镇马塘村	（明初）朱冷庄→（明末）金坑铺、马塘甸子→（清）金坑铺、马塘店子→（民国时期）马塘店子→（1958年至今）马塘村
5	诸郭铺	朱果寺、佛寺	莱州府（掖县）东北七十里	莱州市朱桥镇朱郭李家村	（明万历年间）诸郭铺→（清乾隆年间）朱郭铺、诸郭铺→（清宣统年间）朱郭铺→（民国时期）朱郭→（今）朱郭李家村
6	寒同山、神山	寒同山、神山	莱州府（掖县）东三十五里	莱州市云峰山风景区内的寒同山	（唐）寒同山→（明代）神山→（清至民国）寒同山、神山、九仙山、九青山→（今）寒同山、神山
7	无记载	燕哥店	无记载	待考	待考

续表

序号	明代地名（坊表名称）	使行文献中记载的地名（坊表名称）	方位	现代地名或原址所在处	地名变化	待考
8	无记载	珍清堡	无记载	待考		待考
9	朱桥河	广河	莱州府（掖县）东北六十里	朱桥河（莱州市朱桥镇朱桥村段）	（明初）诸桥河→（明末）广河→（清）朱桥河→（民国）朱桥河、大沙河→（今）朱桥河	
10	朱桥铺	朱桥驿、朱桥驿、郑桥驿、郑桥、古郑国之地、郑国界（石碑），登州掖县界，莱州掖县界	莱州府（掖县）东北六十里	莱州市朱桥镇朱桥村（旧村）	（明初）诸桥驿、朱桥驿、阳村、（明嘉靖、万历年间）朱桥铺、朱桥铺→（明末）朱桥驿、朱桥铺、（清）朱桥村、郑桥驿→（民国至今）朱桥村	
11	望儿山	王乙山	莱州府招远县西北六十里	招远市蚕庄镇望儿山	无记载	
12	琅琊铺	"琅琊上流"、榆门、朱辛次次隋故里、"辛次隋故里"、榆门	莱州府（掖县）东北五十里	莱州市朱桥镇大琅琊村与小琅琊村	（明初）大琅琊村→（明中后期至民国）琅琊铺、大琅琊村（今）大琅琊村（大琅琊村），小琅琊村（小琅琊村）	
13	万岁河、王河	王河、汪河、万岁河、万岁沙、礼河	莱州府（掖县）东北三十里	王河（莱州市平里店镇段）	（西汉）万岁沙、万里河→（唐）万岁河、万里河→（北宋）万岁河、王河→（清）万岁沙、王河→（民国）万岁河、王河、大王河、旺河→（今）王河	

续表

序号	明代地名（坊表名称）	使行文献中记载的地名（坊表名称）	方位	现代地名或原址所在处	地名变化
14	万岁桥、万河桥	万岁桥	莱州府（掖县）东北三十里	C206烟汕线与王河（莱州市平里店镇段）交汇处的王河大桥	无记载
15	平里店铺	平里店、蓬里铺、蓬吕店、平利站	莱州府（掖县）东北三十里	莱州市平里店镇平里店村	（明万历三十二年）平里铺→（清乾隆二十三年）平里店铺、平里店→（清宣统二年至今）平里店
16	上官河	苏河、水古河	莱州府（掖县）北二十里	苏郭河（莱州市程郭镇前苏村段）	（明）上官河→（清至民国）上官河、乾沙河、苏郭河→（今）苏郭河、上官沟
17	苏郭铺	莱州（东）二十里铺、水古村	莱州府（掖县）北二十里	莱州市程郭镇前苏村	（明清）苏郭铺→（民国）南苏郭村（苏郭村）、前苏郭村
18	军寨子村	吕蒙正先迹、"蒙正故里"、栅门	莱州府（掖县）北二十里	莱州市程郭镇前苏村与莱州市港城路街道洪水村之间	无记载
19	洪水铺	洪水铺、十里铺	莱州府（掖县）北十里	莱州市城港路街道洪水村	无记载
20	侍郎侯东莱墓	侯侍郎墓、兵部左侍郎侯东莱之墓	莱州府北五里	莱州市城港路街道东、西郎子埠村	（明）侍郎侯东莱墓→（清）侯东莱墓、兵部名侍郎侯东莱墓、兵部侍郎侯东莱墓→（今）莱州市城港路街道东、西郎子埠村

续表

序号	明代地名（坊表名称）	使行文献中记载的地名（坊表名称）	方位	现代地名或原址所在处	地名变化
21	涵泽园、泽民堂	文豪碑	莱州府（掖县）东北二里	莱州市文昌路街道明珠园东区至文昌广场一带	无记载
22	莱州府城、掖县（城）	莱州（府）城、莱州府、齐东莱府、莱州府、夜县城、莱州府城、齐东莱县城、掖县	莱州府治、县县治所在地	莱州市市区（南至文泉东路，北达文化东街，东到莱州南路，西至莱州南路）	（春秋）莱子国→（两汉）东莱郡→（晋）东莱国→（隋初）莱州→（唐）东莱郡→（宋元）莱州→（明清）莱州府、掖县→（1988年至今）莱州市
23	东莱书院、东莱先生书院	东莱书院、吕东莱书院、吕东莱庙、吕祖谦读书堂、吕东莱读书处	莱州府（掖县）内	莱州市文昌路街道实验小学外东侧的空旷之地，及莱州市国土局以东的居民区	（明景泰五年）吕成公祠→（明正德九年）东莱先生书院→东莱书院→（万历八年）吕先生祠→（万历三十年）东莱吕先生书院
24	无记载	孙给事（城内）花园、孙给事继善花园	莱州府西门内的路北	莱州市文昌路街道雷锋广场南侧一带	无记载
25	无记载	孙给事（城外）花园	莱州府西南五里	莱州市永安街道阳关村附近	无记载
26	泽民堂	泽沽处（泽民堂）	莱州府阳关西侧	莱州市永安街道阳关村附近	无记载
27	朗村铺	"东莱书院赡士田"石碑、赡士田、学士田、朗村铺	莱州府（掖县）西南二十里	莱州市虎头崖镇朗村	（明清）朗村铺→（今）朗村

续表

序号	明代地名（坊表名称）	使行文献中记载的地名（坊表名称）	方位	现代地名或原址所在处	地名变化
28	杲村铺	（莱州府西）三十里铺、三十里馆、三十里店、高村	莱州府（掖县）西南三十里	莱州市沙河镇杲村	（明代中后期至清末）杲村铺→（民国至今）杲村
29	杲村河	沽村河	莱州府（掖县）西南三十里	海郑河（莱州市沙河镇杲村段）	（明清）杲村河→（今）海郑河
30	沙河	沙河	莱州府（掖县）西南五十里	白沙河（莱州市沙河镇段）	（明清）沙河→（民国）沙河、大河→（今）白沙河、沙河
31	沙河铺	河沙店、沙河铺、沙河	莱州府（掖县）西南五十里	莱州市沙河镇长胜、和平、交通、民主、胜建五个自然村一带	（明清）沙河铺→（1984年至今）长胜、和平、交通、民主、胜建五个自然村
32	仪棠铺	"掖县西交界""石碑、夜县西界""平度东界"坊表	莱州府（掖县）西南六十里	莱州市沙河镇驿塘村	（明清）仪棠铺→（今）驿塘村
33	灰埠驿	灰阜驿（灰埠、灰埠驿、灰埠里、宰相里（状元宰相里、状元乡、宋龙图阁学士蔡齐故里、宋蔡齐旧里、学士里）	莱州府平度州西北七十里	平度市新河镇灰埠村	（明清）灰埠驿→（今）灰埠村
34	无记载	昌邑东界、昌邑县东界、平度州西界	平度州北五十里	平度市新河镇独埠陈家村	（清）独埠铺→（今）独埠陈家村
35	药石河	独埠、杜阜河	平度州北五十里	平度市淄阳河（独埠陈家村段）	（宋）药石水→（明清）药石河→（今）淄阳河

续表

序号	明代地名（坊表名称）	使行文献中记载的地名（坊表名称）	方位	现代地名或原址所在处	地名变化
36	新河铺	新河店、深河店、官庄、官铺、新河	平度州西北七十五里	平度市新河镇北镇村	（明初至明嘉靖年间）新河桥递运所→（明末万历三十二年至清康熙五年）新河铺→（清乾隆五年至清光绪三十三年）新河铺→（今）新河镇北镇村
37	新河	深河、新河	平度州西北八十里	平度市北胶莱河（新城镇北镇村段）	（汉代至元代正元年间）胶水→（元代正元年间至民国）新河，胶水、胶莱河→（今）北胶莱河
38	卜庄铺	福店、卜庄、卜庄店、福庄店	莱州府昌邑县东北四十里	昌邑市卜庄镇前卜村和后卜村	（明万历年间至崇祯元年）卜庄铺→（清顺治十四年至咸丰六年）卜庄铺→（民国）徐家庄子，卜庄街→（今）前卜村和后卜村
39	媒河	泽水	昌邑县东四十里	昌邑市潍河（柳家村段）	（明末）媒河→（清康熙十一年）媚河→（清乾隆七年至民国三十六年）媒河→（今）潍河
40	无记载	牛庄村	昌邑县城东三十五里	昌邑市卜庄镇刘庄村	（清康熙至民国）陆庄村→（今）刘庄村
41	抚安铺	昌邑东三十里（店）	昌邑县东北三十里	昌邑市卜庄镇抚安镇村	曾名抚安震，抚安庄，永安寨

续表

序号	明代地名 （坊表名称）	使行文献中记载的地名 （坊表名称）	方位	现代地名或原址所在处	地名变化
42	潍水、潍河、淮河	潍河、潍水之所、古韩信囊沙壅水之所、昔囊沙处、韩信囊沙水、韩信囊沙处、淮河、怀河、淮水、韩信伐龙且囊沙处	昌邑县东十五里	昌邑市潍河（昌邑市奎聚街道南家庄村段）	（战国末至西汉初）潍→（北魏至元）潍水、淮河、潍河→（今）潍河
43	无记载	新福堡、又妇家	无记载	昌邑市奎聚街道邰家辛庄村	（明隆庆年间）邰家新庄→（民国）台家辛庄→（今）邰家辛庄村
44	黑埠铺	（昌邑县东）十里铺	昌邑县东北十里	昌邑市奎聚街道黑埠村	（明万历三十二年至清乾隆七年）黑埠铺→（今）黑埠村
45	无记载	昌邑城外五里店	昌邑县东五里	昌邑市奎聚街道五里村	曾名五里埠、五里埠子
46	昌邑县、昌邑	昌邑县城、昌邑、昌邑城、昌邑县	昌邑县治所在地	今昌邑市市区（大致范围为北至昌邑县广播电视管理局宿舍南侧未名道路，南至昌邑市利民街南侧少许，西至昌邑市天水路、昌南昌邑市文昌路）	（西汉中期）都昌国、芙蓉→（西汉末）北海郡→（唐）北海县→（宋建隆三年至民国十四年）昌邑县→（1945）昌南县→（1956）昌邑县→（1994年至今）昌邑市
47	陆山	陆山	昌邑县南四十里	昌邑市博陆山	（唐天宝六年）博陆山→（元代至民国）博陆山、陆山、博陆山、驴山子山→（今）博陆山

续表

序号	明代地名（坊表名称）	使行文献中记载的地名（坊表名称）	方位	现代地名或原址所在处	地名变化
48	四知祠、四知祠	四知庙、杨伯起祠、关西夫子庙、四知祠	昌邑县城西南门外	昌邑市新村路与天水路交叉路口西侧附近	无记载
49	峄山、陆山、石白山	高重山	无记载	今昌邑市峄山、博陆山、青龙山的统称	无记载
50	无记载	新营堡	昌邑县西七里	昌邑市都昌街道辛置一村，辛置二村	（明初）新营→（明末）辛置，新置→（康熙十一年至清乾隆七年）新营→（清乾隆七年至光绪三十二年）辛置，新营→（民国十二年）辛置→（1949年）南辛置村，北辛置村→（1955年）先进第一、第三农业生产合作社→（1983年至今）辛置一村、辛置二村、辛置三村
51	王辨铺	王奴店、王老店、王样店、王路店	昌邑县西南二十里	昌邑市都昌街道王辨村	（明初至嘉靖二十九年）王辨递运所→（明末至清光绪三十三年）王辨铺→（清宣统二年至今）王辨村
52	王白铺	"渤海襟喉"橹门、王白店	潍县东北五十里	潍坊市寒亭区朱里街道王伯村	（明末至清康熙十一年）王白店，王白铺，→（清乾隆五年）王白铺，→（清光绪三十三年）王伯店→（民国十八年至今）王伯庄→王伯村

续表

序号	明代地名（坊表名称）	使行文献中记载的地名（坊表名称）	方位	现代地名或原址所在处	地名变化
53	牛埠铺	牛阜店、牛埠店、四十里铺（营丘旧封、营丘、"营丘旧封"楯门）	潍县东北四十里	潍坊市寒亭区寒亭街道牛埠村	（明末至清今）牛埠铺→（民国至今）牛埠村
54	寒亭铺	"彦方式化"楯门（王彦方故里、王彦方式化），寒亭（寒亭店、寒亭古驿、寒亭驿馆、寒亭驿、汉亭店）	潍县东北三十里	潍坊市寒亭区寒亭街道寒亭一村	（夏初）寒国→（汉代）寒亭→（明嘉靖年间至明万历三十二年）古亭马驿、古亭驿、寒亭铺、古亭驿国→（明末至清顺治年间）古亭铺、古亭驿、寒亭驿、古亭驿国地、寒亭铺、古亭驿国→（民国初）寒亭驿、古亭驿国、寒亭铺→（民国三十年）寒亭铺→（2001年至今）寒亭一村
55	寒泥河	"古亭寒水"楯门	潍县东北三十里	潍坊市寒亭区泥河（寒亭一村段）	（唐）寒水→（明代）寒泥河→（清）寒泥水、寒泥河→（今）泥河
56	朱毛铺	婴邑、晏城、晏平仲古里遗邑、晏平仲故里、晏平仲古里"四字牌、"平仲古里"楯门、潍县（东）二十里铺	潍县东北二十里	潍坊市寒亭区唐家朱毛村	（明万历二年清乾隆二十五年）朱毛铺→（清光绪三十年）朱茂庄→（民国二十二年至今）唐家朱毛村

续表

序号	明代地名（坊表名称）	使行文献中记载的地名（坊表名称）	方位	现代地名或原址所在处	地名变化
57	赵疃铺	孔文举旧治、孔文举甘棠、"文举甘棠"牌门、孔融庙、"孔融之流芳、孔文举融甘棠、孔文举甘棠、孔文举融甘棠、十里铺（潍县东）	潍县东北十里	潍坊市奎文区北海街道赵疃社区赵疃村	（明万历二年至清乾隆二十五年）赵疃铺→（民国二十二年至今）赵疃村
58	东丹河、东于河	"潍河""淮河""背囊河""潍水""潍河"	潍县东南五里	潍坊市奎文区虞河（东关街道）	（元）东虞河、东丹河→（明）东丹河、东于河、东丹河→（清）潍水、潍河、潍水、古潍水、利→（民国）潍河、潍水、古潍水、虞河→（今）虞河
59	无记载	渔河桥、"潍河桥"	潍县东南五里	潍坊市奎文区东关街道福寿东街虞河桥	无记载
60	白浪河	白浪河、白狼河、古白浪河、"古白浪河"榴门、东渡河	潍县东门外	潍坊市潍城区城关街道与奎文区东关街道交界段的白浪河	（北魏）白浪水→（元）白浪河、东于河、白浪河→（清至民国）白狼河、白浪河→（今）白浪河
		无详细记载	潍县北门外二里	潍坊市潍城区北关街道与奎文区北苑街道交界段的白浪河	同上
61	无记载	"北通渤海—南遡穆陵"（坊表）榴门	潍县东门外	潍坊市奎文区亚星桥附近	（金大定六年至明末）通济桥→（清康熙年间）青龙桥→（1933）朝阳桥→（1984）若飞桥→（1972）东风桥→（1995至今）亚星桥

续表

序号	明代地名（坊表名称）	使行文献中记载的地名（坊表名称）	方位	现代地名或原址所在处	地名变化
61	潍县	潍县、潍县城、古北海郡、潍水县、潍州、北海、北海城、齐潍城	潍县县治所在地	今潍坊市潍城区（大致范围为东至潍坊市和平路与东风西街交叉路口，西至凤西街与月河路交叉路口偏北，北至北门大街与北马道交叉路口，南至胜利西街与向阳路交叉路口）	（两汉至晋代）平寿县→（北朝北齐）北海郡→（隋开皇初年）下密县→（隋大业初年）北海县→（唐初）潍州→（唐武德八年）北海县→（北宋初）潍州→（明洪武九年至1983年）潍县→（1984年至今）潍坊市潍城区
62	无记载	"北海古郡"牌门、"东拱莱牟—西连青齐"牌门	潍县城西五里	潍坊市潍城区西关街道西集装箱货场附近	无记载
63	小于河	小于河、"西丹河"、"东丹河"	潍县城西十里	潍坊市潍城区的小圩河（亦称小于河）	（明末）小于河→（清康熙年间）西虞河→（清乾隆至20世纪80年代末）小于河、西小于河、小于河水→小圩河、小于河
64	无记载	平津别业、平津古里、"平津别业"	潍县城西十里	潍坊市潍城区的小圩河（亦称小于河）西岸	无记载
65	西丹河、大于河	襄沙上流、大潍河、"潍水"、西丹河、襄沙古迹、韩信襄沙上流、"襄沙上流"牌门	潍县西二十里	潍坊市潍城区的大圩河（亦称大于河）	（元）西虞河→（明）西丹河、大于河、西丹河、西于河、古西虞河、大圩河、大于河、大于河水→（1981年12月）大圩河、大于河
66	无记载	昌乐东界、"三齐孔道"牌门	潍县西二十五里	潍坊市昌潍路与潍日高速（G1815国道）交汇处附近	无记载

附　　录

本书主要采访记录

1. 采访地点：昌邑市黑埠村

采访时间：2019 年 1 月 19 日　14：10—14：15

采访对象：孙大娘（女，93 岁）

2. 采访地点：潍河昌邑市花园村

采访时间：2019 年 1 月 19 日　14：35—14：50

采访对象：董书亮（男，56 岁）

3. 采访地点：昌邑市方志馆

采访时间：2019 年 1 月 19 日　10：20—13：40

采访对象：昌邑市地方史志办公室负责编写《昌邑年鉴》的张述智（男，68 岁）

4. 采访地点：昌邑市王耨村

采访时间：2019 年 1 月 17 日　9：35—9：45

采访对象：张新伟（男，38 岁）

5. 采访地点：昌邑市卜庄镇夏店村

采访时间：2019 年 1 月 17 日　15：10—15：15

采访对象：夏店村村民

6. 采访地点：潍坊市寒亭区文物管理保护所

采访时间：2018 年 11 月 9 日　10：55—11：25

采访对象：潍坊市寒亭区文物管理保护所所长崔永胜

7. 采访地点：潍坊市寒亭区文物管理保护所
采访时间：2019 年 1 月 16 日　14：15—16：40
采访对象：潍坊市传统历史文化研究学者孙福建、孙建松，潍坊市寒亭区文物管理保护所所长崔永胜

8. 采访地点：莱州市程郭镇后苏村
采访时间：2018 年 9 月 7 日　11：47—11：52
采访对象：莱州市程郭镇前苏村村民

9. 采访地点：莱州市港城路街道军寨址村
采访时间：2019 年 1 月 19 日　13：20—13：29
采访对象：刘素兰（女，65 岁）

10. 采访地点：莱州市虎头崖镇朗村
采访时间：2018 年 9 月 7 日　13：54—14：05
采访对象：孙宝良（男，81 岁）

11. 采访地点：莱州市沙河镇杲村
采访时间：2018 年 9 月 9 日　16：18—16：40
采访对象：武夫集（男，68 岁）、马洪生（男，66 岁）

12. 采访地点：莱州市沙河镇杲村
采访时间：2018 年 9 月 9 日　15：20—15：50
采访对象：武夫集（男，68 岁）、马洪生（男，66 岁）

13. 采访地点：莱州市朱桥镇朱桥村
采访时间：2020 年 8 月 22 日　11：18—11：20
采访对象：李永光（男，63 岁）

14. 采访地点：莱州市朱桥镇朱桥新村

采访时间：2020 年 8 月 22 日　11：48—11：53

采访对象：莱州市朱桥镇朱桥村村民

15. 采访地点：莱州市地方史志办公室—莱州市民政局地名办公室

采访时间：2018 年 9 月 6 日　14：05—16：29

采访对象：莱州市地方史志办公室主任杨曰明、莱州市民政局地名办公室戴锡金、前莱州市地方史志办公室主任杨宏俊（男，78 岁）

16. 采访地点：莱州市新城镇朱郭李家村

采访时间：2018 年 9 月 7 日　9：20—10：05

采访对象：莱州市新城镇朱郭李家村李希军（男，60 岁）

17. 采访地点：平度市新河镇三埠李家村

采访时间：2019 年 1 月 17 日　17：20—17：35

采访对象：陈义农（男，51 岁）

18. 采访地点：平度市新河镇灰埠村

采访时间：2019 年 1 月 18 日　10：15—10：35

采访对象：张永贵（70 岁）

19. 采访地点：平度市新河镇灰埠村

采访时间：2020 年 8 月 23 日　11：03—11：40

采访对象：徐睿山（男，53 岁）

20. 采访地点：平度市新河镇灰埠村

采访时间：2020 年 8 月 23 日　11：03—11：40

采访对象：胥官春（男，61 岁）

21. 采访地点：平度市新河镇胶莱河大桥

采访时间：2019 年 1 月 17 日　16：10—16：25

采访对象：贾秀令（78 岁）

22. 采访地点：平度市新河镇三埠李家村
采访时间：2019 年 1 月 17 日　17：00—17：10
采访对象：李济瑞（男，88 岁）

23. 采访地点：昌邑市牛埠村
采访时间：2019 年 1 月 17 日　8：30—9：05
采访对象：王建忠（男，55 岁）等人

24. 采访地点：昌邑市王伯村
采访时间：2019 年 1 月 17 日　9：10—9：20
采访对象：王素梅（女，41 岁）

25. 采访地点：潍河昌邑市蔺家庄村段
采访时间：2019 年 1 月 19 日　15：10—15：30
采访对象：蔺贵宗（男，65 岁）、蔺修普（男，83 岁）

参考文献

使行文献

［朝鲜］安璥：《驾海朝天录》，美国哈佛大学燕京图书馆藏本。

［朝鲜］崔应虚：《朝天日记》，韩国忠清南道青阳郡慕德祠藏本。

［朝鲜］崔有海：《东槎录》，《默守堂集》，韩国国立中央图书馆藏本。

［朝鲜］高用厚：《朝天录》，《晴沙集》卷1，韩国首尔大学奎章阁藏本。

［朝鲜］洪翼汉：《花浦先生朝天航海录》，韩国国立中央图书馆藏本。

［朝鲜］金德承：《天槎大观》，《少痊公文集》卷2，韩国国立中央图书馆藏本。

［朝鲜］金地粹：《朝天录》，《苔川集》卷2，韩国学中央研究院藏书阁藏本。

［朝鲜］金尚宪：《朝天录》，韩国首尔大学奎章阁藏本。

［朝鲜］金尚宪：《朝天录》，《清阴集》卷9，韩国国立中央图书馆藏本。

［朝鲜］李德洞：《朝天录一云航海日记》，载［韩国］曹圭益《朝天录一云航海日记》，《韩国文学与艺术》2008年第2辑，韩国崇实大学韩国文学与艺术研究所。

［朝鲜］李民宬：《癸亥朝天录》，《敬亭集续集》卷1—3，韩国首尔大学奎章阁藏本。

［朝鲜］李民宬：《燕槎唱酬集》，《敬亭集》卷6—8，韩国首尔大学奎章阁藏本。

［朝鲜］李庆全：《石楼先祖朝天录》，韩国成均馆大学尊经阁藏本。

［朝鲜］李忔：《朝天诗》，《雪汀集》卷1—3，韩国国立中央图书馆

藏本。

[朝鲜]李忔:《雪汀先生朝天日记》,韩国国立中央图书馆藏本。

[朝鲜]闵圣徽:《戊辰朝天别章帖》,韩国庆南大学寺内文库藏本。

[朝鲜]南以雄:《路程记》,《市北遗稿》卷4,韩国首尔大学奎章阁藏本。

[朝鲜]全湜:《槎行录》,《沙西集》卷5,韩国学中央研究院藏书阁藏本。

[朝鲜]全湜:《朝天诗(酬唱集)》,《沙西集》卷1,韩国学中央研究院藏书阁藏本。

[朝鲜]申悦道:《朝天时闻见事件启》,《懒斋先生文集》卷3,韩国国立中央图书馆藏本。

[朝鲜]随使臣同行之画员:《朝天图》,韩国国立中央博物馆藏本。

[朝鲜]随使臣同行之画员:《朝天图》,韩国陆军博物馆藏本。

[朝鲜]随使臣同行之画员:《航海朝天图》,韩国国立中央博物馆藏本。

[朝鲜]随使臣同行之画员:《燕行图幅》,韩国国立中央博物馆藏本。

[朝鲜]吴翻:《燕行诗》,《天坡集》卷2,韩国学中央研究院藏书阁藏本。

[朝鲜]吴允谦:《朝天诗》,韩国首尔大学奎章阁藏本。

[朝鲜]吴允谦:《朝天诗》,《楸滩集》,韩国首尔大学奎章阁藏本。

[朝鲜]吴允谦:《海槎朝天日录》,《楸滩集》,韩国首尔大学奎章阁藏本。

[朝鲜]尹暄:《白沙公航海路程日记》,[韩国]林基中编《燕行录全集》第15册,韩国东国大学出版部2001年版

[朝鲜]赵濈:《北京纪行及酬唱诗》,赵冕熙编《海路使行北京纪行及酬唱诗》,韩国同光出版社2002年版。

[朝鲜]赵濈:《燕行酬唱集》,赵冕熙编《(韩字)朝天日乘及(汉文)燕行录及酬唱集》,韩国同光出版社2002年版。

[朝鲜]赵濈:《燕行录一云朝天录》,[韩国]林基中编《燕行录全集》第12册,韩国东国大学出版部2001年版

[朝鲜]郑斗源:《朝天记地图》,韩国成均馆大学尊经阁藏本。

数据库

［韩国］韩国国史编纂委员会：《朝鲜王朝实录》DB。

［韩国］韩国国史编纂委员会：《承政院日记》DB。

［韩国］韩国历史综合信息中心：《韩国历史信息综合系统》DB。

［韩国］韩国媒体韩国学株式会社：《韩国学综合》DB。

［韩国］韩学中央研究院：《韩国历代人物综合信息系统》DB。

中国古籍

（周）佚名撰，（晋）郭璞注：《山海经传》，四部丛刊景明成化刻本。

（周）左丘明撰，（晋）杜预注，（唐）孔颖达疏：《春秋左传注疏》，
清嘉庆二十年南昌府学本。

（周）尹喜：《关尹子》，明万历刻字汇本。

（春秋）晏婴：《晏子春秋》，四部丛刊景明活字本。

（春秋战国）孟轲撰，（汉）赵岐注：《孟子》，四部丛刊景宋本。

（春秋战国）韩非：《韩非子》，四部丛刊景清景宋抄校本。

（战国）《论语》，四库丛刊景日本正平本。

（秦）吕不韦撰，（汉）高诱注：《吕氏春秋》，四部丛刊景明刻本。

（汉）司马迁：《史记》，清乾隆武英殿刻本。

（汉）班固：《汉书》，百衲本二十四史景宋景祐刻本。

（汉）毛亨传，（汉）郑玄笺：《毛诗》，四部丛刊景宋本。

（汉）孔安国：《尚书》，四部丛刊景宋本。

（汉）郑玄注，（唐）陆德明音义：《礼记》，四部丛刊景宋本。

（汉）许慎：《说文解字》，清嘉庆年间兰陵孙氏刻平津馆丛书本。

（汉）扬雄：《法言》，四部丛刊景宋本。

（汉）王逸章句，（宋）洪兴祖补注：《楚辞》，四部丛刊本。

（东汉）班固等撰：《白虎通》，中华书局1985年版。

（后魏）郦道元：《水经注》，清武英殿聚珍版丛书本。

（西晋）陈寿：《三国志》，百衲本景宋绍熙刊本。

（晋）杜预注，（唐）孔颖达疏：《春秋左传正义》，清嘉庆重刊宋十三
经注疏本。

（晋）袁宏：《后汉纪》，四部丛刊景明翻宋刻本。

（南朝）宋范晔撰，（唐）李贤注：《后汉书》，百衲本景宋绍熙刻本。

（南北朝）萧统编，（唐）李善注：《文选》，清胡刻本。

（南北朝）刘勰：《文心雕龙》，四部丛刊景明嘉靖刻本。

（唐）欧阳询辑：《艺文类聚》，清文渊阁四库全书本。

（唐）宋之问：《宋之问集》，四部丛刊续编景明刻本。

（唐）白居易：《白氏六帖事类集》，四部丛刊景宋本。

（唐）李白：《李太白集》，宋刻本。

（后晋）刘昫：《旧唐书》，百衲本二十四史景宋刻本配补明覆宋本。

（宋）司马迁编著，（元）胡三省音注：《资治通鉴》，四部丛刊景宋
　　刻本。

（宋）朱熹：《诗集传》，四部丛刊三编景宋本。

（宋）苏轼：《苏文忠公全集》，四部丛刊景元本。

（宋）苏轼撰，（宋）王十朋集注，（宋）刘辰翁批点：《东坡诗集注》，
　　四部丛刊景宋本。

（宋）欧阳修，宋祁等：《新唐书》，清乾隆武英殿刻本。

（元）脱脱等：《宋史》，中华书局1977年影印本。

（明）《明实录》，台湾"中研院"历史语言所1962年校印本。

（明）徐溥、刘健、李东阳等：《大明会典》，明万历内府刻本。

（明）严从简：《殊域周咨录》，明万历刻本。

（明）瞿九思：《万历武功录》，明万历刻本。

（明）季本：《诗说解颐》，清文渊阁四库全书本。

（明）吴明济编，祁庆富校注：《朝鲜诗选校注》，辽宁民族出版社
　　1990年版。

（明）李攀龙选，（明）王穉登评：《唐诗选》，明闵氏刻朱墨套印本。

（明）朱善：《朱一斋先生文集》，明成化二十二年朱维鉴刻本。

（明）李贽：《焚书》，清宣统国粹丛书本。

（明）沈国元：《两朝从信录》，明崇祯大来堂刻本。

（明）潘季驯：《河防一览》卷11，清文渊阁四库全书本。

（清）张廷玉等：《明史》，清乾隆四年武英殿校刻本。

（清）傅维鳞：《明书》，清畿辅丛书本。

（清）龙文彬：《明会要》，中华书局 1956 年影印本。

（清）《清实录》，中华书局 1985 年影印本。

（清）允祹等：《钦定大清会典则例》，清乾隆二十七年刻本。

（清）允祹等：《大清会典》，清文渊阁四库全书本。

（清）谷应泰：《明史纪事本末》，中华书局 1977 年版。

（清）许鸿盘：《方舆考证》，清济宁潘氏华鉴阁本。

（清）黄宗羲：《宋元学案》，清道光二十六年何绍基刻本。

（清）王士祯：《池北偶谈》，清文渊阁四库全书本。

（清）王士祯辑，（清）惠栋注补：《渔洋山人自撰年谱注补》，清惠氏
红豆斋刻本。

（清）王士祯著，惠栋、金荣注，宫晓卫、孙言诚、周晶、闫昭典点校
整理：《渔洋精华录集注》上，齐鲁书社 2009 年版。

（清）施闰章：《学余堂诗集》，清康熙四十七年刻本。

（清）陈元龙辑：《历代赋汇》，清康熙四十五年内府刻本。

（清）曹寅编：《全唐诗》，清文渊阁四库全书本。

（清）董诰等辑：《全唐文》，清嘉庆十九年武英殿刻本。

（清）吴之振编：《宋诗钞》，清文渊阁四库全书本。

（清）黄以周：《周易注疏》，清嘉庆重刊宋十三经注疏本。

（民国）赵尔巽：《清史稿》，中华书局 1977 年版。

古代方志

《元和郡县图志》，清武英殿聚珍版丛书本。

《太平寰宇记》，清文渊阁四库全书本。

《舆地广记》，四川大学 2003 版。

《大元大一统志（残）》，玄览堂丛书续集景袁氏贞节堂钞本。

《齐乘》，中华书局 2012 年校释本。

《大明一统志》，明天顺五年内府刻本。

《大明一统名胜志》，明崇祯三年刻本。

《寰宇通志》，明景泰年间内府刊初印本。

嘉靖《山东通志》，明刻本。

嘉靖《青州府志》，明嘉靖刻本。

泰昌《登州府志》，明泰昌元年刻本。

万历《莱州府志》，明万历三十二年刻本。

（明）朱泰、包大燿等，万历《兖州府志》，明万历刻本。

《全辽志》，辽海书社 2011 年版。

万历《潍县志》，明万历二年刻本。

嘉靖《寿州志》，明嘉靖刻本。

康熙《大清一统志》，清乾隆九年武英殿刻本。

乾隆《大清一统志》，清文渊阁四库全书本。

嘉庆《大清一统志》，四部丛刊续编本。

《读史方舆纪要》，中华书局 2005 年点较本。

《肇域志》，上海古籍出版社 2004 年版。

康熙《山东通志》，清康熙四十一年刻本。

雍正《山东通志》，清文渊阁四库全书本。

《山东省沿革表》，清刻本。

《山东考古录》，清光绪八年七月山东书局重刊本。

《续山东考古录》，清咸丰元年刻本。

《山东全河备考》，清康熙十九年刻本。

康熙《陕西通志》，清康熙五十年刻本。

乾隆《福建通志》，清文渊阁四库全书本。

乾隆《甘肃通志》，清文渊阁四库全书本。

光绪《甘肃新通志》，清宣统元年刻本。

康熙《登州府志》，清康熙三十三年刻本。

康熙《莱州府志》，清康熙五十一年刻本。

乾隆《莱州府志》，清乾隆五年刻本。

康熙《青州府志》，清康熙六十年刻本。

咸丰《青州府志》，清咸丰九年刻本。

光绪《增修登州府志》，凤凰出版社 2008 年影印本。

光绪《莱州府乡土志》，清光绪抄本。

乾隆《绍兴府志》，清乾隆五十七年刊本。

光绪《永平府志》，清光绪五年刻本。

乾隆《西宁府新志》，清乾隆十二年刻本。

康熙《蓬莱县志》，清康熙十二年刻本。

道光《重修蓬莱县志》，清道光十九年刻本。

光绪《蓬莱县续志》，清光绪八年刻本。

康熙《黄县志》，清康熙十二年刻本。

乾隆《黄县志》，清乾隆二十一年刻本。

同治《黄县志》，清同治十年刻本。

顺治《招远县志》，清道光二十六年刻本。

道光《招远县续志》，清道光二十六年刻本。

乾隆《掖县志》，清乾隆二十三年刻本。

嘉庆《续掖县志》，清嘉庆十二年刻本。

道光《再续掖县志》，清道光二十三年刻本。

光绪《三续掖县志》，清光绪十九年刻本。

光绪《掖县乡土志》，清光绪三十四年稿本。

《勺亭识小录》，民国二十三年掖县王桂堂曝经草堂钞本，韩寓群主编
　《山东文献集成》第 2 辑第 25 册，山东大学出版社 2007 年版。

《掖乘》，山东省图书馆藏稿本，韩寓群主编《山东文献集成》第 2 辑
　第 19 册，山东大学出版社 2007 年版。

同治《即墨县志》，清同治十一年刊本。

康熙《平度州志》，清康熙刻本。

道光《重修平度州志》，清道光二十九年刻本。

光绪《平度州乡土志》，清抄本。

光绪《平度志要》，清光绪十九年手抄本。

康熙《昌邑县志》，清康熙十一年增刻本。

乾隆《昌邑县志》，清乾隆七年刻本。

光绪《昌邑县续志》，清光绪三十三年刻本。

康熙《潍县志》，清康熙十一年刻本。

乾隆《潍县志》，清乾隆二十五年刻本。

光绪《潍县乡土志》，清光绪三十三年石印本。

《潍县古城考》，民国十二年石印本。

道光《直隶霍州志》，清道光六年刻本。

乾隆《蕲水县志》，清乾隆五十九年刻本。

宣统《山东通志》，民国七年铅印本。

民国《山东省志》，民国十四年铅印本。

民国《蓬莱县志》，台北：台湾青年进修出版社 1961 年版。

民国《掖县志》，民国二十四年铅本。

民国《平度县续志》，民国二十五年铅印本。

民国《增修胶志》，民国二十年铅印本。

民国《潍县志稿》，民国三十年铅印本。

现代方志

马恒祥主编：《中国乡镇山东卷》上，新华出版社 1992 年版。

烟台公路志编撰委员会编：《烟台公路志》，中国国际文化出社 2008
年版。

烟台市地方史志编纂委员会办公室编：《烟台市志》，新华书店 1994
年版。

山东省莱州市史志编纂办公室编：《莱州市志》，齐鲁书社 1996 年版。

莱州市人民政府地名办公室编：《山东省莱州市地名志》，内部资料，
1996 年。

莱州市水利志编写组编：《莱州市水利志》，内部资料，1990 年。

莱州市民政局编：《莱州市地名图集》，内部资料，2012 年。

山东省历史地图集编纂委员会编：《山东省历史文化村镇——烟台》，
山东省地图出版社 2009 年版。

山东省龙口市史志编纂委员会编：《龙口市志》，齐鲁书社 1995 年版。

山东省蓬莱市史志编纂委员会编：《蓬莱县志》，齐鲁书社 1995 年版。

山东省招远县志编纂委员会编：《招远县志》，华龄出版社 1991 年版。

招远县地名委员会办公室编：《招远县地名志》，内部资料，1987 年。

山东省平度县地方史志编纂委员会编：《平度县志》，内部资料，1987 年。

平度市民政局编：《平度市地名志》，内部资料，2017 年。

青岛市水利志编委会编：《青岛市水利志》，青岛出版社 1996 年版。

青岛市史志办公室编：《青岛市志·崂山志》，新华出版社 1999 年版。

山东省高密县志编纂委员会编：《高密县志》，山东人民出版社 1990
年版。

山东省昌邑县志编纂委员会编:《昌邑县志》, 内部资料, 1987 年。

昌邑县地名志编纂委员会编:《昌邑县地名志》, 内部资料, 1987 年。

昌邑市辛置志编纂委员会编:《辛置志》, 内部资料, 1998 年。

山东省历史地图集编纂委员会编:《山东省历史文化村镇——潍坊》,
山东省地图出版社 2009 年版。

山东省潍坊市寒亭区史志编纂委员会编:《寒亭区志》, 齐鲁书社 1992
年版。

潍坊市寒亭区地名志编纂委员会编:《寒亭区地名志》, 内部资料,
1989 年。

潍城区地名委员会办公室编:《潍城区地名志》, 内部资料, 1991 年。

山东省淄博市临淄区志编纂委员会编:《临淄区志》, 国际文化出版社
1988 年版。

德州地区史志办公室编:《德州地区县市名考与乡情》, 山东大学出版
社 1989 年版。

朝鲜方志及古籍

［朝鲜］韩致奫:《海东绎史》, 朝鲜古书刊行会明治四十四年刊本。

［朝鲜］古山子:《大东地志》, 韩国首尔大学奎章阁藏本。

［朝鲜］《通文馆志》, 朝鲜古书刊行会大正二年刊本。

［朝鲜］《朝鲜迎接都监都厅仪轨》, 明天启元年刻本。

［朝鲜］具允明:《典律通补》, 朝鲜正祖十年刊行本。

［朝鲜］李荇:《新增东国舆地胜览》, 韩国首尔大学奎章阁藏本。

中文著作

安作璋:《山东通史》（明清卷）, 山东人民出版社 1994 年版。

白寿彝:《中国交通史》, 上海书店出版社 1984 年版。

蔡锋编:《中国近海海洋》, 海洋出版社 2013 年版。

陈麻编著:《美国镜头里的中国风情》, 中国文史出版社 2011 年版。

陈尚胜等:《朝鲜王朝 1392—1910 对华观的演变》, 山东大学出版社
1999 年版。

邓华主编:《潍州旧影》, 人民美术出版社 2007 年版。

耿升、刘凤鸣、张守禄主编：《登州与海上丝绸之路》，人民出版社
　2009 年版。

顾松年编：《山东公路交通运输史》第 1 册，山东科技出版社 1992 年版。

顾松年主编：《山东交通史》第 1 册，人民交通出版社 1989 年版。

黄文翰、吕俊海主编：《北宋吕氏八相国》，内部资料，2000 年。

李海霞、陈迟编著：《山东古建筑地图》，清华大学出版社 2018 年版。

李剑平主编：《中国神话人物辞典》，陕西人民出版社 1998 年版。

李宗伟主编：《山东省省级非物质文化遗产名录图典》第 2 卷，山东友
　谊出版社 2012 年版。

刘凤鸣：《山东半岛与古代中韩关系》，中华书局 2010 年版。

刘焕阳、陈爱强：《胶东文化通论》，齐鲁书社 2015 年版。

刘焕阳、刘晓东：《落帆山东第一州》，人民出版社 2012 年版。

刘焕阳、刘晓东：《山东巨郡》，世界图书广东出版公司 2014 年版。

刘廷銮、孙家兰编著：《山东明清进士通览》（明代卷），山东文艺出版
　社 2015 年版。

刘晓东、马述明、祁山：《明代朝鲜使臣笔下的庙岛群岛》，人民出版
　社 2014 年版。

刘晓东：《明代朝鲜使臣胶东纪行诗探析》，山东人民出版社 2015 年版。

卢绳：《卢绳与中国古建筑研究》，知识产权出版社 2007 年版。

鲁东大学胶东文化研究院编：《胶东文化与海上丝绸之路论文集》，山
　东人民出版社 2016 年版。

邵先锋：《〈管子〉与〈晏子春秋〉治国思想比较研究》，齐鲁书社
　2008 年版。

孙文良：《满族崛起与明清兴亡论稿》，辽宁民族出版社 2016 年版。

孙祚民主编：《山东通史》，山东人民出版社 1992 年版。

谭其骧主编：《中国历史地图集》第 1 册，中国地图出版社 1982 年版。

谭其骧主编：《中国历史地图集》第 2 册，中国地图出版社 1982 年版。

佟海燕主编：《琅琊文化史略》第 1 卷，山东人民出版社 2010 年版。

王克奇：《山东政治史》，山东人民出版社 2011 年版。

王献唐：《春秋邾分三国考》，齐鲁书社 1982 年版。

王臻：《朝鲜前期与明建州女真关系研究》，中国文史出版社 2005 年版。

吴承洛：《中国度量衡史》，商务印书馆 1937 年版。

杨松水：《两宋寿州吕氏家族著述研究》，黄山书社 2012 年版。

杨雨蕾：《燕行与中朝文化关系》，上海辞书出版社 2011 年版。

杨正泰：《明代驿站考》（增订本），上海古籍出版社 2006 年版。

尹洪林：《莱州历史大观》，黄河数字出版社 2011 年版。

枣庄市山亭区政协编：《小邾国文化》，中国文史出版社 2005 年版。

张廷国、刘援朝、张红梅：《长山列岛的语言及民俗文化研究》，山东
　大学出版社 2015 年版。

章巽：《古航海图考释》，海洋出版社 1980 年版。

赵炳武主编：《山东省地方志联合目录》，中国文联出版社 2005 年版。

赵树国：《明代北部海防体制研究》，山东人民出版社 2014 年版。

郑红英：《朝鲜初期与明朝政治关系演变研究》，社会科学文献出版社
　2015 年版。

朱承山、刘玉平主编：《济宁古代史》，中国社会出版社 2012 年版。

韩文著作

이민성저, 이영춘외옮김, 『1623년의북경외교』, 대원사, 2014.

정은주, 『조선시대사행기록화』, 사회평론, 2012.

조규익, 『17세기국문사행록죽천행록』, 박이정, 2002.

조규익, 『연행길, 고통의길, 그러나깨달음의길—국문사행록의미학』, 역락, 2004.

조즙저, 최강현옮김, 『계해수로조천록』, 신성출판사, 2000.

한명기, 『임진왜란과한중관계』, 역사비평사, 2001.

中文论文

陈尚胜：《明朝初期与朝鲜海上交通考》，《海交史研究》1997 年第
　1 期。

陈尚胜：《明清时代的朝鲜使节与中国记闻——兼论〈朝天录〉和〈燕
　行录〉的资料价值》，《海交史研究》2001 年第 2 期。

陈长文：《登州与明末中朝海上丝路的复航》，载《中国中外关系史学
　会会议论文集》，中国中外关系史学会，2008 年。

陈长文：《雄关漫道：明末朝鲜贡使的山东之行》，中国与周边国家关

系学术研讨会，云南蒙自，2009 年。

崔文琪：《明清时期毛纪及其家族文学研究》，硕士学位论文，山东大学，2018 年。

葛兆光：《从"朝天"到"燕行"——17 世纪中叶后东亚文化共同体的解体》，《中华文史论丛》2006 年第 1 期。

金柄珉、金刚：《对中国"燕行录"研究的历时性考察》，《东疆学刊》2016 年第 1 期。

刘宝全：《明末中朝海路交通线的重开与中朝关系》，《陕西师范大学学报》2011 年第 4 期。

刘东平：《浅谈从戟到戟门的历史变迁》，载西安碑林博物馆编《碑林集刊》（十三），陕西人民美术出版社 2008 年版。

戚延斌：《平里店及其战前的工商业》，《莱州文史资料》1997 年第 11 辑。

孙卫国：《朝鲜人明海上贡道考》，《韩国学论文集》2009 年第 18 辑。

孙文良：《明代"援朝逐倭"探微》，《社会科学辑刊》1994 年第 3 期。

王建生：《吕祖谦的中原文献南传之功》，《浙江师范大学学报》（社会科学版）2015 年第 3 期。

王禹浪、程功、刘加明：《近二十年中国〈燕行录〉研究综述》，《哈尔滨学院学报》2012 年第 11 期。

杨雨蕾：《登州与明代朝鲜使臣——以"朝天录"为中心》，载陈尚胜主编《登州港与中韩交流国际学术讨论会论文集》，山东大学出版社 2005 年版。

杨雨蕾：《明清时期朝鲜朝天——燕行路线及其变迁》，载《历史地理》2006 年第 21 辑，上海人民出版社 2006 年版。

张中符：《亚星桥溯源》，载政协山东省潍坊市潍城区委员会、学宣文史委员会编印《潍城区文史料》第 16 辑，内部资料，2000 年。

赵树国：《海不扬波：明代京畿地区海上安全述论》，载中国明史学会、北京市昌平区十三陵特区办事处编《第十七届明史国际学术研讨会暨纪念明定陵发掘六十周年国际学术研讨会论文集》（上），燕山出版社 2018 年版。

韩文论文

권혁래, 「문학지리학의관점에서본등주(登州)」, 국어국문학154, 2010.

권혁래, 「『김영철전』의등주시절스토리텔링」, 온지논총43, 2015.

권혁래, 「문학지리학적관점으로서본등주」, 국어국문학154, 2010.

김경록, 「문17세기초명청교체와대중국사행의변화—대후금사행을중심으로」, 국어국문학154, 2010.

김영숙, 「명말의중국사회와조선사신의외교활동:김육의조경일록과조천록의분석을중심으로」, 명청사연구31, 2009.

김영숙, 『조천록을통해본명청교체기요동정세와조명관계』, 인하대박사학위논문, 2011.

김지은, 『17세기전반해로사행문학연구』, 이화대학교대학원석사학위논문, 2006.

김지현, 「17세기초대명해로사행록서술의양상」, 한국문학과예술제15집, 2015.

김지현, 「이민성의『계해조천록』소고」, 온지학회추계학술대회, 2014.

김동석, 「고려말권근(高麗末權近)의사행(使行)과그의의」, 온지논총, 2017.

김태준, 「중국내연행노정고」, 동양학35권, 단국대학교동양학연구소, 2004.

류보전, 「화천조즙의연행과한시창작」, 동방한문학제52집, 2012.

박경은, 「경정이민성의시문학—일상사및연행의체험을소재로한시를중심으로」, 한문교육연구15집, 2000.

박현규, 「17세기전반대명해로사행의운항과풍속분석」, 한국한문학연구48, 2011.

박현규, 「17세기전반기대명해로사행에관한행차분석」, 한국실학연구21, 2011.

박현규, 「1621년조선·明사절의해로사행에관한실상과평가」, 동북아문화연구36, 2013.

배주연, 「명청교체기조선문사이안눌의명사행시연구:조천록(1601)·조천후록(1632)을중심으로」, 비교문학38, 2006.

서지원, 「鄭斗源의『朝天記地圖』에나타난대외인식고찰」, 한국문학과예술17, 2015.

송기헌, 「이흘의연행과연행록조천日이기의관광학적고찰〉, 관광산업연구 제3권1호, 2009.

신선옥·유함함, 「『조천항해록』에서산동성의노선과그주변지역의산악문화고찰」, 동북아문화연구38, 2014.

신춘호, 『연행노정영상아카이브구축및콘텐츠활용방안연구』, 한국외국어대학교박사학위논문, 2014.

신춘호, 「연행노정영상콘텐츠와영상아카이브구현모델연구」, 한국문학과예술16, 2015.

신춘호, 「연행노정공간의역사문화콘텐츠활용방안일이고—『스토리테마파크』의스토리를활용한"병자호란역사관광콘텐츠"기획을중심으로」, 한문고전연구31, 2015.

신춘호, 「명청교체기해로사행노정의인문정보일이고『朝天记地圖』의산동지역(등주—덕주)인문지리현황을중심으로—」, 한국고지도연구8(1), 2016.

이성형, 「『천사대관』과『대명일일통지』수용양상고찰—산동육로구간을중심으로」, 한문고전연구제33집, 2016.

이성형, 「『천사대관』과『노정기』의상관관계와내용구성비교」, 대동한문학제49집, 2016.

이성형, 「연행록의백이·숙제관련한시연구—임진수습기를중심으로」, 한문학논집31집, 2010.

이승수, 「고려말대명사행의요동반도경로고찰」, 한문학보20, 2009.

이승수, 「1386년정봉주의南京使行, 路程과詩境」, 민족문화46집, 2015.

이승수, 「연행로중瀋陽~廣寧站구간의노정재구」, 민족문화제42집, 2013.

이승수, 「燕行路중의東八站考」, 한국언어문화제48집, 2012.

이영춘, 「병자호란전후의조선명청관계와김육의조경일록」, 조선시대사학보38집, 2006.

이영춘, 「인조반정후에파견된책봉주청사의기록과외교활동」, 조선시대사학보59집, 2011.

이정숙, 『설정이흘의『조천일기』구두점과주해연구』, 청운대석사학위논문, 2010.

이학당·우림걸, 「17—8세기중한문인간의문화교류와상호작용현상일고찰」, 한국실학연구19집, 2010。

임기중, 「水路燕行 录과水路燕行圖」, 한국어문학연구43, 2004.

임기중, 「수로연행록과수로연행도」, 한국어문학연구43집, 2004.

임기중, 「『항해조천도』의형성양상과원본비정—이덕형가문의항해일기와관련하여」, 한국실학연구9집, 2005.

임기중, 「조천록과연행록의화답시」, 연행록연구총서5, 학고방, 2006.

임영걸, 『壺亭鄭斗源의『朝天記地圖』연구』, 성균관대학교석사학위논문, 2011.

임형택, 「조선사행의해로연행록–17세기동북아의역사전환과실학」, 한국실학연구9, 2005.

임형택, 「17~19세기동아시아상황과연행·연행록」, 한국실학연구20호, 2010.

정영문, 「17세기사행록의연구현황과나아갈방향—명·청교체기의사행을중심으로」, 한국문학과예술17집, 2015.

정은주, 「명청교체기대명사행기록화연구」, 명청사연구제27집, 2007.

정은주, 「뱃길로간중국, 『갑자항해조천도』」, 문헌과해석26, 2004.

정은주, 『조선시대명청사행관계회화연구』, 한국학대학원박사학위논문, 2007.

조규익, 「『죽천행록』의사행문학적성격」, 국어국문학129, 2001.

조규익, 「조선조국문사행록의통시적연구」, 어문연구31(1), 2003.

조규익, 「조천록일운항해일기(朝天录一云航海日記)」, 한국문학과예술2, 2008.

조규익, 「使行路程으로서의登州, 그心象空間的性格과意味」, 어문연구38(4), 2010.

조규익, 「조선지식인의중국체험과중세보편주의의위기」, 온지논총40집, 2014.

조규익, 「『죽천행록』연구」, 연행록연구총서5, 학고방, 2006.

조기영, 「설정이홀의『조천일기』연구」, 동양고전연구7집, 1996.

조기영, 「이홀의『조천일기』에나타난17세기문화양상」, 연행록연구총6, 학고방, 2006.

조창록, 「1632년의해로사행과홍호의『조천일기』」, 온지논총제42집, 2015.

조창록, 「전식의사행록과해로사행의체험시〉, 동방한문학46집, 2011.

조창록, 「1636년해로사행과이만영의『숭정병자조천록』」, 인문과학제47집, 2011.

최소자, 「"연행록"연구를위한제언」, 명청사연구30집, 명청사학회, 2008.

최소자, 「명청과조선, 조선과명청관계사연구현황과과제—수교20주년에즈음하여」, 명청사연구38집, 2012.

최윤정, 「明淸교체기조선文士의사행체험—홍익한의『朝天航海录』을중심으로」, 한국고전연구11, 2005.

최창원, 「『설정선생조천일록』에나타난사신들의행적」, 중국어문학논집67호, 2011.

허경진, 「水路朝天录과통신사행록의바다체험비교」, 한국한문학연구43, 2009.

허경진·최혜연, 「명청교체기최초의수로조천록—안경의『가해조천록』」, 중국학논총34집, 2011.

황만기, 「청음金尚憲『조천록』고찰」, 한국한문학연구43집, 2009.